Nous Deux présente **La saga du roman-photo**

Ouvrage conçu et dirigé par Gilles Bouley-Franchitti
Conception graphique : Martin Lavergne

© Jean-Claude Gawsewitch Éditeur, 2012
130, rue de Rivoli
75001 Paris
ISBN : 978-2-35013-363-8
Tous droits réservés

Nous Deux présente **La saga du roman-photo**

Dominique Faber
Marion Minuit
Bruno Takodjerad

Jean-Claude Gawsewitch Éditeur

Sommaire

Avant-propos 7

Chapitre I 9
Les origines : l'aventure
du ciné-roman

Chapitre II 25
1946-1947 :
et le roman-photo fut !

Chapitre III 53
Les années 1950 :
rendez-vous avec le succès !

Chapitre IV 105
1964-1984 : les années d'or,
les années vedettes !

Chapitre V **175**
Les années 1980-1990 :
l'âge de raison

Chapitre VI **207**
Les années 2000 : *Nous Deux,*
un monument de la presse

Épilogue **231**
Un roman-photo
Nous Deux de A à Z

Nous deux

Mon tendre espoir s'affirme dans tes yeux
Dont j'aime tant l'éclair malicieux !

Avant-propos

Rêves, Confidences, La Vie en fleur, Intimité, Bolero, Nous Deux… La presse du cœur a fait rêver des millions de lectrices. Les ciné-romans, les romans dessinés puis les romans-photos constituaient l'essentiel du contenu éditorial de cette presse populaire. Si la majorité des titres a disparu aujourd'hui, les piliers du genre, *Nous Deux* en France, *Grand Hôtel* en Italie, résistent contre vents et marées, et maintiennent le roman-photo à la première place de leurs sommaires.

On peut légitimement se demander pourquoi le roman-photo compte encore autant de lectrices inconditionnelles qui ne rateraient pour rien au monde leur lecture hebdomadaire. Pourquoi un genre que d'aucuns considèrent comme désuet trouve aujourd'hui un nouveau souffle ? Peut-être parce qu'il milite pour le bonheur, et que le mythe de Cendrillon n'est pas mort. Peut-être parce qu'il a traversé près d'un siècle de notre histoire, reflétant quoi qu'on en dise l'évolution de notre société. Peut-être parce que de grands noms de la photo, du cinéma, du show-business y ont un jour été associés. Peut-être tout simplement parce que c'est un mode de lecture facile et visuel, qui a su traverser les années en sachant tout à la fois conserver ses codes et s'adapter aux évolutions de la société.

Quoi qu'il en soit, le roman-photo reste un genre populaire, au sens le plus noble du terme. Souvent critiqué, qualifié d'art mineur, il en a pas moins séduit des millions de femmes – et beaucoup d'hommes aussi, conquis par cette forme de lecture visuelle et intime, si proche de la bande dessinée. Le roman-photo, et a fortiori *Nous Deux*, a permis à ces millions de lecteurs d'accéder à la lecture, alors qu'ils n'y auraient peut-être pas eu accès sans cela. Car le roman-photo, c'est évidemment de l'image mais le texte est tout aussi important, les mots choisis, le style recherché… De grandes œuvres de la littérature ont d'ailleurs été adaptées en roman-photo.

En 1947, quand démarre la grande saga *Nous Deux* au lendemain de la guerre, l'Europe est dévastée, on manque de tout, on rêve d'Amérique et de stars. On rêve de ciel bleu, de légèreté… Le contexte est idéal pour donner naissance à la presse du cœur, à la mode du roman dessiné, puis quelques années plus tard à celle du roman-photo. Une providence pour deux frères italiens, Domenico et Cino Del Duca qui l'installeront pour l'un en Italie puis pour l'autre en France. Le succès est fulgurant, atteignant son paroxysme dans les années 1960 avec près d'1,7 million d'exemplaires vendus pour *Nous Deux*. Aujourd'hui, l'hebdomadaire qui porte bonheur séduit encore chaque semaine 340 000 acheteuses, soit quatre fois plus de lectrices.

Le roman-photo trouve son public aux quatre coins du monde, mais sa cote d'amour est au plus haut dans les pays latins. En France, son histoire est indissociable de celle du magazine *Nous Deux*. Le concept était simple et n'a pas pris une ride depuis : faire rêver, donner du bonheur. Aujourd'hui, encore, l'évasion, l'émotion, l'empathie réunissent ses lectrices autour d'un magazine complet qui prend toute sa dimension de valeur refuge dans un monde perçu comme de plus en plus difficile.

Le roman-photo est un genre en soi. D'autres s'y sont essayés avec plus ou moins de réussite : des magazines pour ados avec des histoires de premiers flirts, la presse satirique avec le professeur Choron notamment, des publications érotiques…

Depuis les premiers ciné-romans nés du cinéma muet des années 1920, depuis les premiers romans dessinés à l'encre de Chine, depuis les premiers romans-photos en 1947 et depuis les premières couvertures magnifiques de *Nous Deux*, il s'est passé presque un siècle. Un siècle d'évolution de la société et de la condition féminine, un siècle d'évolutions techniques… Un siècle d'archives exceptionnelles que nous sommes heureux de partager dans ce livre.

Dominique Faber
Marion Minuit
Bruno Takodjerad

Roman-cinéma de 1917, adapté du film de Louis Feuillade, *Judex*, et publié en douze épisodes.

Chapitre I
Les origines : l'aventure du ciné-roman

Si l'on attribue la paternité du roman-photo dans sa forme actuelle aux Italiens, ses origines remontent en réalité au Second Empire, sous Napoléon III.

En 1851 se tient à Londres la toute première Exposition universelle. À cette occasion, le grand public découvre la stéréoscopie, un procédé qui permet une perception du relief à partir de deux images planes. Ce procédé novateur rencontre un énorme succès. D'où l'idée, dès 1855, pour ses promoteurs d'en tirer profit en commercialisant des vues stéréoscopiques de scènes religieuses, de fables ou de chansons. En 1860, le photographe, Henri Tournier, et son cousin, l'éditeur de vues stéréoscopiques, Charles Paul Furne, ont alors l'idée de mettre en images *Les Mésaventures de Jean-Paul Choppart*, œuvre du journaliste et écrivain Louis Desnoyers qui a marqué leur enfance quelques décennies plus tôt. Le photographe s'emploie à le décliner en saynètes de douze tableaux vivants. Le premier roman-photo ? On ne l'appelle pas encore ainsi mais, sans le savoir, Furne et Tournier viennent de donner naissance au genre.

Un reportage photographique signé Nadar

Quelques années plus tard, en 1886, on célèbre le centenaire du physicien Chevreul. À cette occasion, le photographe Nadar réalise une série de clichés de l'homme de science. Il a alors l'idée de décomposer son reportage en trois parties et place sous chaque cliché les propos du physicien qu'il a interviewé par la même occasion. *Le Figaro* auquel il était initialement destiné l'ayant refusé, le reportage paraît contre toute attente dans *Le Journal illustré* du 5 septembre 1886 qui consacre à l'occasion sa une au physicien. À cette époque, les journaux ne comportent pas de photographies. Aussi, cette interview constitue-t-elle le premier reportage photographique de l'histoire et préfigure par son approche novatrice un mode d'expression associant le texte et l'image sans que personne n'en devine encore la portée.

Les inventions se succèdent

À la Grande Dépression des années 1873 à 1896, succède la Belle Époque. Les frères Lumière, inventeurs du cinématographe, présentent leurs films sur écrans géants. La création artistique est foisonnante. Aussi bien animée que figée, l'image prend une part de plus en plus importante dans la vie de tous les jours. Apparue en France en 1870, la carte postale prend son véritable envol avec l'Exposition universelle de Paris de 1889 et connaît un engouement sans précédent. À cette époque, la France ne compte que très peu d'appareils téléphoniques d'où l'usage intensif et quotidien de la carte postale. Qu'elles soient paysagères, historiques, patriotiques ou publicitaires, leur production offre un large éventail d'images. Parmi celles-ci, les cartes postales sentimentales, illustrées de légendes ou de dialogues, viennent nourrir l'imaginaire amoureux, à l'instar des romans sentimentaux de Delly[1]. Leur concept préfigure déjà le roman-photo.

L'autochrome, procédé inventé par les frères Louis et Auguste Lumière en 1903 et commercialisé à partir de 1907, constitue une étape importante de l'avènement de la photographie en couleur. À cette même période, Georges

Les mésaventures de Jean-Paul Choppart, vue stéréoscopique de 1860 signée Furne et Tournier.

Chapitre I – Les origines : l'aventure du ciné-roman

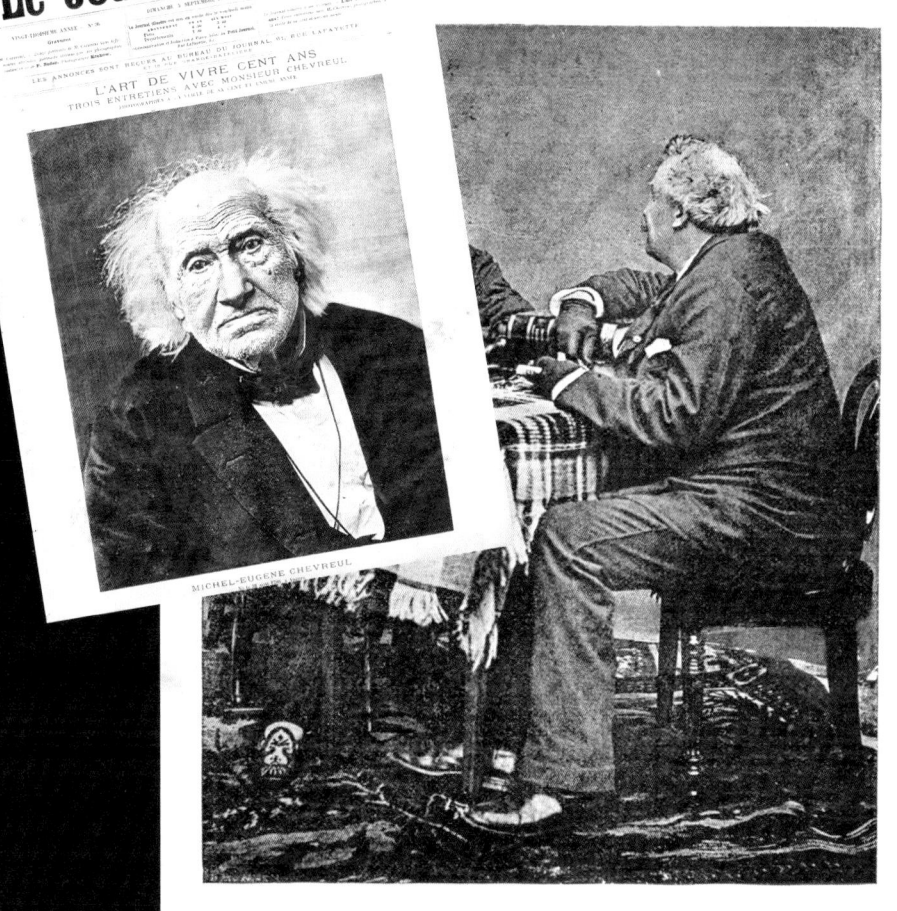

5. « — Je n'ai jamais bu que de l'eau et pourtant, je suis président de la Société des vins d'Anjou, — mais président honoraire seulement ! »

6. « — C'est là l'inconvénient de cette philosophie du jour, de cette philosophie de rhéteurs, de grands diseurs de riens. On se contente de mots et de paroles creuses... »

7. « — Remarquez que je suis loin de blâmer ce que je ne puis expliquer ; mais je vous dirai qu'il faut qu'on me prouve, *qu'il faut que je voie.* »

8. « — Alors, puisqu'ils nous affirment qu'ils dirigent, à leur volonté, leur ballon, qu'ils viennent me prendre ici, à cette fenêtre, tous les jours de séance à l'Institut et qu'ils me ramènent ! Cela m'évitera de descendre et de monter mes deux étages d'escaliers. »

Le Journal illustré, 5 septembre 1886.

Henry, un joaillier des Grands Boulevards, réalise à ses heures perdues des clichés photographiques de femmes, sur plaques autochromes, avec un goût prononcé pour la mise en scène et le décor. Ses images semblent raconter des histoires comme dans un roman-photo. Si la terminologie n'existe pas encore, le genre progresse.

Des feuilletons tirés du cinéma muet

De 1905 à 1910, le cinéma muet, devenu une véritable industrie, fait se déplacer les foules. De cet engouement populaire naît le roman-cinéma. Son apparition, dans les années 1910, est le fruit d'une stratégie de marketing ayant déjà fait ses preuves outre-Atlantique et qui obtient un énorme succès : la diffusion de films à épisodes sur les écrans accompagnée ou précédée de la publication de leur récit en feuilleton dans la presse quotidienne. S'inspirant de cette pratique, Pathé annonce à grand renfort de publicité l'adaptation française du film à épisodes *Les Mystères de New York* (*The Exploits of Elaine*) couplée avec sa parution dans le quotidien *Le Matin* dans son édition du 27 novembre 1915. Le roman-cinéma, adapté par Pierre Decourcelle et tiré du film de Louis Gasnier avec l'actrice américaine Pearl White, rencontre un succès considérable auprès des lecteurs du *Matin*, obligeant ses deux principaux concurrents *Le Journal* et *Le Parisien* à lui emboîter le pas. Les romans-cinéma se multiplient dans la presse. Leur parution s'étend sur plusieurs semaines, tenant en haleine des milliers de lecteurs très friands de ces feuilletons tirés des plus grands succès du moment.

Si l'arrivée du parlant s'avère fatale au cinéma muet, il n'en est rien pour son avatar, le roman-cinéma, dont le succès ne se dément pas, résonnant comme une promesse.

C'était les années 1930

- **La crise de 1929** démarre aux États-Unis avec le fameux « jeudi noir » 24 octobre. Très vite, elle traverse l'Atlantique et touche de plein fouet les pays d'Europe où suivront des poussées nationalistes et la montée des dictatures.

- **En France le Front populaire** accède au pouvoir en 1936, ouvrant la voie à d'importantes avancées sociales : samedi chômé et payé et deux semaines de congés payés, entre autres.

- **La culture de masse** fait son apparition à travers de nouveaux médias : la presse écrite se diversifie pour toucher des cibles spécifiques comme les jeunes ou les femmes (création de *Marie Claire* en 1937), la radio diffuse informations et jazz américain, le premier film parlant (*Le Chanteur de jazz* réalisé par Alan Crosland en 1927) connaît un succès immédiat qui permettra aux producteurs, les frères Warner, d'échapper à une faillite.

- **On en parlait...** La bande dessinée fantastique, les films de René Clair et de Charlie Chaplin, la chanson « Tout va très bien madame la Marquise », les photos de Man Ray, les robes épurées de Coco Chanel, les créations surréalistes d'Elsa Schiaparelli, les coiffures à la garçonne.

Le succès des « Cinevita »

Au milieu des années 1930, l'appellation « ciné-roman » supplante celle de « roman-cinéma » à la faveur du lancement en Italie d'une collection d'adaptations cinématographiques de grand format, les « Cinevita ». L'image y prend d'emblée une part plus importante et la mise en pages tend vers une disposition voisine de la bande dessinée. Autre innovation et non des moindres, des légendes et des bribes de dialogues apparaissent en surimpression sur les photos illustrant le film. Avec les « Cinevita », une étape fondamentale qui augure l'avènement du roman-photo vient d'être franchie.

1. Considéré comme le pionnier du roman rose, Delly fut l'un des plus grands auteurs populaires de la première moitié du XXe siècle

Les fumetti : la BD à l'italienne

Le terme « Fumetti » est le nom donné en Italie à la bande dessinée et signifie « petites fumées ». Il fut couramment employé pour désigner le roman-photo, en référence à l'aspect des petits ballons de fumée sortant de la bouche des personnages, comme ceux des bandes dessinées. En réalité, dans la plupart des romans-photos, le petit ballon de fumée fut très peu utilisé, les éditeurs privilégiant la surimpression des dialogues sur l'image pour justement se démarquer de la bande dessinée.

Extrait de *Hurrah*, n° 3 du 19 juin 1935.

1900
Des cartes postales à épisodes !

La carte postale, apparue en Autriche en 1869, va connaître un âge d'or jusqu'à la fin de la Seconde Guerre mondiale. Lors de l'Exposition universelle à Paris en 1889, une carte dessinée représentant la tour Eiffel fut vendue à 300 000 exemplaires. Les éditeurs s'emparent très vite de ce marché qui va en parallèle donner naissance au métier d'artiste photographe.

Véritable succès commercial, elles circulent par millions non seulement en France mais dans le monde. Les journaux ne comportent alors pas de photographies et la carte postale devient un nouveau média. Parmi la multitude de thématiques proposées à la clientèle, la carte postale sentimentale occupe une place de choix et permet aux correspondants d'y dévoiler leurs sentiments. Certaines se déclinent en une succession de saynètes amoureuses. À la manière d'un roman-photo…

UN AUTRE EST SON ÉPOUX !
Lui - Au péril de ma vie! j'ai voulu te revoir !
Elle - Oh! parle encore, mon bien-aimé!…
Lui - La fleur que tu m'avais donnée, en prison, m'était restée! - Je l'ai couverte de mes baisers! je l'ai cent fois arrosée de mes larmes!

Lui - Et toi, Marie, qu'as-tu fait? t'es-tu souvenu de nos serments d'être à jamais l'un à l'autre!… Avoue-le toi-même, car je n'ai pu le croire! on m'a jeté au visage ces mots : un autre est son époux !…

Elle - Écoute-moi, mon bien-aimé chevalier, car j'ai été forcée par mon père !… et jamais, je le jure, je n'ai appartenu à l'homme dont je porte le nom !… Ah! reviens à toi, cruel adoré! et ouvre tes bras à celle qui, jamais, n'a cessé d'être à toi !…

Lui — Oui, reste près de moi! sur le cœur qui t'appartient et qui dans un instant va cesser de battre!... car le coup qui me frappe, est un coup mortel, je le sens! je n'avais que deux amours, la Patrie et toi, et tu étais encore la préférée!...

Elle — C'est vrai! mais c'est toi seul que j'aime!...
Lui — Tais-toi misérable!... tu me tues!...

Lui, évanoui sans l'entendre.
Elle — Oh! pardonne-moi! — je suis prête à partir à l'autre bout du monde!... ah! viens cacher notre amour! loin de tous!... ah! viens, viens,... et pour toujours!...

Série de 6 cartes postales, oblitérées en 1906 dans l'Aube. Elles racontent le retour de la guerre (celle de 1870 peut-être ?) d'un homme qui découvre que sa bien-aimée en a épousé un autre.

Chapitre I - Les origines : l'aventure du ciné-roman   15

LES ROMANS-CINÉMAS

25c. L'ÉPISODE COMPLET — TOUS LES JEUDIS

Les Mystères de New-York

ADAPTÉS PAR

PIERRE DECOURCELLE

ET

ILLUSTRÉS PAR LE FILM

ELAINE DODGE

1er ÉPISODE
LA MAIN QUI ÉTREINT

LA RENAISSANCE DU LIVRE
ED. MIGNOT, ÉDITEUR
78, Boul. Saint-Michel, PARIS

1915
Un grand film américain à lire

En 1916, Édouard Mignot, l'éditeur de *La Renaissance du Livre*, décline *Les Mystères de New York*, film américain de Louis Gasnier de 1915, en 22 fascicules d'une vingtaine de pages publiés à un rythme hebdomadaire. À la différence de la première parution dans *Le Matin*, des photos du film illustrent le récit. Celui-ci est adapté par Pierre Decourcelle, écrivain et dramaturge français (1856-1926), rédacteur au journal *Le Gaulois*, ami de Guy de Maupassant, qui en 1908 fut l'un des fondateurs de la Société cinématographique des auteurs et gens de lettres (SCAGL) dont la vocation était d'adapter au cinéma des classiques de la littérature populaire.

Couvertures et pages intérieures du roman-cinéma *Les Mystères de New-York* de 1916, adapté par Pierre Decourcelle.

---

424 — LES MYSTÈRES DE NEW-YORK

venait de faire une si utile application.

À ce moment, Walter ouvrit la porte, et Élaine parut, suivie de la tante Betty...

La jeune fille avait la figure bouleversée.

Comment en eût-il été autrement, après le choc qu'elle venait de recevoir ?...

Après le départ de Clarel, elle était, pendant une demi-heure, restée avec la couturière.

Mais, pendant son essayage, son esprit était distrait. Elle ne pouvait s'empêcher de songer au billet menaçant qui accompagnait les fleurs, dont l'envoi lui avait tout d'abord causé un si vif plaisir.

Elle réfléchissait qu'en somme Clarel n'avait donné au terrible dilemme posé par leurs ennemis aucune solution décisive.

C'est sous l'empire de cette préoccupation qu'elle était redescendue dans la bibliothèque.

En entrant, elle remarqua à peine que Mary et François se trouvaient là.

— Mademoiselle n'a besoin de rien ? demanda la femme de chambre...

Cette question la fit sortir de sa rêverie... Mais, au moment de répondre, elle poussa un cri.

Elle venait d'apercevoir à la fenêtre le bouquet de roses rouges.

Pendant quelques secondes, la voix s'arrêta dans sa gorge, paralysée qu'elle était par la terreur que l'avertissement ainsi donné eût déjà dirigé contre Justin l'implacable rancune des Chinois.

Puis, d'un bond, elle courut vers la fenêtre, saisit le vase à deux mains, et le précipita sur le parquet, où il se brisa en mille miettes.

— Qui a mis ce bouquet là ? demanda-t-elle.

— Mais je ne sais pas ! répondit François... Ce n'est ni l'un ni l'autre de nous.

— Oh ! Je veux le voir ! s'écria-t-elle... Je veux le voir tout de suite...

Elle s'élança vers l'escalier :

— Vite, cria-t-elle à Mary, appelez ma tante ! pour qu'elle m'accompagne... Mais qu'elle descende vite, sans quoi, je pars seule !...

En même temps, elle saisissait son chapeau, et s'enveloppait précipitamment dans son manteau.

La vue de Clarel, dont le visage était tourné vers elle avec un accueillant sourire, la rassura.

LES MYSTÈRES DE NEW-YORK — 425

CLAREL CONDUISIT ÉLAINE JUSQU'À SA VOITURE.

Elle ne fit qu'un bond dans la pièce, vers son fiancé...

— Oh ! s'écria-t-elle... Comme je suis contente de...

Elle n'acheva pas sa phrase.

D'un doigt sur les lèvres, Justin semblait lui intimer l'ordre de se taire.

Stupéfaite, et sans comprendre la raison de cet avertissement, elle obéit cependant, tout en tournant les yeux du côté de Walter, qui, d'une inclinaison de la tête, lui confirma la recommandation de son maître.

Au lieu de venir à elle, ce dernier avait repris son bloc-notes, sur lequel il était en train d'écrire, et qu'il lui passa après quelques secondes.

Ce qu'elle y lut lui causa une surprise égale à celle manifestée par Jameson, quelques instants plus tôt.

« Nos ennemis entendent chaque mot » que nous disons, grâce à un microphone » d'une grande puissance, installé dans le » mur... Ne soyez donc pas étonnée des » propos quelque peu incohérents que je » vais vous tenir. »

Elle le regarda, et, des yeux, lui indiqua qu'elle avait compris.

Alors, se dirigeant vers le mur, à l'endroit précis où était caché l'instrument, et se penchant pour être bien sûr qu'aucune de ses paroles n'échappait à ceux qui l'écoutaient :

— Ma chère amie, dit-il d'une voix très distincte, je suis absolument forcé d'aller passer une heure à mon laboratoire. Jameson, voulez-vous me faire le plaisir de reconduire miss Dodge et sa tante jusque chez elles... J'irai vous retrouver dès que j'aurai terminé ma besogne...

— Avec plaisir ! répondit le jeune homme...

Tous les quatre parlèrent encore, pendant quelques instants, de différent choses plus ou moins insignifiantes.

— Eh bien ! reprit Justin, après un instant, êtes-vous prêts ? Alors, en route !...

Ils sortirent de l'appartement, dont il referma la porte avec fracas.

Mais, au moment où ils allaient descendre l'escalier, il les arrêta d'un geste et appuya sur le ressort qui cachait aux yeux de tous l'ouverture du sismographe dont il s'était servi jadis avec tant de succès. La tablette se releva, démasquant le petit réduit contenant l'appareil.

Justin allongea la main, prit un flacon qu'il y avait préalablement déposé, asper-

ELLE VENAIT D'APERCEVOIR À LA FENÊTRE LE BOUQUET DE ROSES ROUGES.

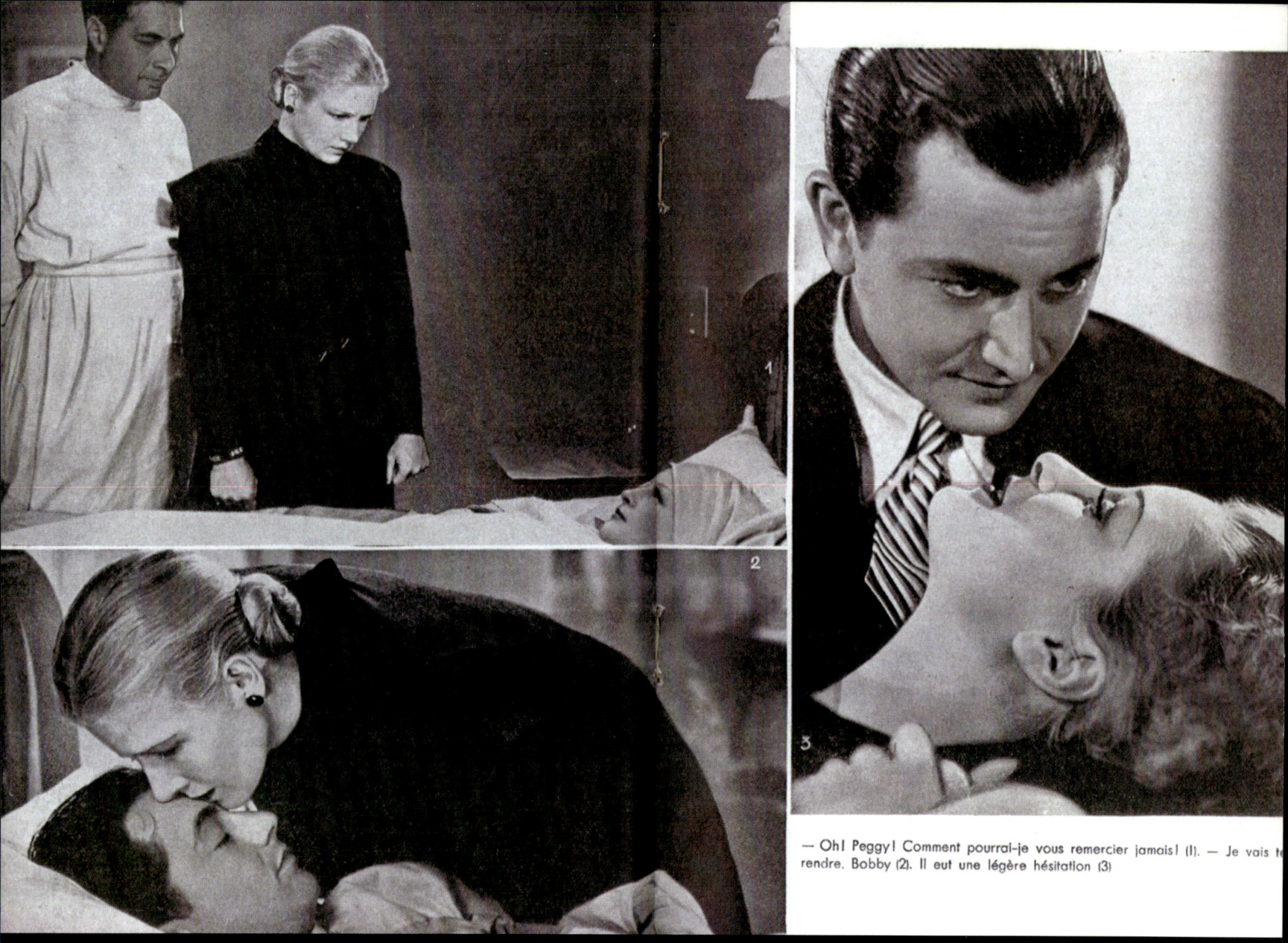

— Oh! Peggy! Comment pourrai-je vous remercier jamais! (1). — Je vais t[e] rendre, Bobby (2). Il eut une légère hésitation (3)

Ann Harding et Robert Young dans « *The Right to Romance* » (« Son premier Amour »)

Avant-guerre
L'apogée du ciné-roman

Surfant sur le succès du cinéma, art populaire par excellence, le ciné-roman atteint son apogée dès la seconde moitié des années 1930 jusqu'au milieu des années 1940. Le public raffole de ces films sur papier qui se vendent jusqu'aux villages les plus reculés, là où faute de moyens les salles de cinéma sont encore inexistantes. Il a également valeur de séance de rappel et permet au lecteur de revivre les émotions ressenties en salle. Si son contenu n'est pas sans rappeler celui du roman-cinéma, il s'en différencie cependant par l'abondance de l'image qui relègue le texte à une simple narration. Par le soin apporté à l'élaboration de ses couvertures qui s'apparentent à de véritables mini-affiches de films, le ciné-roman devient un objet de reconnaissance de l'œuvre cinématographique dont l'attrait est renforcé par la présence, au générique, de vedettes de premier plan. À l'aube des années 1950, son succès confirme surtout la prééminence au cinéma du film romanesque.

René Lorris, un des maîtres du genre, se spécialise dès les années 1930 dans l'écriture de romans illustrés de photographies de films à succès, comme *Le Monde en marche* de John Ford (1934), *Lucrèce Borgia* d'Abel Gance (1935) ou *L'Homme du jour* de Julien Duvivier (1937).

Couverture de *Son premier amour*, publié aux éditions Jules Tallandier, d'après le film d'Alfred Santell, *The Right to Romance* (1933)

Chapitre I – Les origines : l'aventure du ciné-roman

ZOOM
Les plus beaux ciné-romans

Les *Cinevita* italiens constituent de véritables cinémascopes sur papier, publiés dans un format rectangulaire inhabituel (30 cm x 21,5 cm), de 1936 à 1946.

La REX FILM presenta:

UNA NOTTE DOPO L'OPERA

Produzione INAC - Serie Cervinia

Personaggi ed interpreti:

Anna	BEATRICE MANCINI
Mara Sivieri	NEDA NALDI
Paolo Marini	MINO DORO
Il Barone	RENATO CIALENTE
Impres. Mauri	LUIGI ALMIRANTE
Mimma	VIRA SILENTE

Regista NICOLA MANZARI con Nicola F. Neroni - Foto CIOLFI

... le danzatrici, magico fiore vivente...

... il barone, elegantissimo nell'abito da sera...

Sulla scena, il gruppo delle danzatrici, si componeva per il quadro finale. Mara Sivieri, la prima ballerina dell'opera, volteggiava, aerea, intorno al gruppo delle compagne che disposte a circolo sembravano un magnifico fiore vivente, un fiore che apriva le sue corolle, che schiudeva i suoi petali al suono melodioso della musica. La danza di Mara si fermò di schianto, trovò la sua ultima grazia in un inchino, mentre il pubblico scoppiava in applausi entusiastici. Rapida, Maria corse via entrò nel proprio camerino. Sulla soglia di questo l'aspettava il barone, elegantissimo nell'abito da sera ch'egli indossava con la disinvoltura dell'uomo di mondo che ne ha l'abitudine. « Ti aspetto al Savini — disse — fa' presto. Troverai molta gente che vuole ancora applaudirti ». Mara

Ti ho detto che fra noi tutto è finito...

— Voglio vivere la mia vita...

...tu indossa la mia pelliccia...

era davanti allo specchio; il volto di lui vi si inquadrò dietro il suo. « Non verrò — diss'ella, calma. — Ti ho detto che fra noi è tutto finito ». « Me l'hai detto troppe volte perché io possa ancora impressionarmi ». « Bisogna che ti persuada. Voglio essere libera, voglio vivere la mia vita ». « La tua vita! Ti ho fatto io quella che sei, mi devi tutto. Non puoi sfuggirmi. Ti aspetterò dunque ».

Il barone se ne andò, mentre Mara, senza rispondergli, cominciava a togliersi il trucco di scena. Era veramente stanca di quel giogo, e se lo voleva scrollare di dosso. Stanca di quell'amore insipido, di quella persona che aveva solo dell'apparenza e della forma, ma che sotto il duro sparato dell'abito da sera non aveva un cuore capace di amare serenamente, sinceramente. Stanca di quella vita

in luminose sale da ballo in cui tutti la colmavano di complimenti e di gentilezza. Pure, sapeva con certezza che il barone l'avrebbe attesa fuori, da qualche parte, e non avrebbe ceduto finché non l'avesse di nuovo trascinata con sé... Le venne un'idea e chiamò la cameriera: « Prestami il tuo impermeabile, e tu indossa la mia pelliccia per andare a casa... ». Uscì nella via, lieta come un

Se il maestro non riprende a comporre...

... anche Anna soffriva di quel posto vuoto...

... aveva trovato l'uomo della sua vita...

stro non riprende a comporre, si rovina rebbe potuto amarla di più. Ella gli rovina anche me che ho puntato tutto su lui... ». « Mai, invece, Paolo era sembrato tanto assente come in quei giorni. Mimma non se lo trovava più vicino e, abituata com'era ad esser sempre vezzeggiata da lui, adesso soffriva sentendo che qualcosa s'era messo fra loro. Un giorno, egli mancò al pranzo. Anche Anna soffriva di quel posto vuoto, mentre tuttavia si sforzava di sorridere per distrarre la piccola. A un'altra tavola, in quel momento, sedeva Paolo. Era stato invitato da Mara. Seduta all'altro capo della lunga tavola, la danzatrice gli sorrideva, con tutta la lusinga della sua femminilità. Non Paolo solamente era stato preso dal suo fascino, però. Anche Mara sentiva di aver trovato l'uomo della sua vita, finalmente, l'uomo a cui affidare con sicurezza la propria esistenza, il proprio amore. E poiché egli aveva bisogno di ritrovare se stesso, la propria arte,

ella sperava, voleva essere per lui ispiratrice. Paolo non sapeva ancora che per questa missione d'amore, Mara avrebbe rinunciato alla propria arte... Il pubblico non avrebbe più applaudito la grande danzatrice. Ma Paolo, anche s

... gli sorrideva, con tutta la lusinga...

... per la prima volta, le loro bocche si unirono...

... paghi a caro prezzo il tuo amore...

vesse saputo il suo sacrificio, non arebbe potuto amarla di più. Ella gli era penetrata sottilmente nello spirito, bella, desiderabile come era. Eppure non l'aveva ancora baciata... Quel giorno, per la prima volta, le loro bocche si unirono. Qualcuno seppe della decisione di Mara. Quasi subito; infatti, ella ricevette la visita del barone: « Tu sei una beniamina del pubblico, non puoi abbandonarlo, abbandonare la tua arte. » « Amo » rispose Mara, semplicemente. Tu hai doveri a cui non puoi venir meno, i doveri di una grande artista. Pensa a quello che fai, Mara, torna ora che sei in tempo ancora sui tuoi passi ». « Pagherai a caro prezzo questo tuo amore. Bada che tu non abbia a pentirtene, un giorno... ». « Non verrei da te quel giorno, comunque » rispose, ella, sprezzante. Il barone la guardò un attimo negli occhi, in quegli occhi innamorati e sorrise sarcasticamente, incredulo, poi uscì dalla stanza senza più dire una parola. Fra lei e Paolo era stato convenuto di fare un viaggio, un dolce viaggio in paese dei sogni: cioè senza meta. Se ne fanno gli innamorati che hanno il mondo dietro di sé. Prima di staccarle da lei, ella voleva conoscere Mimma e si recò

ZOOM
Les plus beaux ciné-romans

En haut : Deux couvertures de la collection « Films et Romans », dont *L'Esclave blanche* avec Viviane Romance.

En bas et à droite : Page intérieure et couverture du ciné-roman *Petite Peste*, édité par la collection « Films et Romans », 1939.

FILMS et ROMANS

Tous les jeudis

Petite Peste

CHAQUE ŒUVRE EST COMPLÈTE EN UN SEUL FASCICULE — 50 c

Numéro 1 de *Grand Hôtel*, 29 juin 1946.

Chapitre II
1946-1947 : et le roman-photo fut !

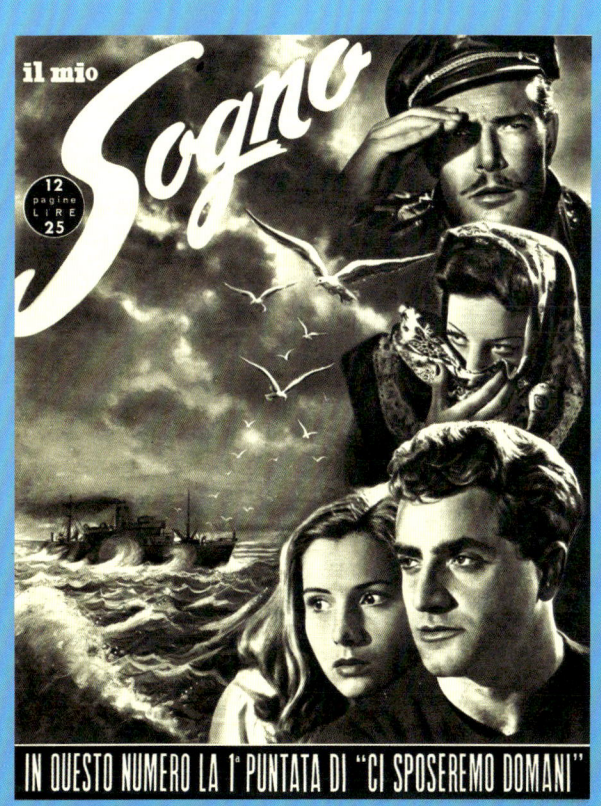

Couverture du numéro 5 de *Il Mio Sogno*, 1er février 1948.

À Milan, au lendemain de la Seconde Guerre mondiale, les frères Del Duca, Domenico et Alceo, patrons de la maison d'édition Universo, ont pour habitude, avec un petit groupe de collaborateurs, de tenir leurs réunions de travail dans des bars éloignés du centre-ville et peu fréquentés.

À l'instar de leur frère, Cino, exilé en France depuis 1933, Domenico et Alceo éditent depuis le début des années 1930 des romans populaires, mais aussi *Il Monello* et *L'Intrepido*, des hebdomadaires de bandes dessinées destinés à la jeunesse. Le succès des deux genres donne l'idée à Domenico d'en faire un mix à travers un hebdomadaire de romans d'amour illustrés qui viserait un public essentiellement féminin. Pour s'assurer du succès de son projet, il fait appel à Walter Molino et Giulio Bertoletti, deux des meilleurs dessinateurs du moment. Rompu à l'écriture des scénarios qu'il écrit souvent lui-même, Domenico s'adjoint la collaboration de Luciana Peverelli et Elisa Trapani, deux grandes signatures du roman rose. L'homme de presse aime relever les défis et l'a déjà prouvé par le passé. Doté d'une formidable intuition, il pressent le succès de son projet d'hebdomadaire. Le 29 juin 1946, le premier numéro de *Grand Hôtel*, conçu dans le plus grand secret, sort enfin en kiosque.

Comme à Hollywood

Le choix du titre français – *Grand Hôtel* –, copié volontairement sur celui du film américain datant de 1932 et tiré du roman de Vicki Baum, ne doit rien au hasard. Le fascisme et la guerre ont laissé des traces très profondes parmi la population, d'où cette volonté de la plupart des magazines féminins italiens d'adopter un style nouveau marqué de toute évidence par l'influence américaine d'après-guerre. *Grand Hôtel* ne déroge pas à cette règle et les personnages qui y sont représentés font explicitement référence au cinéma hollywoodien. Les dessins, admirablement exécutés à l'aquarelle, oscillent entre réalisme et fantasme, se rapprochant de la photo et de l'image cinématographique. De par leurs thématiques sentimentales, leur rythme et leur composition, les romans dessinés augurent l'avènement d'un autre genre : le roman-photo. Le premier numéro de *Grand Hôtel* tiré à 100 000 exemplaires suscite un tel engouement auprès du public que l'on doit le réimprimer plusieurs fois en l'espace de quelques jours, confirmant l'incroyable intuition de son éditeur. Il dépassera rapidement le million d'exemplaires.

Une année prolifique

Le 8 mai 1947, moins d'un an après la sortie du premier numéro de *Grand Hôtel*, un nouvel hebdomadaire fait son apparition sur le marché de la presse sentimentale : *Il Mio Sogno (Mon rêve)*, édité par Novissima, une petite maison d'édition romaine. De la même veine que *Grand Hôtel*, *Il Mio Sogno* présente cependant une innovation de taille : sur sa couverture comme dans ses pages intérieures, la photographie en noir et blanc a remplacé le dessin, conférant à l'ensemble un aspect plus réel et surtout plus cinématographique. Le premier épisode de « *Nel fondo del cuore* » (« Au fond du cœur »), qui ouvre le magazine, s'étale sur 3 pages. Mis en scène par Giampaolo Callegari, il est l'œuvre du scénariste Stefano Reda. Une certaine Giana Loris y tient le rôle principal. Ce sera là

Ci-dessus : Numéro 17 de *Il Mio Sogno*, 31 août 1947, avec Gina Lollobrigida en couverture.
À droite : Deuxième épisode de l'unique roman-photo avec Gina Lollobrigida.

Nel fondo del cuore

ROMANZO DI STEFANO REDA

PERSONAGGI E INTERPRETI

SIR DENYS Visconte di Armings . . . . . . ROBERTO MAURI
PATRIZIA MERRIVALE . . . . GIANA LORIS
FELICIA sorella di Patrizia . . . . ISA NAZZARI
PAUL SHERIDAN Tenente delle Coldstreams guards MARIO CHIOCCHIO
CLAUDIA COLBURN Segretaria di Denys . . . . SUZY VANNI
CHARLES CAREW amico di Denys . . . . . . GIORGIO AVORIO

REGÌA GIAMPAOLO CALLEGARI • PRODUZIONE "SOGNO"

RIASSUNTO DELLA PRIMA PUNTATA

Lady Cinthia contessa di Merrivale ha organizzato un ricevimento in onore della figlia Patrizia che compie il suo diciannovesimo anno. Dovrà intervenire alla festa Sir Denys visconte di Armings, ricco proprietario della contea, a cui Lady Cinthia fonda molte speranze per un matrimonio con Patrizia; ma la fanciulla non lo trova di suo gusto e quando egli arriva accompagnato dal fedele amico Charles lo tratta molto freddamente. Questo contegno incoraggia Charles che è segretamente innamorato di Patrizia e che vorrebbe allearsi con Felicia, sorella maggiore di Patrizia la quale non sa celare la sua ammirazione per il giovane e fiero Denys. Alla fine della festa, congedati gli invitati le due fanciulle accompagnano a casa la zia attraverso il parco della villa. Passa del tempo, le fanciulle non ritornano e Lady Cinthia ne è giustamente preoccupata.

ATRIZIA E FELICIA CHE ERANO ATTARDATE IN ASA DI ZIA COONNIE, RI ORNANDO ALLA VILLA, PER BBREVIARE, PRENDONO NA SCORCIATOIA E FINI CONO PER PERDERSI NEL BOSCO. L'OSCURITÀ O STORMIRE DEGLI AL ERI, QUALCHE GRIDO DI CCELLO NOTTURNO MPRESSIONANO ALQUAN O LE RAGAZZE CHE SI FERMANO INDECISE.

Chissà a quest'ora come sarà in pensiero la mamma.

Io non riconosco più la strada

Eppure com'è bello il bosco di notte!

Sì cara, ma cerchiamo di uscirne

...le don-ne vo-a ba-ciar...

MA ECCO CHE IL SILENZIO NOTTURNO VIE NE SCANDITO DA UN LONTA NO RUMORE DI PASSI. IL TENENTE PAUL SHERIDAN DI RITORNO DA UN'ALLEGRA RIUNIONE AT TRAVERSA UNPO' EBBRO IL BOSCO

Gina Lollobrigida
Héroïne du premier roman-photo

Publié en 1947 en Italie dans le premier numéro de *Il Mio Sogno*, sous le titre « *Nel fondo del cuore* », « Au fond du cœur » est également le tout premier roman-photo paru en France en juin 1949 dans *Festival*, le nouvel hebdomadaire de cinéma lancé par Cino Del Duca qui introduit ainsi le genre dans l'Hexagone, un an avant *Nous Deux*.

Derrière le pseudonyme de Giana Loris, qui y campe le personnage principal, se cache Luigina Lollobrigida, future Gina Lollobrigida. Issue d'un milieu modeste, elle quitte très vite sa province natale pour Rome et intègre l'Académie des beaux-arts. Tout en y poursuivant ses études, elle décroche un petit rôle dans une pièce de théâtre et participe également à des concours de beauté. En 1947, elle termine deuxième au concours de Miss Rome et troisième à celui de Miss Italie. La même année, elle pose pour ce roman-photo qui, selon la légende, lui ouvrira les portes du cinéma.

bolero film

ANNO I N. 1
25 MAGGIO 1947
L. 25 IN TUTTA ITALIA

Quell'anello mi ricorda una vecchia storia, Lucilla...... la storia di un amore romantico e passionale...

Come sei drammatico, John! Non credevo che quella insignificante ragazza potesse nascondere un segreto così interessante!

ATTENZIONE!
bolero film
CERCA ATTRICI E ATTORI
PER I SUOI FOTOROMANZI
leggete a pagina 7

son unique expérience dans ce domaine avant qu'elle ne se fasse connaître au cinéma sous le nom de Gina Lollobrigida. « *Menzogne d'amore* » (« Mensonges d'amour ») occupe la deuxième partie du magazine. Comme dans le premier récit, tous les ressorts du mélodrame y sont réunis. Dès son premier numéro, *Il Mio Sogno* ambitionne de populariser ses acteurs. Des rubriques comme « *I nostri divi* » (« Nos vedettes ») leur sont spécifiquement dédiées dans les pages centrales du magazine visant ainsi à créer un lien de proximité entre eux et leur nouveau public.

Le 25 mai 1947, à 17 jours d'intervalle, un second magazine voit le jour : *Bolero Film*, lancé par la grande maison d'édition milanaise Mondadori, sous l'impulsion de Luciano Pedrocchi.

L'heure des « fotoromanzo »

En une de *Bolero Film*, la photo de deux personnages assortie de dialogues ne laisse aucun doute quant au contenu de ce nouvel hebdomadaire qui utilise d'emblée le néologisme « *fotoromanzo* » (roman-photo) par le biais d'un enca-

Ci-dessus : Extrait du premier épisode de « *Catene* » avec Adriana Serra et Dino Peretti.
À gauche : Premier numéro de *Bolero Film*, 25 mai 1947.

dré qui annonce que le magazine recherche des acteurs et des actrices pour ses productions.

« Catene » (« Chaînes ») et « Tre ragazze innamorate » (« Trois jeunes filles amoureuses ») inaugurent ce premier numéro. Réalisés par Damiano Damiani[1], futur cinéaste de renom, ces deux romans-photos se démarquent très nettement de ceux publiés par Il Mio Sogno, tant dans leur style graphique que dans leur mise en scène. Si dans le premier, Damiano Damiani emprunte au cinéma hollywoodien, dans le second, à l'inverse, il puise très nettement dans le répertoire du néoréalisme italien. Les connaisseurs y verront l'influence de Cesare Zavattini, illustre scénariste de bandes dessinées dans les années 1930 pour Mondadori et considéré aujourd'hui encore comme l'une des figures de proue du mouvement néoréaliste italien[2].

Le succès de Il Mio Sogno et Bolero Film est foudroyant. Il s'en vend chaque semaine plus de 600 000 exemplaires. Grand Hôtel, bien que demeuré fidèle au roman dessiné, dépasse allègrement le million d'exemplaires. Il faudra cependant attendre octobre 1950, soit plus de trois ans après l'apparition du roman-photo en Italie, pour que Domenico Del Duca se décide à en introduire au sein de son magazine, cédant enfin à l'appel des sirènes. D'autres titres déjà existants suivront le mouvement, d'autres fleuriront. Dans cette période d'après-guerre, plus de deux millions de romans-photos circulent chaque semaine en Italie. Grand Hôtel, qui s'exporte en France et jusqu'au Brésil depuis 1947, en conserve le leadership. La success-story du roman-photo ne fait que commencer !

---

1. Avant de s'orienter vers le cinéma, Damiano Damiani a travaillé comme dessinateur de bandes dessinées, puis comme auteur et réalisateur de romans-photos.
2. Scénariste et écrivain, Cesare Zavattini collabora notamment à l'écriture de nombreux films dont Le Voleur de bicyclette de Vittorio de Sica.

C'était après-guerre

- **Les trente glorieuses** démarrent en 1945, juste après-guerre. Elles couvrent une période de reconstruction et de forte croissance économique et mèneront peu à peu à une situation de plein emploi. Les salaires augmentent, on épargne, on s'équipe…

- **En France, la constitution de la IVᵉ République** est promulguée le 24 octobre 1946, suivie de l'élection de Vincent Auriol à la présidence en janvier 1947, pour sept ans.

- **Les femmes se libèrent** et accèdent au travail, ce qui modifie leur vie quotidienne : elles passent leur permis de conduire mais sont encore financièrement dépendantes de leur mari. Il faudra attendre une loi de 1965 pour qu'elles puissent obtenir un chéquier à leur nom !

- **Au cinéma** les grandes productions hollywoodiennes font rêver : westerns, péplums et comédies musicales attirent les foules. James Dean, Marilyn Monroe, Jane Mansfield aussi…

- **On en parlait…** Les films d'Alfred Hitchcock et de René Clément, les robes New Look de Christian Dior, le tailleur Chanel, les disques 78 tours, la chanson Mambo n° 5 de Pérez Prado, l'histoire d'amour d'Édith Piaf et Marcel Cerdan.

— Andiamo, muoviti, lumaca!

— Addio, signore; e grazie.

Prima di seguire Donato che con fare brutale l'ha chiamata, Lauretta si volta con gli occhi pieni di riconoscenza verso Roberto. Vorrebbe ringraziare in qualche modo il giovane per le sue parole gentili, ma la voce di Donato, che ancora la richiama, la fanno desistere dal suo proposito... Appena giunto in un luogo appartato, Donato afferra rudemente per un braccio Lauretta per farsi consegnare il danaro datole da Roberto...

— Fuori quel biglietto, hai capito? Credi che non mi sia accorto che l'hai nascosto? Dammelo, su, o sarà peggio per te...

— Non spendiamolo, è danaro. Se non mettiamo da parte un po' di danaro, come faremo a trovare una stanza per dormire? dovremo continuamente passare le notti sotto i ponti o nei ricoveri...

— Dammi il danaro, te lo dico per l'ultima volta, ne ho bisogno, e smettila di frignare con questa storia della stanza....

— Lo so perchè vuoi quel danaro... per andare a giocare. Vedrai, in questo modo finirai in prigione...

Irritato dalle parole di Lauretta, Donato colpisce la fanciulla che si abbatte per terra.

— Te l'avevo detto, lumaca, di tirar fuori il danaro senza farmi perdere la pazienza. E ora cosa vuoi fare? Darmi quel biglietto da mille o obbligarmi a darti una lezione?

— Io lo facevo per te, perchè non voglio che ti succeda nulla di male. Ma se continuerai a frequentare quella gente che non sa fare altro che rubare e giocare, finirai in prigione, vedrai; prima o poi finirai in prigione...

— Ora ti accorgerai quanto l'amicizia di tutta quella gente ti vuol bene. Donato, vorrei che tu fossi felice, e non così! Non ti vergogni? Sei un vigliacco....

— Basta, perdio! Chiudi la bocca e dammi quel danaro....

Le franche parole di Lauretta, il suo sguardo fermo, hanno fatto capire a Donato la bassezza del suo gesto. Ma egli non vuole confessare di aver sbagliato, vuole solo avere il danaro e andarsene...

— Così mi piace, sempre obbediente e ragionevole. Ora io me ne vado, ci rivedremo stasera...

— Sono certo che tutto questo è successo per quel biglietto da mille. Una cosa disgustosa, battere in quel modo quella ragazza che è quasi una bambina...

Lauretta estrae il danaro dalla tasca e lo porge a Donato. Intanto Roberto, che ha seguito la fanciulla e da lontano ha assistito alla scena, accorre per difenderla.

Ci-dessus : Couverture du premier numéro de *Nous Deux*, 14 mai 1947, illustrée par Giulio Bertoletti
Page de droite, en haut : Couverture du numéro 11 de *Grand Hôtel*, 7 septembre 1946

14 mai 1947
La naissance de Nous Deux

Au lendemain de la seconde Guerre Mondiale, en France comme dans les autres pays d'Europe, tout est à reconstruire, tout est à bâtir. La presse, muselée par la censure très sévère instaurée par l'occupant allemand depuis juin 1940, connaît en France comme en Italie un boom considérable qui redistribue les cartes et donne naissance à de nouveaux empires. C'est dans ce contexte que Cino Del Duca va bâtir le sien. Devant le succès considérable de l'hebdomadaire *Grand Hôtel* lancé en Italie par ses frères en juin 1946, il décide d'en transposer la formule quasi identique en France. Cependant, ayant poursuivi ses publications pendant l'Occupation (bien qu'il fût engagé dans la résistance française), Cino Del Duca ne peut apparaître sous son nom et choisit de revenir dans le monde de l'édition sur la pointe des pieds. Pour mener à bien son projet, il opte pour la stratégie du cheval de Troie et s'adjoint les services de Pierre Roux et René Cusset, deux transfuges de l'hebdomadaire *Rêves*, de l'imprimeur Max Crété et enfin d'Antoine Kapp, qui fut son principal collaborateur pendant son exil à Vichy, lors de l'Occupation.

Au départ, un journal de cinéma

C'est ainsi qu'apparaît en kiosque, le 14 mai 1947, *Nous Deux*, un nouveau périodique provisoirement bimensuel qui deviendra hebdomadaire dès le numéro 5. L'idée de départ, telle qu'elle a été soumise par François Faure (ancien déporté et grand résistant), auprès de la Commission paritaire en 1946, visait à en faire un journal de cinéma (d'où l'appellation « Le Film Mondial présente » figurant sur la couverture jusqu'au numéro 3 avant de disparaître au profit de l'appellation « Romance »). Si le contenu du premier numéro de *Nous Deux* est identique en tout point à celui de son « grand frère » *Grand Hôtel*, sa couverture diffère. Cino Del Duca a délibérément opté pour une autre illustration, celle d'un jeune couple langoureusement allongé dans une gondole, sur fond de décor vénitien. Ce choix, qui ne doit bien évidemment rien au hasard, se veut une incitation au rêve, à l'évasion et à la volupté. Au premier regard, on est d'ailleurs immédiatement happé par la sensualité qui émane du couple d'amoureux. Le dessin est l'œuvre de Giulio Bertoletti, qui signe avec Walter Molino la plupart des illustrations et romans dessinés de *Grand Hôtel*.

Chapitre II – 1946-1947 : et le roman-photo fut ! 33

Calqué sur *Grand Hôtel*

« Âmes ensorcelées » et « Les Sept Gouttes d'or », les deux romans dessinés qui inaugurent ce premier numéro, sont les adaptations françaises d'« *Anime incatenate* » et « *Le lagrime d'oro* » parus un an plus tôt dans *Grand Hôtel*. Cino Del Duca ne s'aventure pas en terrain inconnu, reproduisant là une formule déjà éprouvée en Italie par ses frères. Le résultat ne se fait pas attendre et les ventes s'envolent dès le premier numéro. Le succès surprend son éditeur lui-même car ce ne sont pas seulement les femmes qui lisent *Nous Deux* mais aussi les hommes. Un an après son lancement, son tirage atteint les 700 000 exemplaires. Rien ne semble désormais entraver son ascension vers les sommets. En l'espace de quelques années, le tirage de *Nous Deux* franchira allègrement le cap du million d'exemplaires, ce qui en fera le magazine féminin le plus vendu en France.

Au sommaire du premier numéro

En couverture : une illustration pleine page, représentant un couple enlacé dans une gondole, à Venise. Pas de titre, seul le logo *Nous Deux* en lettres jaunes de style nouille et en sous-titre : « L'hebdo du roman dessiné ». Une pastille en haut à droite indique le prix, 10 F (il s'agit bien sûr d'anciens francs).

Le sommaire de ce numéro de 16 pages – uniquement de la fiction :

- **« Âmes ensorcelées »** : roman dessiné découpé en épisodes. Une histoire d'amour sur fond de guerre (5,5 page).
- **« Le Journal d'une épouse »** : il s'agit du journal intime d'une jeune femme dont le mariage ne se passe pas comme elle le souhaite (0,5 page). La rédaction espère qu'en le publiant elle aidera d'autres jeunes femmes dans la même situation.
- **« Toi, ma folie »** : ce roman d'amour écrit par Lucienne Royer est découpé en épisodes et illustré par un dessin très glamour (2 pages).
- **« Sans défense »** : une histoire vécue racontée par la protagoniste elle-même, sous un nom d'emprunt pour des raisons de confidentialité. Pas de photos là non plus mais une illustration réaliste (2 pages).
- **« Les Sept Gouttes d'or »** : deuxième roman dessiné découpé en épisodes. Amour et aventures dans le décor de l'Inde mystérieuse (4 pages).
- **« Le Courrier des astres »** : les prévisions du « plus grand astrologue d'Europe », Maurice Privat.

Âmes ensorcelées
Le premier roman dessiné

Publié dès le premier numéro de *Nous Deux* en 1947, « Âmes ensorcelées » a inauguré la grande tradition du roman dessiné au sein du magazine et tenu en haleine des millions de lectrices pendant plus de trente semaines. Tous les ingrédients du mélodrame sont réunis dans cette histoire romanesque dont l'action se situe avant et pendant la Seconde Guerre mondiale. Adapté d'un roman d'amour américain de M. Dukey et J.W. Symes et traduit en huit langues, ce roman dessiné est l'œuvre de Walter Molino.

Magnifiquement réalisé au lavis[1], « Âmes ensorcelées » plonge le lecteur dans un réalisme proche de la photographie préfigurant déjà ce que sera le roman-photo quelques années plus tard. Considéré comme l'un des plus grands succès du magazine *Nous Deux*, il a été réédité dans sa version complète publiée en 1948, puis en version colorisée publiée en 2010, soixante-trois ans après sa première parution.

1. Le lavis est une technique de peinture utilisant des aplats à l'encre de Chine, de sépia ou d'aquarelle étendus d'eau, et non au trait comme dans la bande dessinée classique.

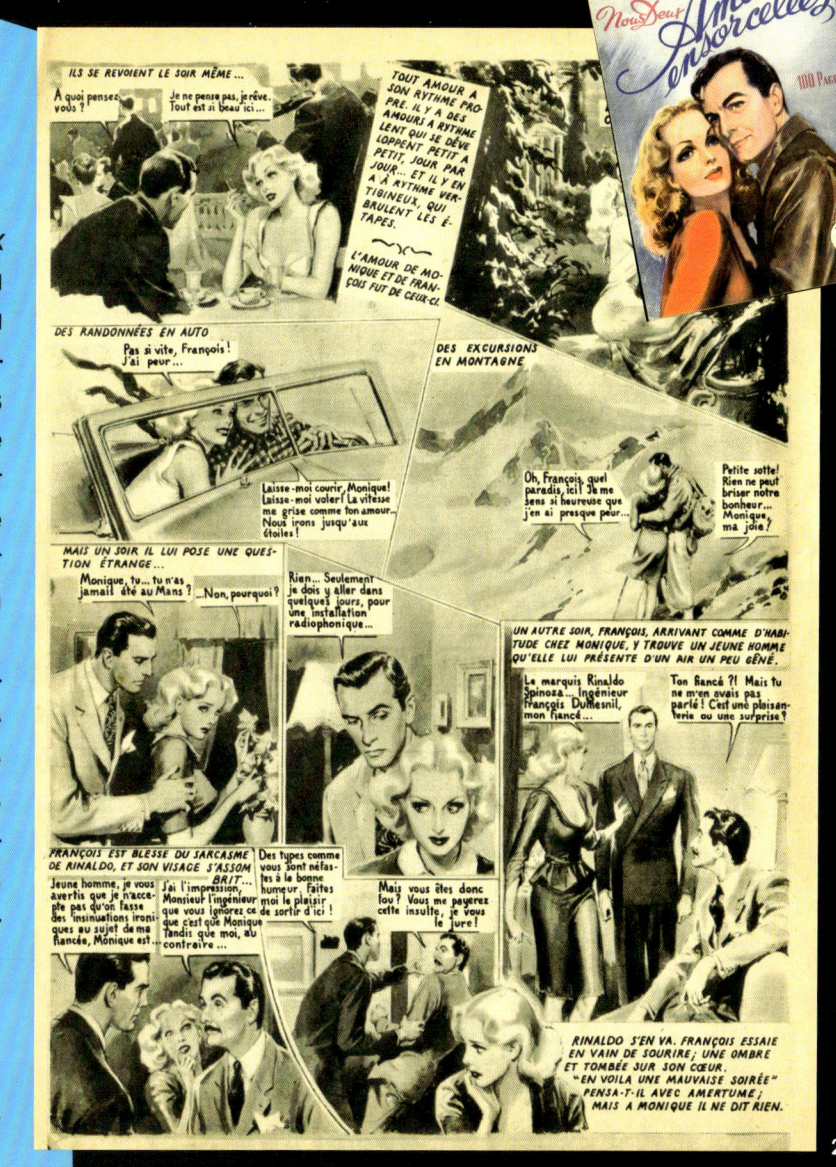

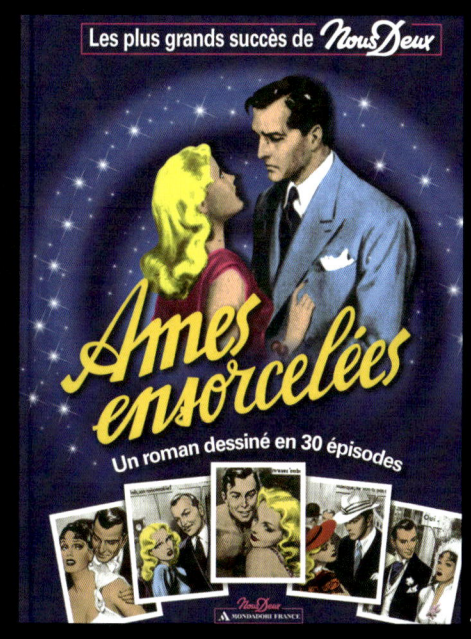

1. Couverture de « Âmes ensorcelées », version complète publiée en 1948.
2. Extrait du roman dessiné « Âmes ensorcelées » dans sa version d'origine.
3 et 4. Couverture et extrait de la version colorisée de « Âmes ensorcelées », publiée en 2010.

Taboga, Tipo, Luna Park…
Ces autres pionniers du roman-photo

Le succès phénoménal de *Bolero Film* et *Il Mio Sogno* incite leurs éditeurs respectifs à démultiplier les titres et d'autres à s'engouffrer dans la brèche. *Luci del Luna Park*, *Tipo*, *Tipo Film*, *Cine Tipo*, *Cine Illustrato*, *Taboga*, *Avventuroso Film*… Chacun de ces titres se décline sur une formule déjà éprouvée : 16 pages en noir et blanc, deux ou trois romans-photos dont les vedettes principales s'affichent en une du magazine, un roman rose, un classique de la littérature à épisodes, des horoscopes, du courrier du cœur, des jeux, des photos de vedettes, des présentations de films, des bandes dessinées…

Malgré la concurrence, le marché reste dominé par *Bolero Film* et *Il Mio Sogno*, sans oublier *Grand Hôtel* qui ne publie pas encore de romans-photos mais dont les romans dessinés, admirablement exécutés, demeurent paradoxalement associés au genre dans l'imaginaire collectif.

1. Couverture de *Luci del Luna Park*, numéro 32, 7 août 1949.
2. Couverture de *Tipo*, numéro 62, 11 décembre 1949.
3. Couverture de *Taboga*, numéro 8, 15 mars 1952.
4. Couverture de *Cine illustrato*, numéro 2, 11 janvier 1953.

Cine illustrato

ANNO IX · N. 2 · 11 GENNAIO 1953

16 PAGINE ★ 30 LIRE ★ SPEDIZ. IN ABBONAM. POSTALE - GRUPPO II

L'affascinante bellezza di **SUZANNE LEVESY** giovanissima "star" della televisione francese, conferirà un'attrattiva di più al complesso, umanissimo personaggio di Daria, protagonista di **"Maledirti in ginocchio"**

SETTIMANALE DI FOTOROMANZI

Cino Del Duca
Le père de la presse du cœur

Né en 1899 à Montedinove, en Italie, Pacifico Del Duca, dit Cino, abandonne ses études à 16 ans pour vendre des petits romans populaires. Il comprend vite qu'il a tout intérêt à lancer sa propre maison d'édition. Mais nous sommes au début des années 1930 et ses ambitions sont contrariées par le régime fasciste dont il est un farouche opposant. Arrêté et placé en détention pendant quatre mois, il devra attendre sa sortie de prison pour fonder sa maison d'édition à Milan. Il enrôle ses deux frères, Domenico dit Mimmo, et Alceo, ainsi que Luciana Peverelli, une jeune romancière.

En 1933, Cino fuit l'Italie pour la France. En juin 1935, il lance *Hurrah !*, un hebdomadaire de bandes dessinées, puis fonde les Éditions Mondiales. D'autres titres jeunesse suivent : *L'Aventureux*, *L'Intrépide*. En 1939, la guerre éclate. Recherché par la Gestapo pour une caricature d'Hitler parue dans l'un de ses journaux, Cino se réfugie en zone libre, pour y poursuivre son activité d'éditeur.

Cino sur les traces de ses frères

En 1946 à Milan, ses frères lancent *Grand Hôtel*, un hebdo qui fait la part belle au roman dessiné et aux nouvelles sentimentales. Son succès incite Cino à reproduire le concept en France sous le titre de *Nous Deux* dont le premier numéro, tiré à 150 000 exemplaires, sort le 14 mai 1947. Dans la foulée, il rachète *Véronique*, qu'il rebaptise *Intimité*. La même année, il épouse Simone Nihouret qui devient sa plus proche collaboratrice. En 1949, il lance *Festival*, un hebdomadaire de cinéma, puis *Madrigal*, *Boléro*, *Paris Jour*, *La Vie en fleur*. On le surnomme « Le père de la presse du cœur ».

En 1952, il ouvre une librairie à son nom[1], puis fonde une bourse qui récompense de jeunes auteurs. À partir de 1954, il diversifie ses activités et fonde une société de films, produisant *Touchez pas au grisbi* de Jean Becker, puis *L'Avventura* de Michelangelo Antonioni (1960) récompensé par le prix du jury au Festival de Cannes. En 1966, un an avant sa mort, il lance *Télé Poche*, le dernier-né de ses magazines. Et son dernier coup de maître !

1. Toujours située au 26 boulevard des Italiens à Paris. Il existe aussi une rue Cino Del Duca dans le 17e arrondissement de Paris.

1. Hommage à Cino Del Duca en couverture de *Télé Poche*, numéro 73, 31 mai 1967.

2. Hommage à Cino Del Duca dans *Télé Poche*, numéro 73.

Mais qui a vraiment inventé le roman-photo ?

Le roman-photo dans sa forme actuelle serait le fruit d'expérimentations menées au lendemain de la Seconde Guerre mondiale dans des studios photo anonymes de la péninsule italienne. Cependant, plusieurs hypothèses circulent à ce sujet. Certains en attribuent la paternité à Stefano Reda, un jeune scénariste passionné de bandes dessinées et de feuilletons, qui aurait démarché pendant un an plusieurs grands éditeurs afin de leur proposer son idée de substituer la photographie au dessin, mais sans succès avant que Novissima, une petite maison d'édition romaine dirigée par Giorgio Canus De Fonseca s'y intéresse de très près. D'autres en attribuent la paternité au trio Luciano Pedrocchi/Damiano Damiani/Franco Cancellieri qui officie chez Mondadori. On évoque également le scénariste Cesare Zavattini, à l'origine de nombreuses expériences menées dans le domaine de la bande dessinée. Enfin, une dernière hypothèse vient ajouter une touche de mystère aux origines du genre. Dans ses mémoires de réalisateur (*Voyage au cœur du roman-photo*, à paraître aux éditions Les Indes savantes), Hubert Serra fait état d'une histoire qui circulait dans les bureaux des Éditions Mondiales selon laquelle un homme se serait présenté en Italie à un éditeur de romans populaires et lui aurait proposé une maquette de magazine, avec à l'intérieur, un roman-photo qu'il avait lui-même réalisé. L'idée fut trouvée ingénieuse puis, par un mystère inexpliqué, l'homme se serait ensuite volatilisé.

Soixante-cinq ans après son apparition, comme en écho aux nombreux récits romanesques qui ont jalonné son histoire, la paternité du roman-photo conserve une part de mystère.

3. Couverture de *Modes de Paris*, numéro 460, 17 octobre 1957.

4. Couverture de *La Vie en fleur*, numéro 243, 1er septembre 1957.

5. Couverture du livre *Mon caniche, l'Amérique et moi…*, de John Steinbeck, éditions Del Duca 1962 – Paris.

6. Couverture de *Paris Jour* du 19 juillet 1969.

Chapitre II – 1946-1947 : et le roman-photo fut !

1950
De *Tarzan* à « *Arizona Kid* »
Le roman-photo sur tous les fronts

Le 23 octobre 1949, Luciano Pedrocchi, directeur de la revue *Bolero Film*, lance *Avventuroso film*, un nouvel hebdomadaire d'aventure et d'évasion destiné à la jeunesse. Le ton est donné dès la couverture sur laquelle on découvre les images du roman-photo « Arizona Kid », le premier western du genre réalisé par Damiano Damiani, et qui n'a rien à envier aux grosses productions cinématographiques américaines. Conçu comme un magazine masculin, *Avventuroso film* s'adresse principalement aux jeunes garçons. Deux autres romans-photos occupent la deuxième moitié du magazine. La publication des aventures d'« Arizona Kid » s'étirera sur plus de 80 numéros, ce qui en fait encore à ce jour le plus long roman-photo de l'histoire.

Toujours à l'affût de la nouveauté, Cino Del Duca en adapte le contenu pour la France dès 1950 et lance *Boléro* – qui n'a cependant rien à voir avec *Bolero Film*. Il y reprend les aventures d'« Arizona Kid », rebaptisé « Arizona Bill » ainsi que d'autres romans-photos parus précédemment dans *Avventuroso film*. Mais il n'a pas attendu le lancement de *Boléro* pour tenter de convertir la jeunesse à la lecture des romans-photos. Dès 1949 déjà, il introduisait les aventures de « Guy, l'enfant du fleuve » dans *Tarzan*, l'un de ses magazines de bandes dessinées, tout comme l'avait fait quelques mois plus tôt *Intrepido*, un hebdomadaire de bandes dessinées publié en Italie par son frère Domenico. Pour Cino Del Duca, le roman-photo demeure avant tout une affaire de famille…

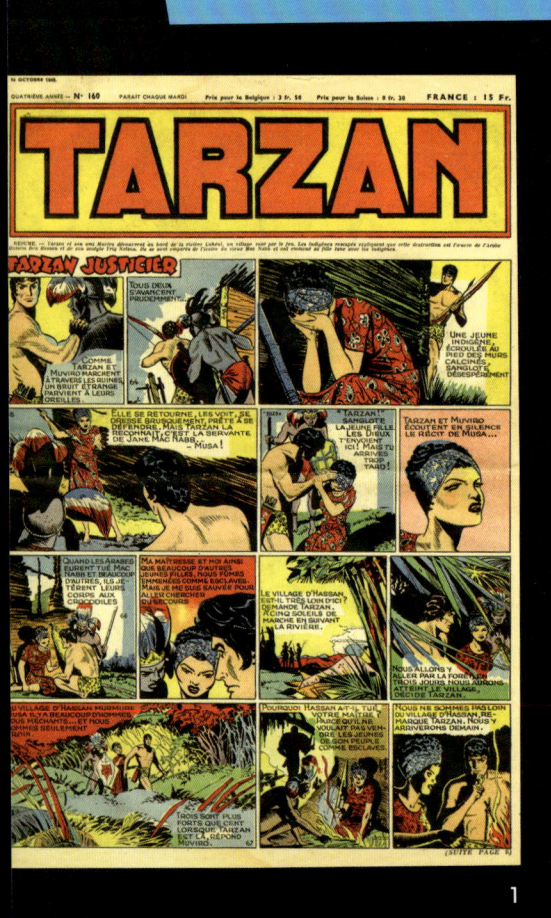

1. Couverture de *Tarzan*, numéro 160, 16 octobre 1949.
2. Couverture de *Bolero*, numéro 1, 12 mai 1950.
3. Couverture de *Intrepido*, numéro 35, 30 août 1949.

Couverture de *Avventuroso film*, numéro 4, 13 novembre 1949.

ZOOM

Les premières unes de *Nous Deux*

1947

Nous Deux Romance

10F

N° 7. — 16 JUILLET 1947

La suite des romans dessinés : **AMES ENSORCELÉES**

LE MASQUE DE LA DOULEUR

Nous Deux — Romance

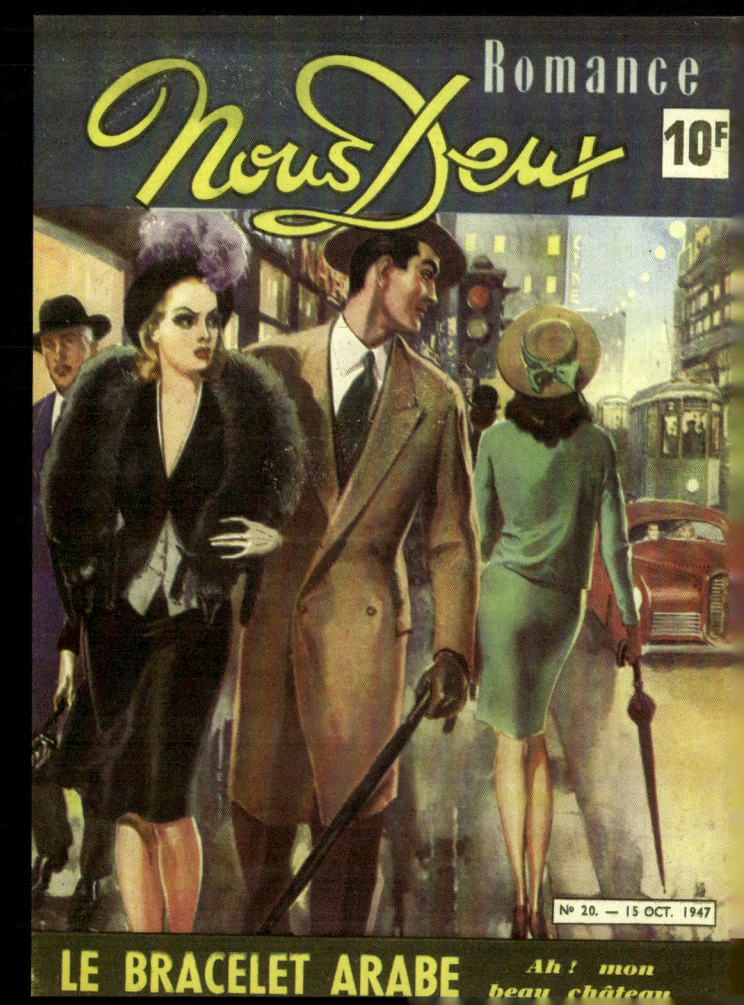

N° 4. — 25 JUIN 1947 — 10F
L'Hebdo du Roman dessiné

La suite des romans dessinés :
AMES ENSORCELÉES
LES SEPT GOUTTES D'OR
L'" HISTOIRE VÉCUE ":
NE PAS SAVOIR PARDONNER
UN FILM RACONTÉ
MACADAM
La suite du Grand Roman d'Amour
Le Courrier des Astres, etc.

N° 6. — 9 JUILLET 1947 — 10F
L'Hebdo du Roman dessiné

20 PAGES

La suite des romans dessinés :
AMES ENSORCELÉES
LES SEPT GOUTTES D'OR
LE FILM RACONTÉ
LE BATEAU A SOUPE
L'" HISTOIRE VÉCUE "
LE BONHEUR PERDU
La suite du Grand Roman d'Amour
Le Courrier des Astres, etc.

N° 11. — 13 AOUT 1947 — 10F

la suite des romans dessinés
AMES ENSORCELÉES
LES SEPT GOUTTES D'OR
Le Cœur d'une Mère
une histoire vécue
AU PRIX MÊME DE SON CŒUR

N° 20. — 15 OCT. 1947 — 10F

LE BRACELET ARABE
Ah ! mon beau château

ZOOM — Les premières unes de *Nous Deux*

1947

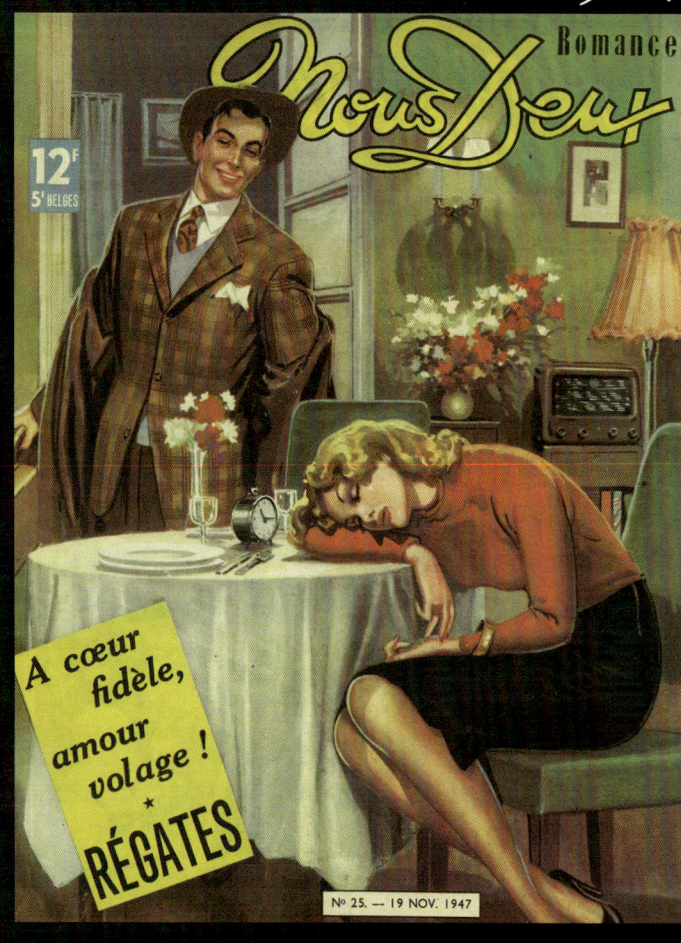

Nous Deux

Romance

10F

N° 16. — 17 SEPT. 1947

PASSION D'AUTOMNE
- Une grande nouvelle -
Un traineau dans la nuit

ZOOM — Les premières unes de *Nous Deux*

1948

BELGIQUE : 4 fr. 50
SUISSE : 0 fr. 35

Nous Deux

16 PAGES — PLAISIRS DE LA VITESSE — N° 47. — 5 MAI 1948 — 15 FRANCS

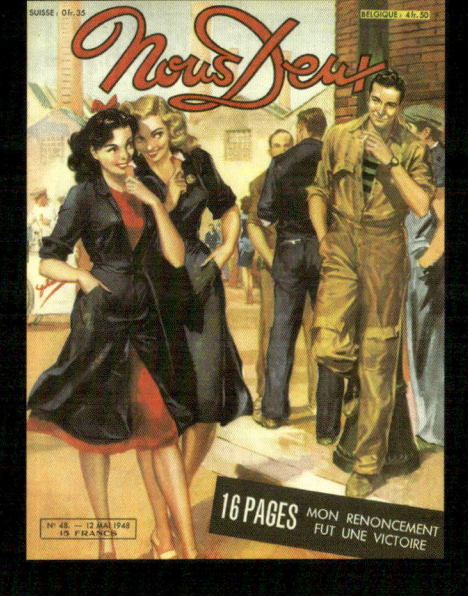

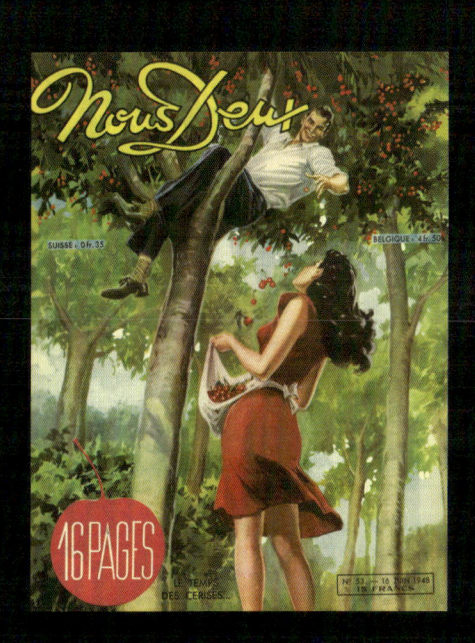

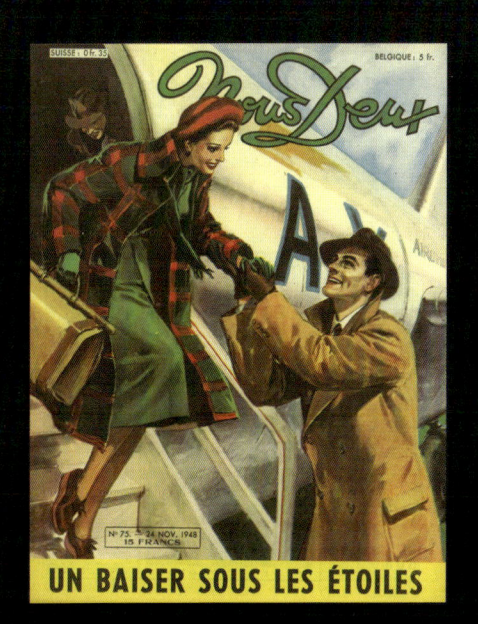

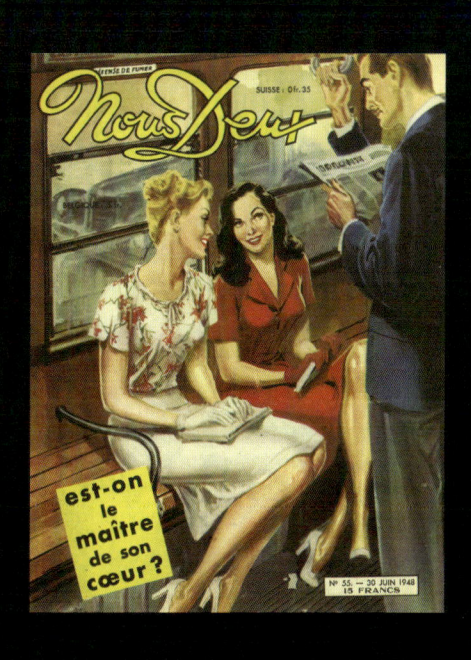

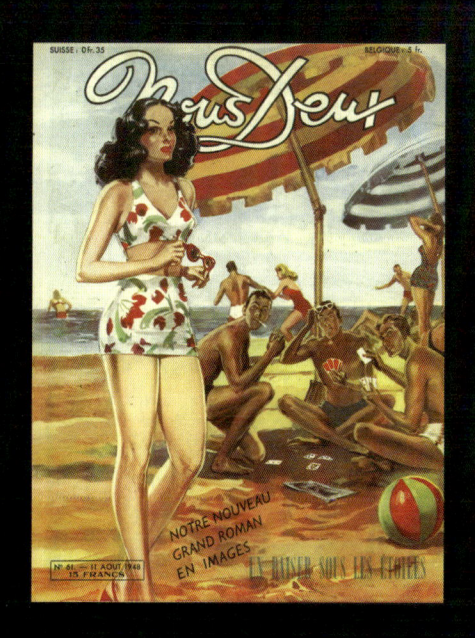

Chapitre II - 1946-1947 : et le roman-photo fut !

ZOOM — Les premières unes de *Nous Deux*

1948

SUISSE : 0 fr. 35   BELGIQUE : 5 fr.

Nous Deux

Cœurs de Françaises

N° 68. — 29 SEPT. 1948
15 FRANCS

SUISSE : 0 fr. 35 BELGIQUE : 4 fr. 50

Nous Deux

LA GRANDE LUMIÈRE

L'homme que j'ai tué

16 PAGES

PRÉCIEUSE OMBRELLE

N° 51. — 2 JUIN 1948
15 FRANCS

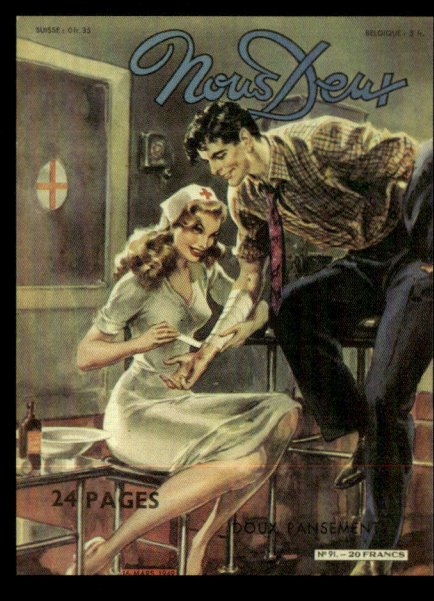

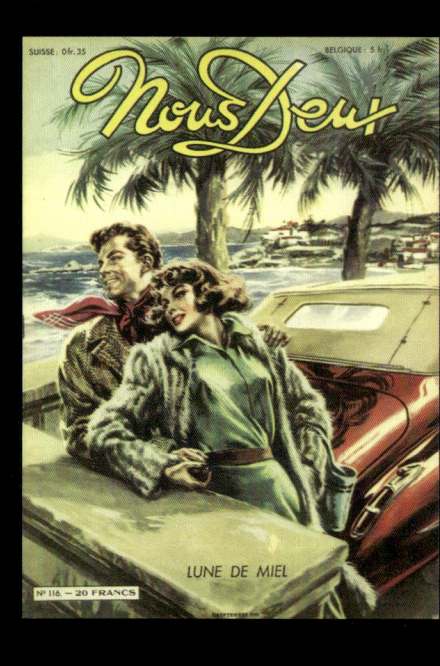

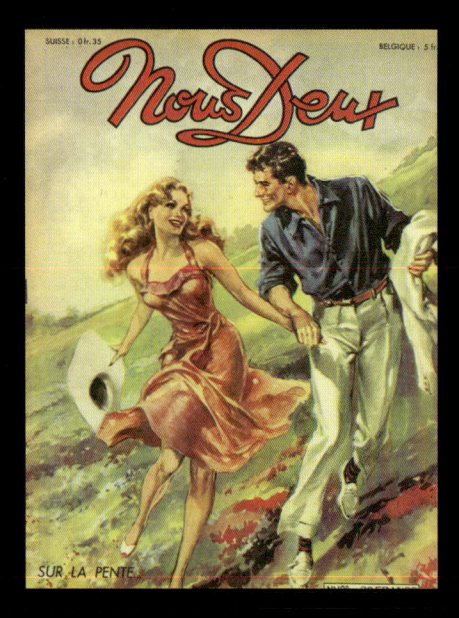

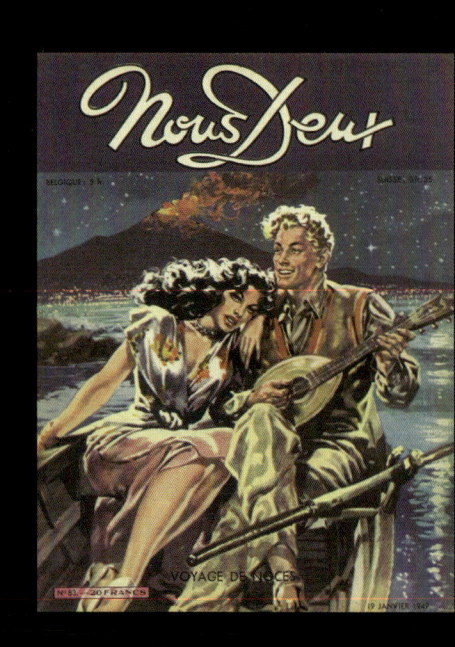

ZOOM
Les premières unes de *Nous Deux*

1949

SUISSE : 0 fr. 35
BELGIQUE : 5 fr.
Nous Deux
N°109. — 20 FRANCS
EST-ELLE BONNE ?

Couverture de *Madrigal*, numéro 46, 15 novembre 1949.

Chapitre III
Les années 1950 : rendez-vous avec le succès !

Conforté par le succès de *Nous Deux* qu'il a lancé quelques mois plus tôt, Cino Del Duca rachète le périodique féminin *Véronique* qu'il rebaptise *Intimité*. Dans la foulée, il crée *Le Miroir de la Mode* qui deviendra au bout d'une année *Madrigal*.

Le 27 juin 1949, il lance *Festival*, un nouveau magazine qui, bien qu'il se revendique au départ comme un hebdomadaire de cinéma, marque surtout l'arrivée en France des tout premiers romans-photos. Annoncés comme « Une révélation sensationnelle », deux récits à épisodes inaugurent ce premier numéro : « Aux portes du ciel » et « Au fond du cœur », tous deux issus des magazines italiens *Bolero Film* et *Il Mio Sogno*. Très rapidement *Festival* s'autoproclame comme « le magazine du roman-photo ».

De par ses origines et les liens étroits qu'il continue d'entretenir avec ses frères, Cino Del Duca prend très vite la mesure du succès phénoménal du roman-photo chez ses compatriotes et commence à en racheter en nombre

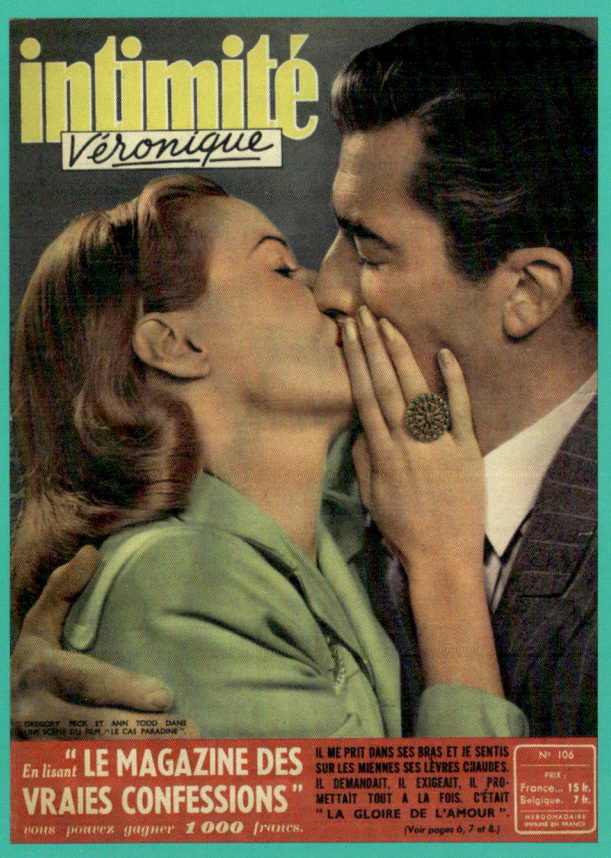

Couverture d'*Intimité Véronique*, numéro 106, 19 octobre 1947 avec Gregory Peck et Ann Todd en couverture.

en Italie en vue de les importer en France. En novembre 1949 il publie dans l'hebdomadaire *Madrigal*, « À toi pour toujours » en lieu et place du traditionnel roman dessiné. Pour se démarquer de *Festival* dont les romans-photos sont imprimés en noir et blanc, le magazine est imprimé en couleurs, à l'exception des quatre pages du roman-photo à épisodes en bichromie bleue. Quand *Madrigal* fusionnera avec *Mode de Paris* en 1956, ce procédé de couleur sera conservé.

Le premier roman-photo dans *Nous Deux*

Il faudra attendre le numéro 165 de *Nous Deux* du 15 août 1950 pour y voir enfin apparaître le premier roman-photo, soit plus d'un an après le lancement de *Festival*. La semaine précédente, dans son numéro 164, *Nous Deux* annonce à grand renfort de superlatifs l'arrivée du roman-photo dans ses pages : « La semaine prochaine, une nouveauté sensationnelle, la formule inédite la plus moderne, un grand film en couleurs pour vous seuls… » Ou encore : « Une innovation sensationnelle, un roman-photo qui vous passionnera : Aventures, amour, mystère… » Intitulé « À l'aube de l'amour », le premier épisode de ce roman-photo apparaît au numéro 165 sur 4 pages dont la dernière, située en quatrième de couverture, est pour l'occasion spécialement colorisée.

Ne pouvant ignorer plus longtemps ce phénomène qui rencontre un succès considérable auprès de la population transalpine depuis déjà trois ans, Cino Del Duca s'inscrit ainsi dans les pas de son frère Domenico qui a commencé à publier la même année des romans-photos dans *Grand Hôtel*. Première entorse cependant à la tradition familiale : Cino Del Duca rachète le premier roman-photo pour *Nous Deux* non pas à *Grand Hôtel*, le magazine de son frère, mais à l'hebdomadaire *Bolero Film* du concurrent Mondadori qui l'a publié quelques mois plus tôt sous le titre « Alba d'amore ». Réalisé par Enzo Trevisani, sur un scénario de Stefano Verri, on y retrouve dans le rôle masculin principal Renato Vicario qui a fait ses premiers pas d'acteur en 1948 dans « Amore di zingara » (« Amour de tzigane ») publié en France en 1949 dans le magazine *Festival*. Dans le sillage d'« À l'aube de l'amour » paraîtront deux, puis trois romans-photos, ce qui permettra d'accroître considérablement les ventes de *Nous Deux* jusqu'à le positionner comme le leader incontesté des hebdomadaires de romans-photos.

Le triomphe d'Yvelyse

Nous Deux devient ainsi le magazine féminin le plus vendu en France. Au fil des mois, le roman-photo y prend une part de plus en plus grande sans pour autant supplanter le roman dessiné encore fortement ancré et qui bénéficie de sa prééminence sur le genre. À partir de mai 1951 et ce, pendant 35 semaines, le récit d'« Yvelise devant l'amour » passionne les lectrices qui le plébiscitent à travers un abondant courrier adressé à la rédaction. Paru un an plus tôt en Italie dans la revue *Tipo* sous le titre « Una canzone per Yvelise » et adapté d'un roman américain de Gregory Stevens, ce roman-photo dépeint la passion entre Yvelise, danseuse de ballet, et le beau

Couverture de *Nous Deux*, numéro 165, 15 août 1950 et extrait du roman-photo « À l'aube de l'amour ».

Couverture de *Festival* numéro 1, 27 juin 1949 et
Cinquième épisode du roman-photo
« Aux portes du ciel », extrait de *Festival* numéro 5, 1949.

capitaine anglais Georges Brown, pendant la Seconde Guerre mondiale. Dans les rôles principaux, deux étoiles naissantes du roman-photo : Anna Vita et Sergio Raimondi. L'héroïne marquera profondément les lectrices du magazine d'où un regain pour le prénom « Yvelise » comme en témoignent les registres de naissance de cette époque. « Yvelise devant l'amour » fera également l'objet d'une pseudo-suite en 1958 dans *Nous Deux*, sous le titre « Le Dernier Amour d'Yvelise », ce second récit n'ayant pour seul dénominateur commun avec le premier paru en 1951 que l'actrice Anna Vita qui y campe l'héroïne qui est elle aussi prénommée Yvelise.

Le début des productions françaises

Le 22 mars 1951, l'hebdomadaire *Rêves* qui appartient aux éditions Nuit et Jour dirigées par André Beyler, annonce la parution dans son prochain numéro du premier roman-film français intitulé « Le Sacrifice d'Annie ». André Beyler, qui édite par ailleurs *Radar*, *Détective*, *Horoscope* et *Ici Police*, marque un point crucial dans la bataille que Cino Del Duca et lui se livrent à travers les magazines *Nous Deux* et *Rêves*.

Réalisé dans des conditions qui s'apparentent à celles d'un tournage de cinéma, « Le Sacrifice d'Annie » s'affirme d'emblée comme le premier roman-film entièrement conçu en France avec de vrais comédiens. Parmi eux, Gil Delamare, Joëlle Robin et Malka Vérone (future Malka Ribowska). Superbement mis en scène par Yannick Boisivon (qui devient ainsi le premier réalisateur français de romans-photos), « Le Sacrifice d'Annie » n'a rien à envier aux productions italiennes tant par la qualité de ses images signées René Gendre que par celle du scénario signé Lucienne Mornay. La revue italienne *Bolero Film* ne s'y trompe d'ailleurs pas et le publiera dans ses pages deux mois

1. Premier épisode d'« Yvelise devant l'amour », *Nous Deux*, numéro 204, 14 mai 1951.
2. Anna Vita en couverture de *Tipo*, numéro 87, 4 juin 1950.
3. Anna Vita et Sergio Raimondi en couverture de *Tipo*, numéro 89, 18 juin 1950.
4. Couverture de *Rêves* numéro 248, 29 mars 1951, illustrée par Rino Ferrari.
5. Extrait du premier épisode de « Le Sacrifice d'Annie », paru dans *Rêves*, numéro 248, avec les comédiens Gil Delamare et Joëlle Robin.
6. Bande-annonce du roman-photo « Le Sacrifice d'Annie », publiée dans *Rêves* numéro 247.

Chapitre III – Les années 1950 : rendez-vous avec le succès ! 57

à peine après sa parution en France sous le titre « *La figlia del guardiacaccia* » (« La Fille du garde-chasse »), ce qui représente une première pour le marché très fermé du roman-photo italien. Avec « Le Sacrifice d'Annie », le magazine *Rêves* inaugure l'apparition du roman-photo franco-français et en fera sa marque de fabrique sous l'appellation « Le cinéma du cœur ».

Dès 1952, Cino Del Duca fait appel à son tour à des réalisateurs français pour varier ses productions. Parmi eux, les frères Henri et Ronan Caouissin, Robert Crible mais aussi deux femmes : le tandem Othillie Bailly-Marcelle Routier. La couverture du n° 291 de *Rêves* du 24 janvier 1952 illustre à bien des égards la concurrence qui existe avec *Nous Deux*. Sous-titrée « La Petite Marchande d'espoir » et signée Rino Ferrari[1], cette couverture est une géniale idée d'autopromotion. Y figurent en bonne place la plupart des titres édités par André Beyler, sans oublier ceux que la jolie marchande présente au client. Cino Del Duca s'en inspirera allègrement en novembre de la même année pour la couverture du *Nous Deux* n° 282 sous-titrée « Le Kiosque enchanté », revisitant au passage la couverture originale de *Grand Hôtel* dont elle est issue.

Le roman-photo au service de la littérature

En 1952, des adaptations d'œuvres littéraires voient le jour avec *Les Misérables* de Victor Hugo ou encore *Le Comte de Monte-Cristo*. En cela, Cino Del Duca ne fait que s'inspirer d'un mouvement initié en Italie par le magazine *Luci del Luna Park* avec *Le Maître des forges*, le roman

Qui concurrence qui ?
Qui s'inspire de qui ?

Couverture de *Grand Hôtel*, numéro 269, 18 août 1951.

Couverture de *Rêves*, numéro 291, 24 janvier 1952.

Couverture de *Nous Deux*, numéro 282, 7 novembre 1952.

Chapitre III – Les années 1950 : rendez-vous avec le succès !

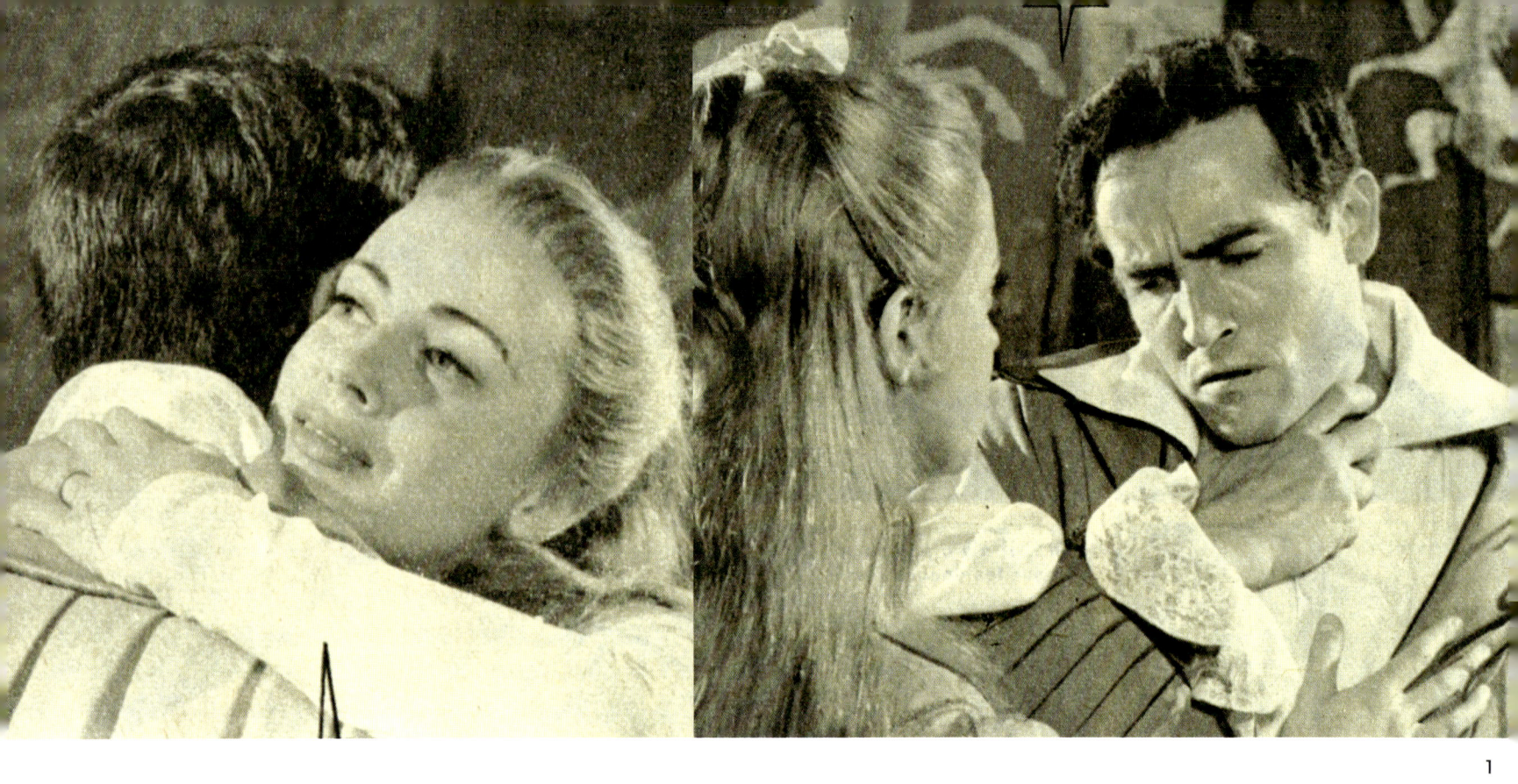

de Georges Ohnet (traduit sous le titre *Il Padrone Delle Ferrière*). Dès avril 1951, *Sogno* lui emboîtait le pas avec « Alba senza luce » (« Aube sans lumière »), tiré du roman de Thomas Hardy, *Tess d'Urberville*. Pour des raisons obscures, ni le titre original du roman ni son auteur ne figureront au générique tout au long des 24 épisodes du roman-photo. Seuls les prénoms des héros de l'œuvre originale seront conservés, *Sogno* allant même jusqu'à attribuer le sujet et le scénario à Milena De Sotis alors qu'elle n'en a signé que l'adaptation. Néanmoins, avec la publication de « Alba senza luce », le magazine *Sogno* voit ses ventes considérablement augmenter (plus de 80 000 exemplaires pour ce numéro !).

Bolero Film, *Le Grandi Firme* et *Grand Hôtel* s'engouffrent dans la voie, adaptant eux aussi de grandes œuvres littéraires comme *Les Misérables*, *Le Comte de Monte-Cristo*, *La Dame aux camélias*, *Les Hauts de Hurlevent*, *Anna Karénine* ou encore *I promessi sposi* (*Les Fiancés*), le célèbre roman d'Alessandro Manzoni. Ces adaptations, à la fois didactiques et accessibles pour ce nouveau public qu'est celui du roman-photo, garantissent aux éditeurs non seulement le succès mais leur permettent également de diversifier le contenu de leurs récits. En France, il faudra attendre 1952 pour voir apparaître dans les magazines *Rêves* et *Nous Deux* les premières adaptations d'œuvres littéraires.

Ainsi, dès le début des années 1950, de nombreux magazines publient des romans-photos (*Rêves*, *Lectures d'Aujourd'hui*, *À tout cœur* qui deviendra *Bonjour Bonheur*, *Eve*, *Bonnes Soirées*, *Confidences*…). Aucun cependant ne parvient à détrôner *Nous Deux* qui conserve le leadership, entraînant dans son sillage les autres titres du groupe des Éditions Mondiales qui en totalise une dizaine. La production, majoritairement italienne, ne suffit bientôt plus à répondre à la forte demande d'une clientèle de plus en plus « accro » aux romans-photos, ce qui pousse son éditeur à créer sa propre unité de production en France.

C'est ainsi que naît le Studio Del Duca au 15 rue des Bluets, à Paris, avec à sa tête Roland de Greef qui devient son premier réalisateur « maison ». Il est très vite rejoint par un deuxième réalisateur qui, lui, a commencé sa carrière comme acteur de roman-photo en Italie et possède une solide expérience dans ce domaine : Mario Padovan. Ce dernier prend progressivement les commandes du studio et le transforme en véritable usine à romans-photos. En 1958, le magazine « qui porte bonheur » innove en créant le label « Série d'or » qui propose des romans-photos plus ambitieux dont l'esthétique et le contenu se démarquent très nettement des productions traditionnelles. La société évolue, le roman-photo aussi.

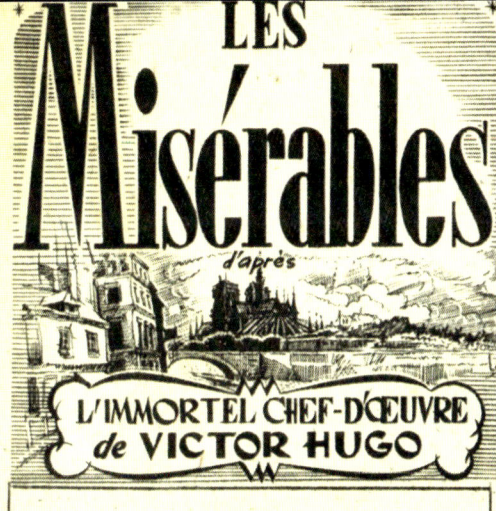

1. Vittorio Gassman et Anna-Maria Ferrero dans « Roméo et Juliette », extrait de *Nous Deux*, numéro 617.

2. « Les Misérables », extrait de *Nous Deux*, numéro 279, 17 octobre 1952.

3. Couverture de *Le Grandi firme*, numéro 127, 23 mars 1952 avec en couverture Mario Padovan dans le rôle de Jean Valjean et Magda Gonnella dans le rôle de Fantine.

4. Extrait du premier épisode de « Le Comte de Monte-Cristo », *Nous Deux* numéro 359, 30 avril 1954.

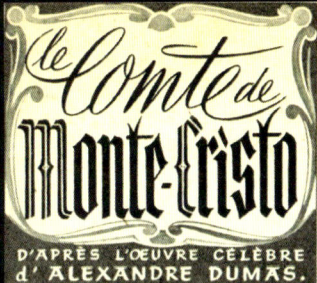

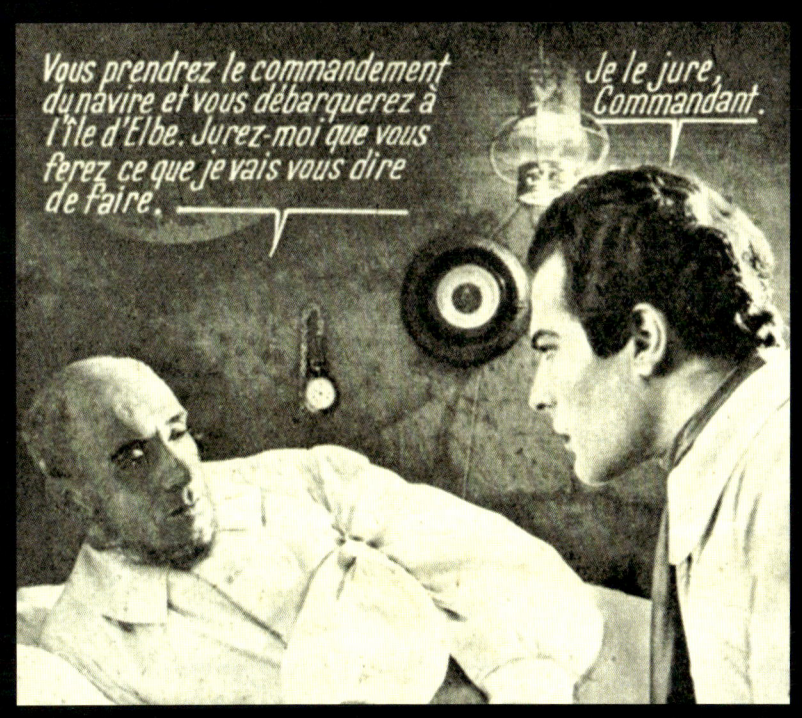

Couverture de *Charme*, numéro 1, 25 septembre 1959.

Couverture d'*Étoile d'amour*, numéro 4, avril 1961.

Il était une fois… la Lancio

Parallèlement, la maison d'édition Lancio trace aussi son chemin. Créée en 1934, elle s'est tout d'abord spécialisée dans la création et la distribution de matériels publicitaires, notamment à travers le largage de prospectus par avion et la diffusion dans les rues d'affiches cinématographiques. Dès 1957, elle se spécialise dans la production de ciné-romans puis en 1959 elle investit le marché de l'édition française avec le lancement du premier numéro de *Charme*, un mensuel qui innove avec une formule éditoriale différente des autres magazines de romans-photos traditionnels en proposant un récit complet. Même si d'autres éditeurs en publient déjà par ailleurs, ceux-ci ne sont que des compilations de récits à épisodes ayant rencontré un grand succès lors de leur première parution. L'idée de départ en revient à Arturo Mercurio, propriétaire de la Lancio, qui se sert de la France comme laboratoire d'essai. Il faudra attendre 1961 pour qu'il se décide enfin à décliner ce concept en Italie avec le lancement de *Letizia*. Dès lors, d'autres titres du même éditeur vont apparaître tout au long de la décennie : *Idillio*, *Darling*, *Charme*, *Sabrina*, *Marina*, *Mina*, *Tu e io*, *Jacques Douglas*, *Lucky Martin*…

Non seulement la Lancio évite ainsi de rentrer en compétition directe avec les trois géants du roman-photo que représentent *Il Mio Sogno*, *Bolero Film* et *Grand Hôtel* mais de plus, elle se positionne en leader dans une niche encore inexploitée. Autre spécificité de la Lancio : au lieu de vedettes du petit ou grand écran, elle fait appel pour ses romans-photos à des comédiens pour la plupart inconnus du grand public et crée sa propre écurie d'« acteurs maison » dont certains marqueront durablement son histoire, tels Michela Roc ou Franco Gasparri. En l'espace de quelques années, la Lancio passera du stade artisanal au stade industriel avec une douzaine de titres déclinés en plusieurs langues dans le monde entier.

Si la décennie qui s'achève marque le déclin du roman dessiné, celle qui commence augure l'âge d'or du roman-photo qui coïncidera avec celui du cinéma italien.

1. Dessinateur, illustrateur et sculpteur d'origine italienne, Rino Ferrari collabora à *La Domenica del Corriere* de 1945 à 1949. Pour la France, il illustrera la revue *Radar* éditée par André Beyler qui lui confiera les illustrations des couvertures de *Rêves* de 1949 à 1954. Il illustrera par la suite de nombreuses couvertures pour *Nous Deux* et *Grand Hôtel*.

ELLE VEUT LE RETENIR À TOUT PRIX ET SE SERRE PLUS PRÈS DE LUI. ELLE NE PEUT PAS, NE VEUT PAS PERDRE MAXENCE. ELLE NE DOIT PAS LUI PERMETTRE DE COURIR REJOINDRE CETTE FEMME, SURTOUT CE SOIR. SI ELLE PARVIENT À LE RETENIR TARD, IL NE POURRA PAS LA REVOIR. C'EST ELLE QUI OFFRE SILENCIEUSEMENT SES LÈVRES À MAXENCE POUR QU'IL L'EMBRASSE...

C'EST UN BAISER DIFFÉRENT DE CEUX DE STELLA ET MAXENCE Y RETROUVE TOUT L'AMOUR QU'IL NOURRIT POUR ALIDA. ENFIN, POUR LA PREMIÈRE FOIS AU COURS DE CETTE JOURNÉE, STELLA SEMBLE S'EFFACER DANS SON SOUVENIR ET SON DÉSIR POUR ALIDA SE RALLUME...

— Non, Maxence, non!
— C'est vraiment non?

IL LA TIENT SERRÉE CONTRE LUI, BRUSQUEMENT DÉCIDÉ, PRESQUE MÉCHANT.

«ALORS, PROUVE-MOI QUE TU M'AIMES!» INSISTE MAXENCE EN LA SERRANT ENCORE PLUS FORT CONTRE LUI. IL A L'IMPRESSION QUE CE N'EST QU'AINSI QU'IL POURRA REDEVENIR COMME AVANT, EFFACER L'AUTRE DE SON ESPRIT. ALIDA DEVINE QUE SON AVENIR AVEC LUI VA SE JOUER D'APRÈS CE QU'ELLE VA DÉCIDER.

— Tu veux vraiment me forcer à en chercher une autre?
— Je suis à toi, Maxence...

— Si tu dis encore non, c'est non pour toujours, Alida...
— Je t'aime tant, Maxence, je t'aime...

Extrait du roman-photo « L'Épouse de la Toussaint », publié dans Étoile d'Amour, *numéro 75, mai 1966*

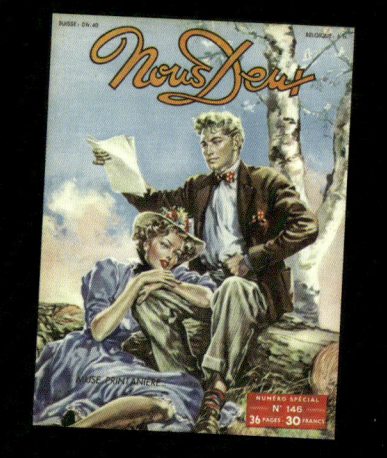

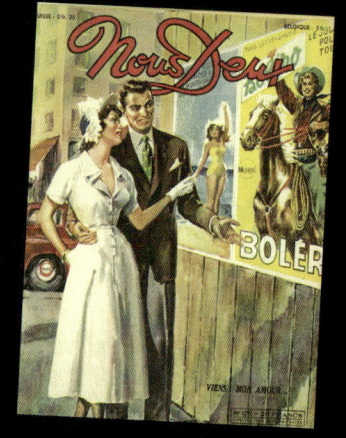

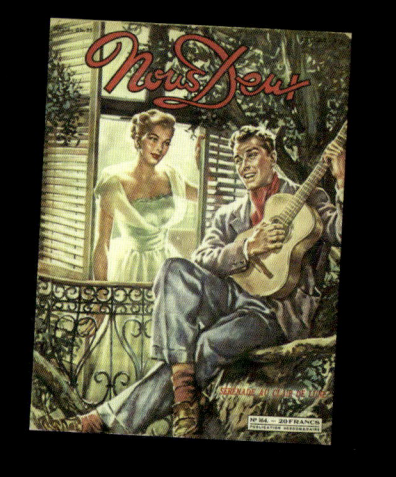

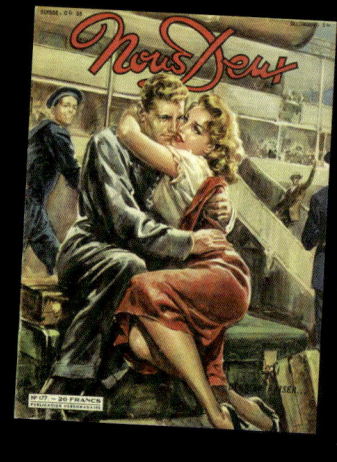

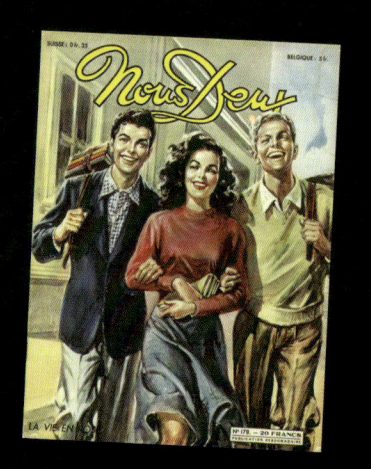

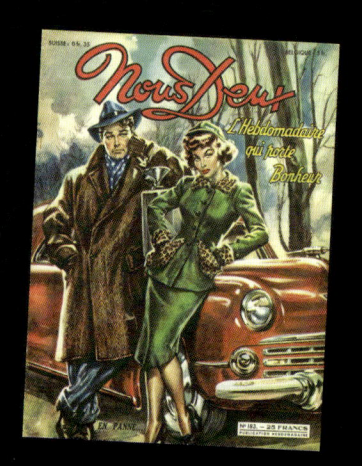

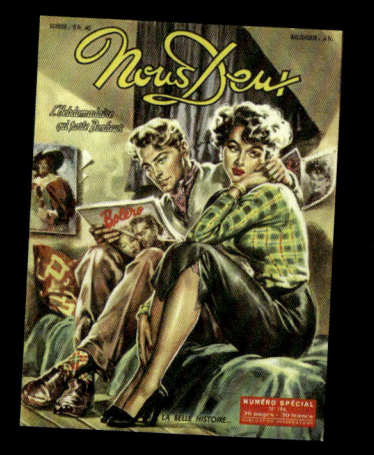

Chapitre III – Les années 1950 : rendez-vous avec le succès !

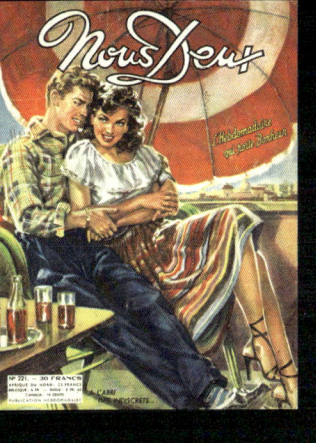

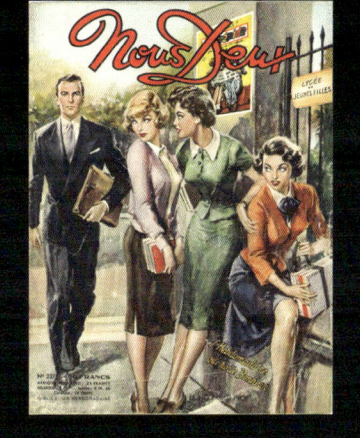

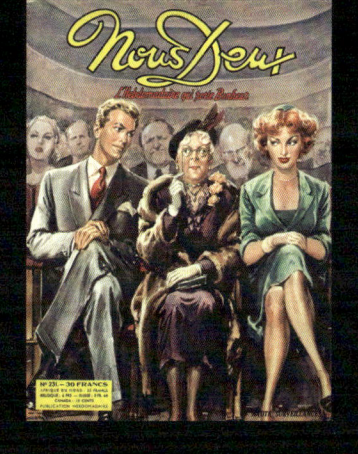

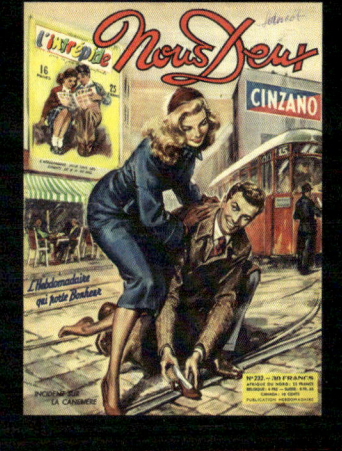

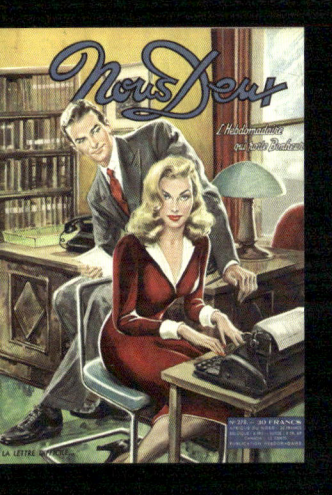

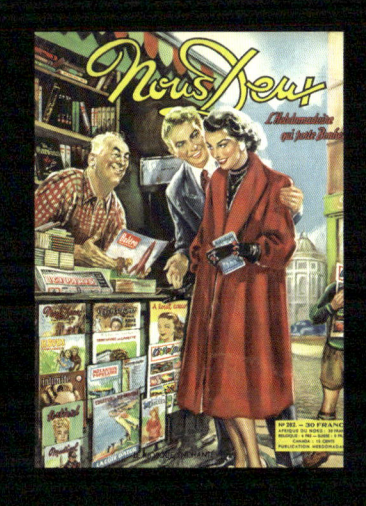

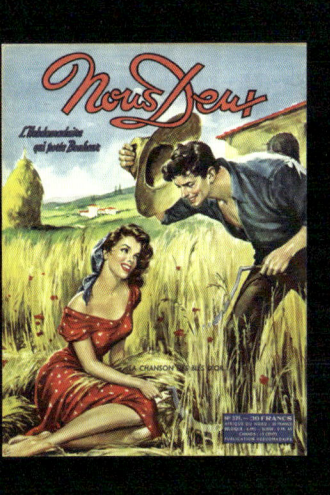

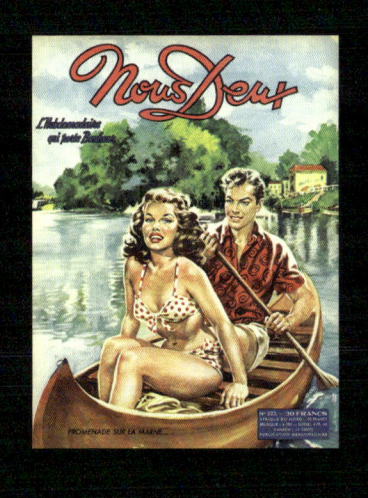

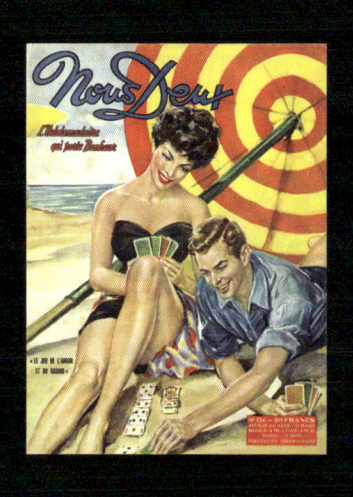

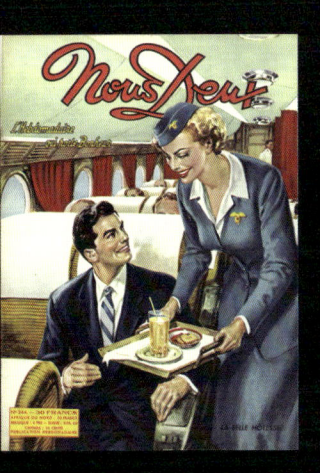

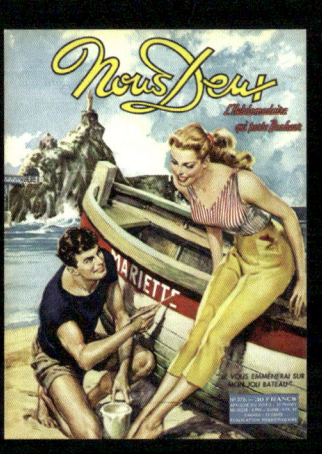

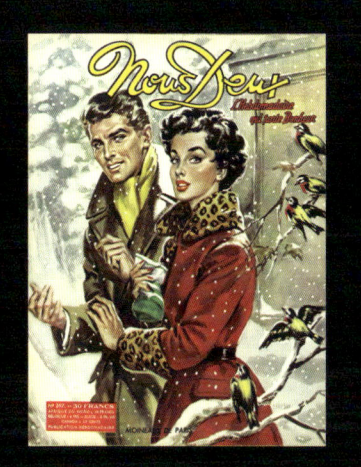

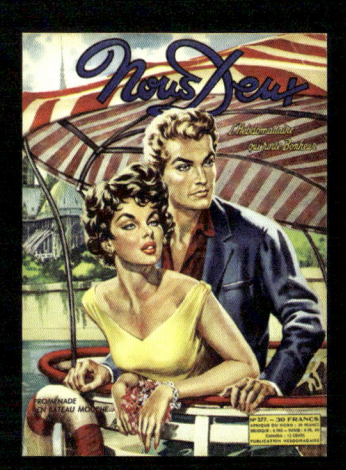

Chapitre III – Les années 1950 : rendez-vous avec le succès !

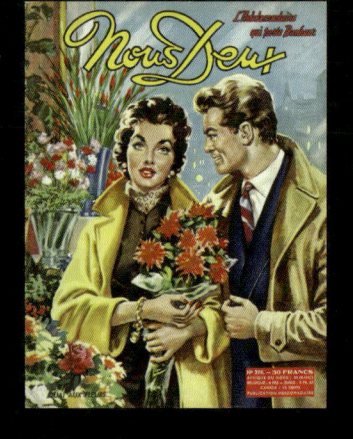

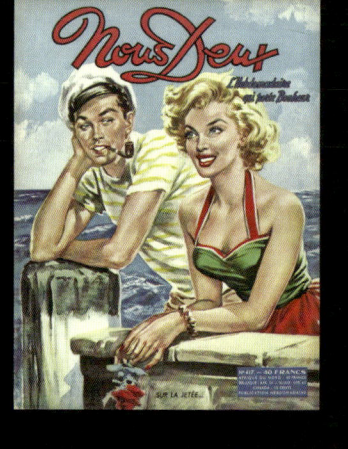

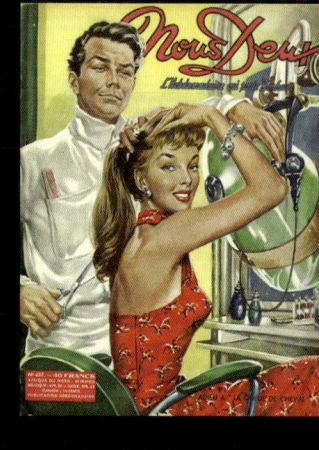

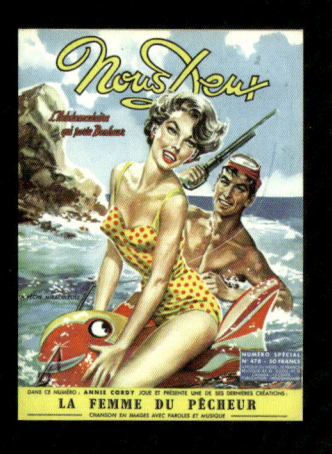

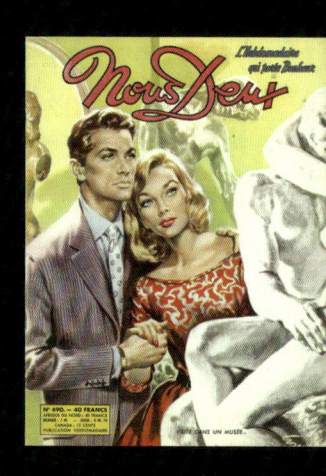

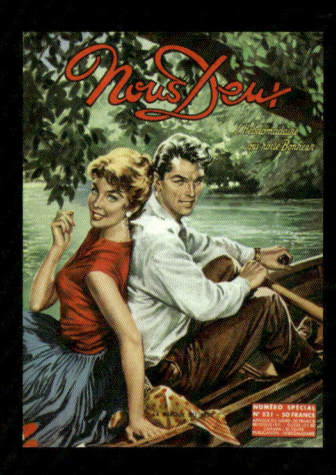

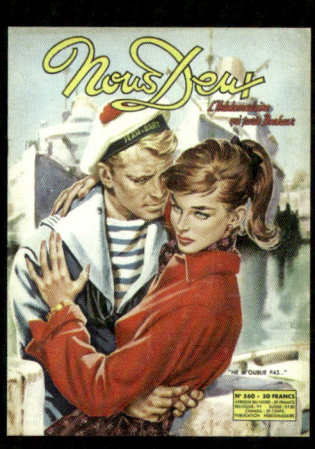

Chapitre III – Les années 1950 : rendez-vous avec le succès !

C'était les années 1950

- **La guerre froide** suit son cours, opposant le capitalisme occidental aux régimes communistes de l'Est. Parmi les événements marquants : la guerre de Corée (1950-1953), la crise de Suez (1956), la construction du mur de Berlin (1961), la guerre du Vietnam (1957-1975)…

- **En France la Ve République** voit le jour le 28 septembre 1958, par référendum. Le général de Gaulle est élu à la présidence le 21 décembre suivant, pour sept ans.

- **Côté transports**, les progrès technologiques sont considérables : Citroën invente la DS en 1955, une voiture exceptionnellement moderne et confortable pour l'époque. L'URSS lance le premier satellite, *Spoutnik 1*, en 1957, entamant la conquête spatiale. En 1959, la Caravelle fait son premier vol commercial transatlantique.

- **On compte 3 794 téléviseurs** en 1950 en France. Il y en aura un million en 1959.

- **On en parlait…** Au cinéma, *Les 400 Coups* de François Truffaut, la disparition de Gérard Philipe, le mariage du prince Albert de Monaco avec Grace Kelly, les meubles en Formica, les robes trapèze d'Yves Saint Laurent.

Gina Lollobrigida et Audrey Hepburn

Nous Deux
L'Hebdomadaire qui porte Bonheur

N° 433. — 40 FRANCS
AFRIQUE DU NORD : 40 FRANCS
BELGIQUE : 6 FR. 50 — SUISSE : 0 FR. 65
CANADA : 15 CENTS
PUBLICATION HEBDOMADAIRE

LES DEUX COQUETTES...

Nous Deux numéro 433, 30 septembre 1955. À droite le sosie d'Audrey Hepburn et à gauche celui de Gina Lollobrigida en blonde.

Chapitre III - Les années 1950 : rendez-vous avec le succès !

Quand les stars servaient de modèles

Au début des années 1950, Walter Molino, illustrateur des romans dessinés de *Grand Hôtel*, s'amuse à donner à ses héros et héroïnes les traits des stars de cinéma les plus emblématiques, facilement identifiables. Ce procédé se veut un hommage au 7e art dont le roman dessiné est le digne héritier.

Sophia Loren

Extrait de « L'Ensorceleuse », *Nous Deux*, numéro 581, août 1958.

Kirk Douglas et Jennifer Jones

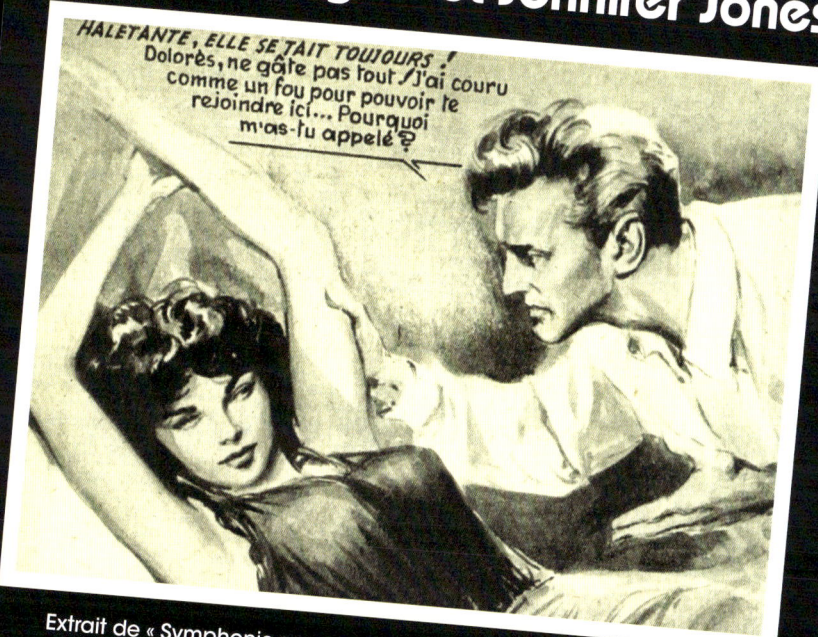

Extrait de « Symphonie sauvage », *Nous Deux*, numéro 226, octobre 1951.

Tony Curtis, Marilyn et Liz Taylor

Extrait de « Jocelyne et Arlette », *Nous Deux*, numéro 349, février 1954.

Chapitre III – Les années 1950 : rendez-vous avec le succès !

Gregory Peck et Jane Russel

Ava Gardner

Extrait de « L'Épouse inconnue », *Nous Deux*, numéro 374, août 1954.

David Niven et Silvana Mangano

Extrait de « La Vénus du Nil », *Nous Deux*, numéro 396, janvier 1955.

Gina Lollobrigida

Extrait de « Perfidie », *Nous Deux* numéro 489, octobre 1956.

Gérard Philipe

Extrait de « Un amour impossible », *Nous Deux*, numéro 547, décembre 1957.

Walter Molino
Le maître du roman dessiné

À la fois illustrateur, caricaturiste et dessinateur, Walter Molino fut l'une des plus grandes signatures de la presse italienne d'après-guerre. Né en 1915, à Reggio Emilia, il publia ses premières bandes dessinées dès 1935 dans *Intrepido* et *Il Monello*, deux hebdomadaires pour la jeunesse édités par Universo que dirigeaient les frères Del Duca. Il collabora en parallèle à *Marc'Aurelio* et *Il Bertoldo*, deux journaux satiriques. Sa carrière atteignit son apogée avec sa collaboration à *La Domenica del Corriere* et *Grand Hôtel*, deux des plus grands hebdomadaires populaires italiens pour lesquels il signa d'innombrables couvertures, illustrations et romans dessinés.

Des générations entières de lecteurs se souviennent encore des créatures pulpeuses à la taille de guêpe auxquelles Walter Molino prêtait parfois les traits de stars du cinéma telles Rita Hayworth, Gene Tierney ou Jennifer Jones. D'autres ont en mémoire le réalisme saisissant de ses reconstitutions d'événements dramatiques pour la rubrique « È accaduto » (« C'est arrivé ») qui fit les beaux jours du magazine *Grand Hôtel*.

Romans dessinés
Cinq personnages emblématiques

Les romans dessinés jouent avec les codes bien établis de la littérature sentimentale auxquels s'ajoute l'influence du cinéma hollywoodien. On y retrouve tous les stéréotypes de l'époque. Mais ce qui relie tous ces personnages féminins romanesques entre eux, c'est la passion et la ferveur qui les animent.

La pin-up

La garce

Extrait de « L'Ombre sur le cœur »,
Nous Deux, numéro 49, mai 1948.

Extrait de « Amour sans lendemain »,
Nous Deux, numéro 106, mai 1949.

L'infirmière

Extrait de « L'Ombre sur le cœur », *Nous Deux*, numéro 49, mai 1948.

La baigneuse sexy

Extrait de « Un baiser sous les étoiles », *Nous Deux*, numéro 76, décembre 1948.

L'amoureuse passionnée

Extrait de « Tendre mission », *Nous Deux*, numéro 160, juin 1950.

Cinéma et roman-photo
Antonioni et Fellini s'en mêlent

Réalisé en 1949 par Michelangelo Antonioni, jeune cinéaste débutant, *L'Amorosa menzogna (Mensonge d'amour)* constitue le premier reportage filmique consacré au roman-photo. Antonioni y décrit le succès phénoménal de ce nouveau cinéma de papier et son impact sur la société italienne d'après-guerre. D'une durée de dix minutes et entrecoupé de commentaires ironiques du narrateur et de témoignages écrits d'admiratrices, *L'Amorosa menzogna* nous entraîne dans les coulisses du tournage du roman-photo éponyme destiné au magazine *Tipo*. On y retrouve Anna Vita, devenue en l'espace de quelques mois une véritable star du roman-photo, mais aussi Sergio Raimondi, son alter ego masculin, dont les apparitions publiques suscitent l'engouement de lectrices enthousiastes. *L'Amorosa menzogna* se verra décerner le ruban d'argent du meilleur documentaire en 1950.

Une satire féroce et jubilatoire

En 1952, le film de Fellini, *Le Cheik blanc*, constitue une satire féroce sur l'univers du roman-photo. L'idée de départ vient aussi d'Antonioni qui ambitionnait de faire un film sur le sujet après son court-métrage de 1949. Pour ce faire il ébauche un synopsis d'une vingtaine de pages qu'il adresse au producteur de films Carlo Ponti qui confie alors l'écriture du scénario à Federico Fellini et Tullio Pinelli. Mais Antonioni abandonne le projet pour des raisons de santé et la réalisation échoue à Fellini qui signe là, par la même occasion, son premier film en qualité de metteur en scène.

L'histoire est celle d'un couple de jeunes mariés, Ivan et Wanda, qui viennent à Rome en voyage de noces espérant obtenir une audience avec le Pape. Wanda, lectrice inconditionnelle de romans-photos, profite de la première occasion qui lui est donnée pour se rendre, à l'insu de son mari, dans les bureaux de la rédaction d'*Incanto blu*, nourrissant l'espoir secret d'y rencontrer son acteur préféré : Fernando Rivoli alias « le cheik blanc ».

Dans la cour de l'immeuble, elle se laisse entraîner par une troupe de figurants en partance pour une plage éloignée de la capitale où doit avoir lieu le tournage d'un roman-photo. Arrivée sur place, Wanda prise de panique cherche à rebrousser chemin quand soudain elle se retrouve face à face avec son idole Fernando Rivoli (magnifiquement campé par l'acteur Alberto Sordi).

Une bande sonore signée Nino Rota

Avec ce premier film, Fellini signe une comédie jubilatoire qui augure déjà les grandes thématiques de son œuvre cinématographique à venir. Le film marque également le début de sa longue collaboration avec le compositeur et chef d'orchestre Nino Rota qui en a composé la bande sonore. À noter dans un petit rôle de prostituée romaine, Giulietta Masina dont le personnage esquisse la future héroïne des *Nuits de Cabiria*.

Affiche du film *Lo Sceicco Bianco* de Federico Fellini, 1952.

Sergio Raimondi en couverture de *Sogno*, numéro 30, 3 mars 1955. Sa tenue de travail dans le roman-photo, « *Il Gioco del destino* », n'est pas sans rappeler son métier de mécanicien, tel qu'on le découvre dans le documentaire d'Antonioni consacré au roman-photo en 1949.

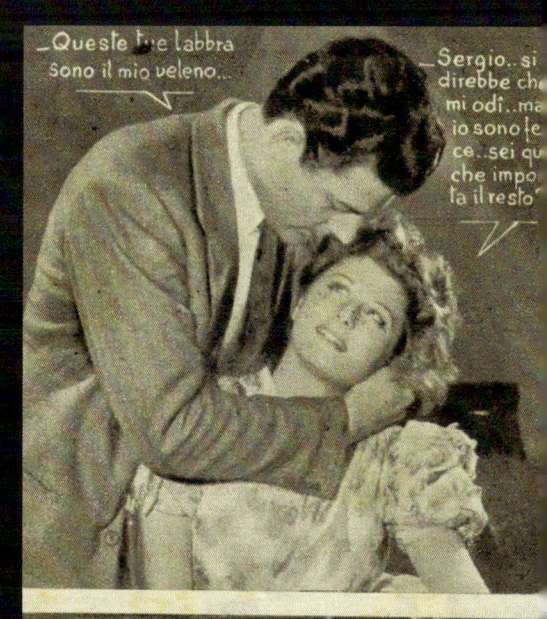

Extrait de « *L'Amorosa menzogna* », publié dans *Tipo*, numéro 19, 12 février 1949, dont Antonioni a filmé le tournage et emprunté le titre pour son documentaire

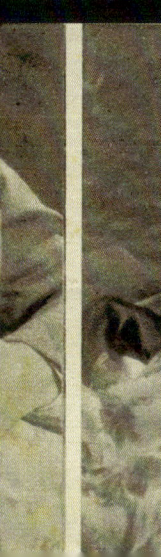

Ci-dessus, couverture de *Lectures d'Aujourd'hui*, numéro 110, 9 octobre 1954 et, à droite, extrait du roman-photo « Le Champion bien-aimé ».

1954
Naissance des romans-films vedettes

En 1954, le périodique *Lectures d'Aujourd'hui* invente un nouveau genre, le roman-film vedette, et offre à Hugo Koblet, le coureur cycliste suisse, vainqueur du Tour de France 1951, le premier rôle du « Champion bien-aimé », un récit très largement autobiographique.

Surnommé « le pédaleur de charme » en raison de son physique de jeune premier, Hugo Koblet y campe le personnage de Rémy Koster, un coureur cycliste professionnel tiraillé entre son métier et celle qu'il aime. Considéré en Suisse comme l'un des meilleurs sportifs de sa génération, Hugo Koblet inaugure sans le savoir la grande tradition des romans-photos people. « Le Champion bien-aimé » sera publié l'année suivante en Italie où Koblet jouit d'une très forte popularité pour y avoir remporté en 1953 et 1954 la deuxième place du célèbre Giro. Preuve de la popularité immense du cyclisme dans la société à cette époque, l'esprit de « la grande boucle » inspirera à plusieurs reprises les dessinateurs de *Nous Deux*, au cours des années 1950-1660 !

En avril 1955, le magazine *Lectures d'Aujourd'hui* propose à ses lectrices de participer au grand jeu « Rêve-Réalité » afin de permettre à l'une d'entre elles de jouer dans un roman-photo aux côtés de Jean-Claude Pascal, la nouvelle vedette masculine du cinéma français. À l'époque, Marie-José Benhalassa suit une scolarité sans histoires à Bonifacio, dans sa Corse natale. Chaque semaine, elle court sur la grande place du village pour y acheter *Lectures d'Aujourd'hui*. Même si elle n'a que 16 ans, Marie-José décide de tenter sa chance et remplit le « questionnaire-test » qu'elle retourne au magazine, accompagné de deux photos.

Quelque temps plus tard, à sa grande surprise, elle reçoit un courrier qui lui annonce qu'elle figure parmi les huit finalistes retenues et se voit convoquée au siège de la rédaction du magazine, à Paris, afin de venir se présenter devant les membres du jury. C'est ainsi que Marie-José Benhalassa remporte le premier prix qui lui permet de devenir la partenaire de Jean-Claude

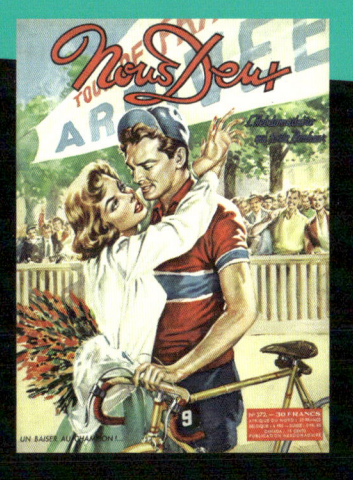

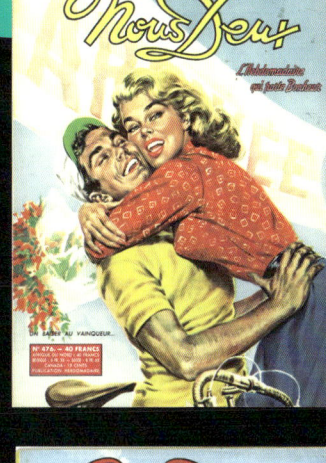

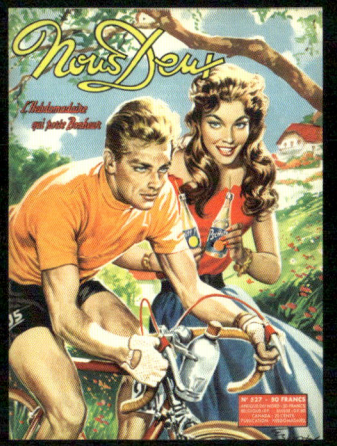

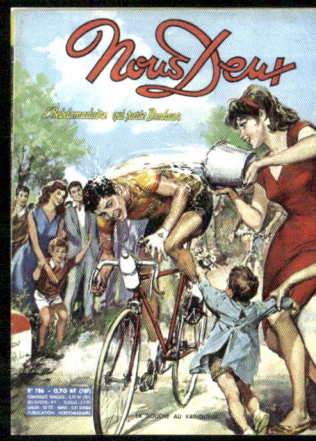

Le Tour de France avait droit tous les ans à sa couverture du champion avec sa belle. Si Hugo Koblet ouvre le bal des romans-photos vedettes, ce n'est pas par hasard…

Chapitre III – Les années 1950 : rendez-vous avec le succès ! 77

Pascal dans « L'amour est un songe ». Au cours du tournage, l'acteur la surnomme « Marie-José Nat » en raison des longues nattes qui entourent son visage. Sur ses conseils, Marie-José choisira d'adopter ce pseudonyme qui lui portera chance pour la suite de sa carrière.

André Claveau : de la chanson au roman-photo

En 1956, *Lectures d'Aujourd'hui* propose à André Claveau d'être la vedette de « La Promesse du passé », présenté comme « le premier grand roman-film d'amour et d'aventure ». Surnommé « Le prince de la chanson de charme », André Claveau a débuté sa carrière au milieu des années 1930. L'interprète de *Marjolaine*, *Domino* ou encore du mondialement connu *Bon anniversaire, nos vœux les plus sincères*, est l'un des chanteurs français les plus populaires d'après-guerre. Dans « La Promesse du passé », il tient le rôle d'Ivan, un reporter énigmatique qui aide une jeune femme à retrouver son fiancé mystérieusement disparu. Leur périple les conduira après maintes péripéties sur une île imaginaire au large de l'Australie (les prises de vue se déroulèrent en réalité sur le littoral varois et notamment sur l'île de Port-Cros). Réalisé par Bernard Keller, ce roman-photo superbement mis en images par Jean-Paul Alphen innove par ses effets spéciaux signés René Gendre (transfuge du magazine *Rêves*). Le magazine italien *Grand Hôtel* le publiera à son tour en 1957 sous le titre « *Quando l'amore è lontano* ».

Line Renaud comédienne

La même année, toujours dans *Lectures d'Aujourd'hui*, la question « Qui est Melle Justice ? » illustrant une photo pleine page de Line Renaud annonce le 10 mars 1956 le roman-film à paraître

André Claveau en couverture de *Lectures d'Aujourd'hui*, numéro 211, 15 septembre 1956.

Marie-José Nat et Jean-Claude Pascal en couverture de *Lectures d'Aujourd'hui*, numéro 153, 6 août 1955.

1. BIEN QU'UN INSTANT INTERLOQUÉ PAR LA RÉACTION DE MARIANNE, JEAN MARTIN SE RESSAISIT.

— Dites-moi !... Qu'est-ce que vous croyez ? Regardez-vous auparavant et fichez-moi la paix !

— Vous vous êtes trompé !... Je désire simplement être votre élève.

— Il n'en est pas question. Je n'ai pas l'habitude de m'occuper des jeunes filles, sauf quand elles sont jolies... Et sûrement pas pour leur faire faire de la peinture !

— Je comprends ce que vous voulez dire... Mais justement vous avez besoin que quelqu'un vous aide et vous sauve de la vie que vous menez.

12.

— Je vois ce que c'est ! Vous êtes de la race des terre-neuve ! Mais je ne crois pas qu'on ait besoin ici de vos talents !

Extrait de « L'amour est un songe » paru dans *Lectures d'Aujourd'hui* avec Marie-José Nat.

Chapitre III – Les années 1950 : rendez-vous avec le succès !

dans le prochain numéro. La réponse est donnée aux lectrices quelques pages plus loin. Annoncé déjà depuis plusieurs semaines, le roman-photo « Melle Justice » offre à Line Renaud un rôle inattendu, celui de Flore de Septeuil alias Melle Justice. Camouflée sous un imperméable, des lunettes noires et un chapeau de pluie, notre héroïne y joue les redresseuses de torts auprès de ses amis et vient en aide à des inconnus en difficulté, comme en écho à la rubrique « courrier » que tient la chanteuse au sein du magazine depuis plusieurs mois.

Pour la mise en images, *Lectures d'Aujourd'hui* fait appel à Jean-Paul Alphen, qui fut notamment directeur de la photographie de Jean Renoir sur plusieurs de ses films dont *La Règle du jeu*, en 1939. L'hebdomadaire vise ainsi à revendiquer l'appartenance de ses romans-films au 7e art, précisant dans sa bande-annonce qu'il s'agit là du « tout premier rôle tout à fait exceptionnel de la chanteuse dans l'histoire du cinéma » !

« Il y a aussi les bourreaux domestiques, qu'un traitement vigoureux rendrait à une plus saine conception de leurs devoirs familiaux », songe Flore qui se sent une âme de bienfaitrice.

Voilà un ivrogne en train de battre sa femme qui mérite une bonne correction ! Et Flore d'une prise de judo, le rend à la réalité...

... A la réalité qu'est la vie laborieuse de sa femme. Désormais la vaisselle se fait en chantant.

Extrait de « Melle Justice » avec Line Renaud et, à droite, couverture de *Lectures d'Aujourd'hui*, numéro 184, 10 mars 1956.

80 Chapitre III – Les années 1950 : rendez-vous avec le succès !

LECTURES d'Aujourd'hui

N° 184 - 10 MARS 1956 - HEBDOMADAIRE

Une exclusivité sensationnelle

LINE RENAUD

dans un roman-film
Melle JUSTICE

FRANCE ET
UNION FRANÇAISE ... 40 Fr.
CANADA .... 15 Cts.

ÉDITÉ EN BELGIQUE

Chapitre III - Les années 1950 : rendez-vous avec le succès !

*Pour "Nous Deux"
avec ma grande
sympathie*
Gil Vidal

GIL VIDAL

Le héros de notre roman-photos Les Rolf-dozen va faire des infidélités au cinéma en devenant chanteur de charme. Depuis qu'il a joué le jeune Empereur François-Joseph, dans l'opérette Sissi, il a décidé qu'il pouvait chanter et composer des chansons. Au cinéma, Gil Vidal, qui a tourné plusieurs bons films comme Marianne de ma jeunesse, L'Homme aux clés d'or, Les Fugitifs, n'a pas encore rencontré le « rôle de sa vie » mais la chanson lui apportera sans doute la consécration qu'il attend. Il a d'ailleurs un excellent modèle dans ce domaine : Jean-Claude Pascal, devenu une grande vedette de music hall sans toutefois abandonner l'écran.

Poster dédicacé de Gil Vidal, paru dans *Nous Deux* numéro 734, 7 juillet 1961

Chapitre III - Les années 1950 : rendez-vous avec le succès !

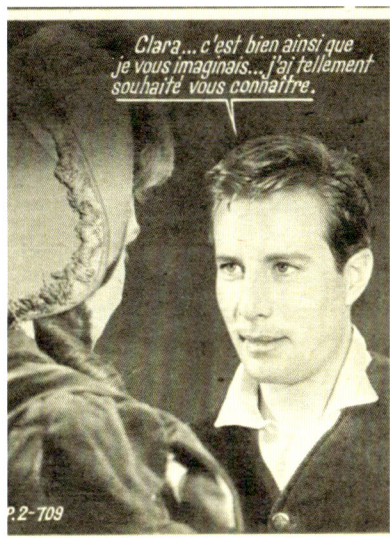

1. Extrait du roman-photo « La Vie tragique des Rolfdozen », *Nous Deux*, numéro 709, 13 janvier 1961.

2. Couverture de *Festival*, numéro 504, 24 février 1959.

3. Photo originale de tournage avec Gil Vidal (collection personnelle Floriane Prévot).

Gil Vidal
Jeune premier du roman-photo

Né en 1931 à Narbonne, Gil Vidal est destiné dès son plus jeune âge à succéder à son père à la tête de l'entreprise familiale. Son nom semble inventé exprès pour la scène, il est pourtant celui qu'à Andorre, berceau de sa famille, tous les aînés ont reçu depuis des générations. Doté d'un physique de jeune premier, Gil Vidal a très tôt envie de devenir artiste : comédien ou chanteur peu lui importe. Après ses études, il monte à Paris et s'inscrit au Conservatoire d'art dramatique. Il y est remarqué par le réalisateur Marc de Gastyne qui lui offre le premier rôle dans son film *Le Masque de Toutankhamon* aux côtés de Dalida, comédienne débutante et encore inconnue. Dès lors, il enchaîne les rôles au cinéma, notamment dans *Marianne de ma jeunesse*, *L'Homme aux clés d'or*, *Péché de jeunesse*, *Charmants garçons*…

Un acteur fétiche

Tour à tour jeune homme de bonne famille, gigolo, adolescent timide, blouson noir, Gil Vidal est très en vogue dans les années 1950 avant qu'un certain Alain Delon lui dame le pion. Il entame alors une seconde carrière et se tourne vers l'opérette, la chanson et… le roman-photo, où son physique le prédispose aux premiers rôles. Des rôles, il en interprétera de nombreux pour le studio Del Duca dont il est devenu l'un des acteurs fétiches. Pas un magazine sans qu'il n'apparaisse dans un roman-photo : *Nous Deux*, *Festival*, *Secrets de Femmes*, *La Vie en fleur*, *Intimité*, *Télé Poche* mais également *Lectures d'Aujourd'hui* aux côtés de Marie-José Nat ou *Femmes d'Aujourd'hui*, et même en Italie dans le magazine *Bolero*.

À noter en particulier « La Vie tragique des Rolfdozen », une saga publiée dans *Nous Deux* en décembre 1960. Découpée en trois parties (« La Malédiction », « L'Épreuve » et « Le Triomphe de l'amour »), ce roman-photo totalise 42 épisodes qui font voyager le lecteur à travers plusieurs époques entre 1860 et 1939. Une malédiction, symbolisée par une licorne, pèse sur le château des Rolfdozen et jette le malheur sur ses descendants successifs, Clara et Dominique, tous deux interprétés pour chaque époque par l'acteur Gil Vidal et Floriane Prévot. Cette dernière est d'ailleurs à l'origine de cette fresque historique superbement réalisée par Mario Padovan, ce qui lui confère la double fonction de scénariste et d'héroïne, une première dans l'histoire du genre.

Aujourd'hui encore, Gil Vidal reste l'acteur français dont le visage demeure inévitablement associé au roman-photo.

Au REPOS de

Une petite route départementale étroite et sinueuse, proche de Paris. Sous un soleil torride, une 2 CV cahote. François Blain, détective privé, est heureux : il a enfin la voiture dont il rêvait. Soudain, derrière lui, un klaxon hurle...

d'après un scénario de J.-M. Charlier

François a vu jus[te]. Quelques kilomètres p[lus] loin, la voiture a per[du] un poteau...

1960
Un thriller-photo par le scénariste de *Blueberry*

Auteur éclectique, Jean-Michel Charlier collabore à partir de 1959 avec le magazine *Bonnes Soirées* et écrit le scénario de « Tête folle », le premier opus d'une série qui en comptera trois autres (« Chantage à l'amour », « Au repos des archanges », « Des bijoux pour Nadine »). Son héros, le détective privé François Blain (interprété par le comédien Joseph Quéré), devient ainsi le premier personnage récurrent de fiction dans l'histoire du roman-photo.

Né à Liège en 1924, Jean-Michel Charlier est principalement connu pour son œuvre de scénariste de bandes dessinées. On lui doit un nombre considérable d'albums. Parmi les principaux : *Buck Danny*, *Marc Dacier*, *La Patrouille des castors*, *Tanguy et Laverdure* et surtout *Blueberry* qu'il crée en 1963 avec le dessinateur Jean Giraud alias Mœbius, pour le magazine *Pilote* dont il fut l'un des six membres fondateurs.

Premier épisode du roman-photo « Au repos des archanges », paru dans *Bonnes Soirées*, numéro 2069, 8 octobre 1961.

ARCHANGES

Panel 1: — Eh bien ! Il est pressé, celui-là !... Vas-y, bonhomme !... Dépasse... Dépasse donc...

Panel 2: A tombeau ouvert, l'auto qui le suivait double François...

— ?... Hééééé ! Oh ! Une femme... Je l'aurais juré !...

Panel 3: — Mon Dieu ! Là... La voiture de cette folle !

Panel 4: Mais l'inconnue n'est qu'étourdie. Le bruit du moteur l'a ranimée... Elle s'apprête à fuir...

— Hé ! Mademoiselle... Attendez-moi... Dites donc, vous avez appris à conduire par correspondance ?

— ? ? ?...

Lurs
Le village de Jean Giono et… du roman-photo

Perché sur un piton rocheux surplombant la vallée de la Durance, le village de Lurs a vécu pendant plus de vingt ans à l'heure du roman-photo. Tout a commencé en 1952 lorsque Jean Giono fait découvrir à son ami Maximilien Vox[1], typographe de renom, ce village qui tombe en ruine. Avec d'autres, ils décident de fonder « Les Rencontres internationales de Lurs » afin d'y réunir une fois par an tous les spécialistes du monde entier de l'imprimerie, des lettres et du livre.

En 1955, Flavien Monod, fils de Maximilien Vox, et sa compagne Dominique Forest découvrent à leur tour le village et en tombent littéralement amoureux. Au point qu'ils décident de quitter Paris pour s'y installer définitivement. Au hasard d'un séjour de leur ami, le comédien Jean-Jacques Delbo, la discussion dévie sur le roman-photo. Jean-Jacques Delbo a déjà expérimenté le genre en tournant aux côtés de l'actrice Blanchette Brunoy dans « Le Sacrifice d'Élisabeth » publié en 1953 dans le magazine *Festival*. De là naît en eux l'idée de réaliser un roman-photo à Lurs, entre amis, pour s'amuser et pourquoi pas, si le résultat se montre convaincant, de le faire publier.

Casting entre amis

Grâce aux amitiés que Jean-Jacques Delbo a nouées aux Éditions Mondiales, les portes s'entrouvrent plus facilement et ce qui au départ n'était qu'un jeu va finalement se concrétiser par trois premières publications en 1956 dans *Festival* et *Secrets de Femmes*. Dominique et Flavien se sont découvert une nouvelle vocation. À elle, l'écriture de l'histoire, le casting, la recherche des décors et la mise en scène. À lui, la mise en pages et l'élaboration de la maquette.

Les acteurs de leurs romans-photos, tous non-professionnels, sont recrutés parmi les amis et les gens du village. Dominique et Flavien se heurtent cependant à un écueil, celui de la photographie qui requiert de vraies compétences. Aussi décident-ils de faire appel à Mario Ansaldi, photographe régional établi à Forcalquier qui a à son actif la célèbre affaire Dominici qu'il a couverte quelques années auparavant pour *Paris Match*. Cette première collaboration se concrétise par « Le Relais du bonheur » qui sera publié dans le magazine *Festival* en 1957. Et voilà comment ce qui au départ ne représentait pour Dominique Forest et Flavien Monod qu'un moyen de pouvoir continuer de vivre à Lurs, loin du tumulte parisien, devient une aventure passionnante qui donnera naissance à l'Atelier de Provence.

1. Maximilien Vox, de son vrai nom Samuel Monod, frère de Théodore Monod, scientifique naturaliste, membre de l'Académie des sciences.

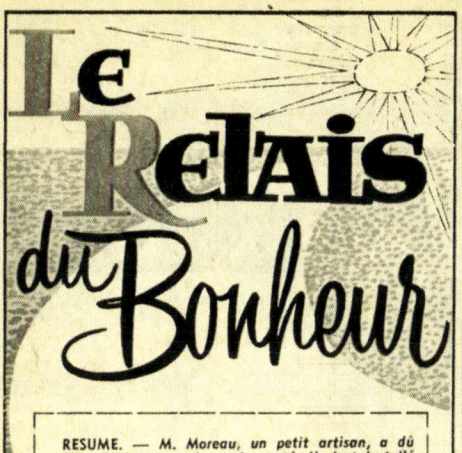

1. Couverture de *Secrets de Femmes*, numéro 181, 1953.

2. Dominique Forest sur le tournage de « Le Relais du bonheur », 1957.

3. Extrait de « Le Relais du bonheur », publié dans *Festival*, numéro 418, 2 juillet 1957.

Révolution
Les premiers pas de la couleur

Dans les années 1950 et 1960 les romans-photos dans leur grande majorité étaient en noir et blanc. Le passage à la couleur s'est fait progressivement. Ainsi en 1959 le magazine italien *Sogno* publie le premier roman-photo en couleurs, « Passione Sublime », avec Nadia Marlowa et Franco Andrei. *Intimité du foyer* publie à son tour son premier roman-photo couleur en 1960 intitulé « La Jeune Fille de la maison de thé ». La plupart des romans-photos publiés par les Éditions Mondiales avant ces dates étaient simplement colorisés.

En 1965, *Bolero Film* publiera un roman-photo exceptionnellement en couleurs : « S.O.S. Salvate l'umanità, un'aventura di Tom Dollar », repris en 1966 dans le premier numéro de *Télé Poche*.

Pendant longtemps alternaient les pages couleur et les pages noir et blanc pour un même roman-photo, l'explication en étant certainement les contraintes techniques liées aux machines d'imprimerie et aux pliages du papier.

1. Couverture de *Sogno*, numéro 30, du 23 juillet 1959.
2. Extrait de « La Jeune Fille de la maison de thé » publié dans *Intimité du foyer*, 1960.
3. Extrait de « Passione sublime », publié dans *Sogno*, numéro 31 du 30 juillet 1959.

PASSIONE SUBLIME

PERSONAGGI E INTERPRETI

Alice . . . . NADIA MARLOWA — James . . . . . MIRKO ELLIS
Oliver . . . FRANCO ANDREI — Ellen . . . . . JAKIE JONES

Soggetto e sceneggiatura di LUCIANA PEVERELLI
Fotografia di A. LATANZA ★ Realizzazione di WALTER MARTINI

Il riassunto delle puntate precedenti è a pa. 15

SUL VOLTO DI OLIVER È SCESA UN'OMBRA IMPROVVISA...

— Ho paura del matrimonio, capisci? Ho paura che non saprei essere fedele.

— Non ti credo, Oliver. Lo saresti se avessimo dei figli.

— Se avessi commesso qualcosa di male mi sposeresti ugualmente?

— Certo... Però mi piacerebbe sapere perchè lo avresti fatto.

— Amore mio... Qualsiasi cosa avvenga mi starai sempre vicino?

— Te lo prometto.

UN BACIO APPASSIONATO SUGGELLA QUELLA PROMESSA FATALE PER ENTRAMBI...

— Andiamo... Dobbiamo dire tutto a nonna Isabel! E' l'unica persona al mondo in grado di comprenderci e di essere felice con noi!

MENTRE SI AVVICINANO A GREEN HOUSE VEDONO LA GOVERNANTE CHE LI STA CERCANDO, SCONVOLTA...

— Miss Alice, venite, presto... E' accaduta una terribile disgrazia...

ZOOM

Ils sont passés par la case roman-photo

Sophia Loren

« Cruelle destinée », publié dans *Festival* numéro 163 du 6 août 1952. Le vrai nom de famille de Sophia Loren, Scicolone, étant difficile à retenir, la légende prétend que le directeur de la revue *Sogno*, fasciné par la silhouette sculpturale de la jeune Sofia « qui ressusciterait un mort », lui aurait trouvé le pseudonyme de Sofia Lazzaro en référence à Lazare (ressuscité par Jésus d'après l'Évangile selon saint Jean). Entre 1950 et 1952, l'actrice interprétera au total cinq romans-photos avant de trouver la consécration au cinéma sous le pseudonyme de Sophia Loren.

Sogno
SETTIMANALE DEL SABATO

N. 14 LIRE 30

SOFIA LAZZARO

l'indimenticabile interprete di tanti nostri fotoromanzi ci è stata rapita dal cinema: ma Sofia non ha dimenticato i lettori e le lettrici di "Sogno" e ad essi dedica affettuosamente il suo saluto e il suo ricordo.

(Foto Luxardo)

5 aprile 1953 • Spediz. in abbonam. post. - Gruppo II

Couverture de *Sogno*, numéro 14, 1953.

ZOOM — Ils sont passés par la case roman-photo

Couverture de *Festival*, numéro 529, 1959

Dany Saval

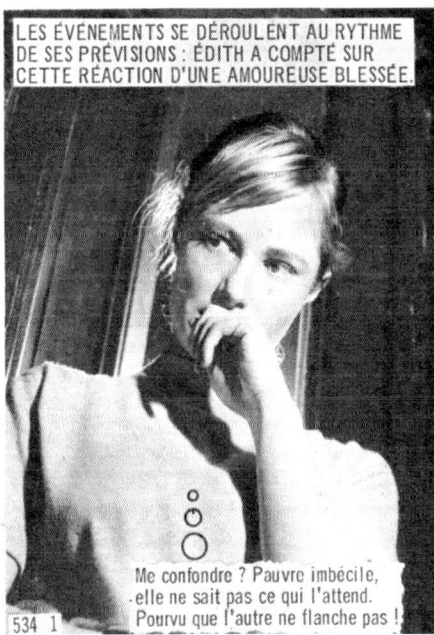

le Manoir des Rêves Rouges

RESUMÉ. — Fiancé à Odile Dermange, Edouard Lemer — Eddy — vient la rejoindre dans la propriété des Dermange, où règne Edith, seule détentrice de la fortune. Laide et disgraciée, Edith est jalouse de sa sœur et cherche à briser leurs fiançailles. Elle oblige leur père à refuser son consentement puis jette Guillemette dans les bras d'Eddy. Puis, patiemment, elle poursuit son plan machiavélique.

À LA FENÊTRE, ÉDITH GUETTE CETTE RENCONTRE. ELLE SOURIT. LA GRANDE SCÈNE VA ÉCLATER TOUT À L'HEURE, MINUTIEUSEMENT PRÉPARÉE PAR ELLE.

— Pour sauver ses parents, Guillemette jouera son rôle jusqu'au bout : elle a peur de moi ! Allons prévenir Odile...

ELLE TROUVE SA SŒUR PRÊTE À SORTIR.

— Tiens ! Edouard autorise une promenade aujourd'hui ?
— Oui, la première. Il devait venir me prendre ici à dix heures, pour m'emmener. Il tarde bien...

IMPITOYABLE, ÉDITH LANCE SES INSINUATIONS FIELLEUSES, ACCOMPAGNÉES D'UNE FAUSSE PITIÉ.

— À ta place, je ne l'attendrais pas. J'irais me promener seule.
— Qu'est-ce que tu racontes ?... De quoi te mêles-tu ?

UN INEXPLICABLE DÉSARROI LA GAGNE. ELLE FIXE SA SŒUR AVEC STUPEUR...

— Edouard ne pense pas à toi en ce moment, ma pauvre Odile ! Je l'ai vu entrer à la ferme en compagnie de Guillemette.
— Guillemette ? Encore cette fille !

UNE RAGE FOLLE LA SAISIT. TOUTEFOIS, ELLE MET ENCORE EN DOUTE LES AFFIRMATIONS D'ÉDITH...

— On les rencontre souvent ensemble, racontent les gens. Toi malade, il cherche des distractions ailleurs. C'est normal.
— Tu mens ! Tu te complais à me faire de la peine. D'ailleurs, j'y cours, à la ferme... pour te confondre !

LES ÉVÉNEMENTS SE DÉROULENT AU RYTHME DE SES PRÉVISIONS : ÉDITH A COMPTÉ SUR CETTE RÉACTION D'UNE AMOUREUSE BLESSÉE.

— Me confondre ? Pauvre imbécile, elle ne sait pas ce qui l'attend. Pourvu que l'autre ne flanche pas !

L'AUSCULTATION TERMINÉE, GUILLEMETTE A MENÉ ÉDOUARD DANS LA CUISINE...

— Voici de l'encre et du papier. Rédigez votre ordonnance. J'irai chez le pharmacien tantôt.

ELLE JETAIT DES REGARDS DISCRETS DANS LA COUR, GUETTANT LA VENUE D'ODILE. ELLE L'APERÇOIT AU MOMENT MÊME OÙ ÉDOUARD LUI REMET LA FEUILLE.

— Ces médicaments la soulageront je pense. Je passerai la voir demain.

Extrait du roman-photo « Le Manoir des rêves rouges », publié dans *Festival*, numéro 534, 1959.

ZOOM — Ils sont passés par la case roman-photo

Pierre Brice

> Réponse d'une femme de mauvaise humeur...

> Oui, je suis de très mauvaise humeur. Vous m'avez exaspérée.

> Le contact de mes lèvres sur vos cheveux vous était-il à ce point odieux ? Vous n'avez pas eu la patience de prolonger cette comédie ? La souffrance de ma mère vous est indifférente ?...

Extrait du roman-photo « Un étrange mariage », publié dans *Modes de Paris*, numéro 591, 1960

Virna Lisi

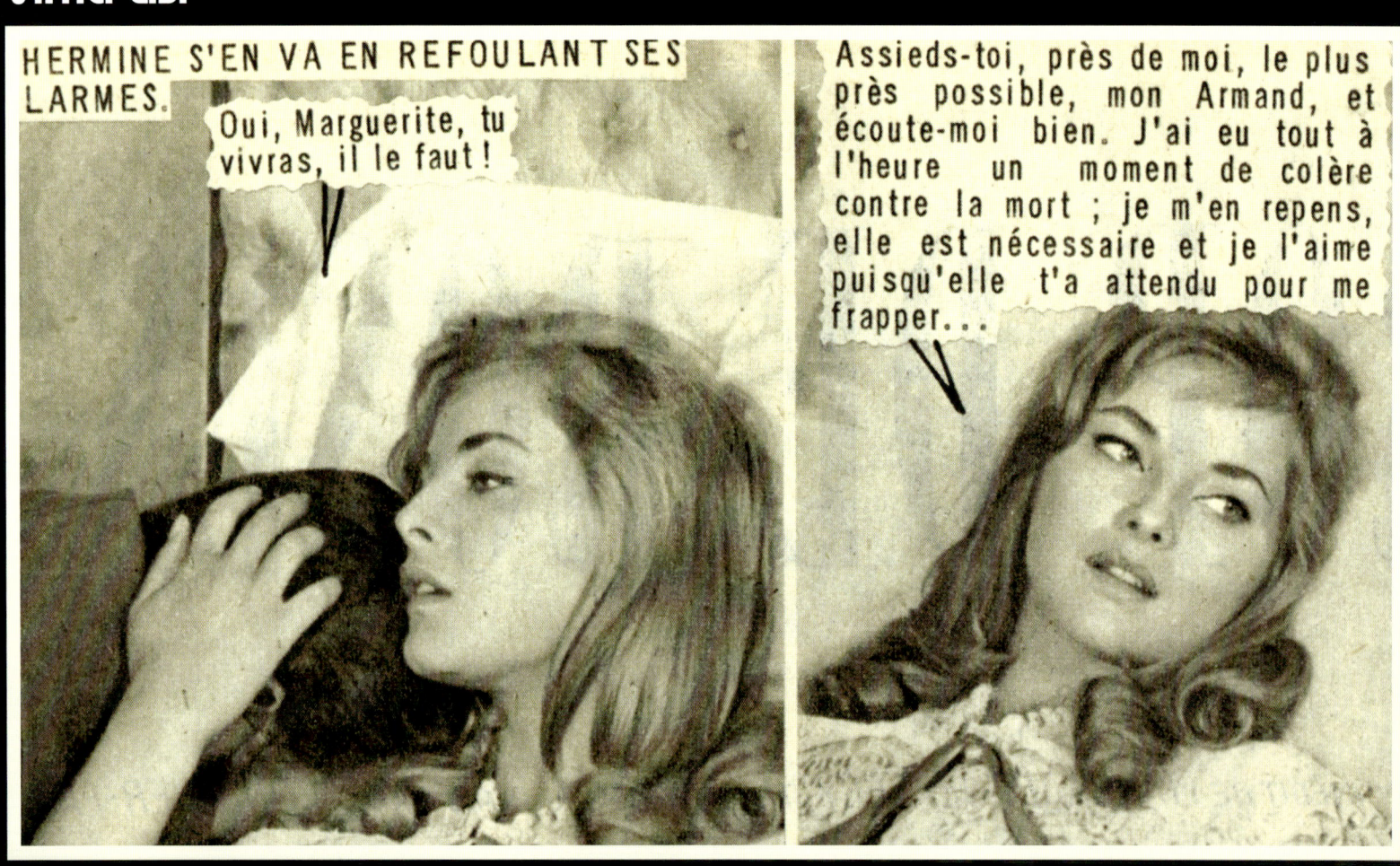

> HERMINE S'EN VA EN REFOULANT SES LARMES.

> Oui, Marguerite, tu vivras, il le faut !

> Assieds-toi, près de moi, le plus près possible, mon Armand, et écoute-moi bien. J'ai eu tout à l'heure un moment de colère contre la mort ; je m'en repens, elle est nécessaire et je l'aime puisqu'elle t'a attendu pour me frapper...

Extrait du roman-photo « La Dame aux camélias » publié dans *Festival*, numéro 611, 1961

94 Chapitre III – Les années 1950 : rendez-vous avec le succès !

Nicole Croisille

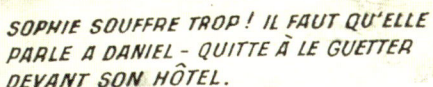

Extrait du roman-photo « Le Détour », publié dans *Bonjour Bonheur* numéro 129 - 1959

Chapitre III - Les années 1950 : rendez-vous avec le succès

ZOOM
Ils sont passés par la case roman-photo

Claudia Cardinale

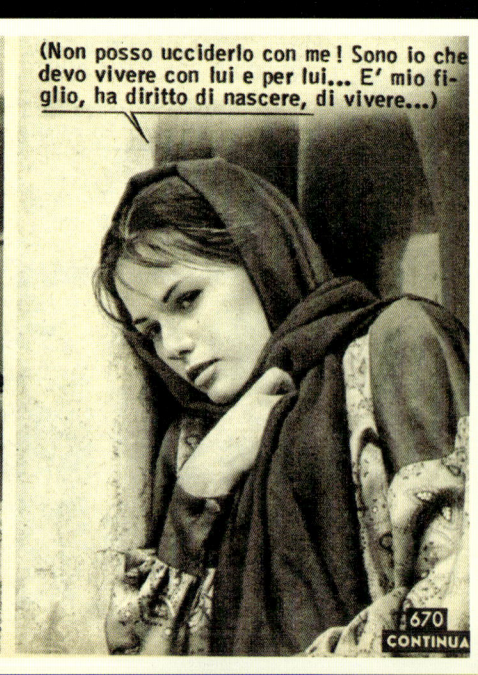

Extrait du roman-photo
« *Resurrezione* », publié dans
Grand Hôtel numéro 670, 1959.

Mireille Darc

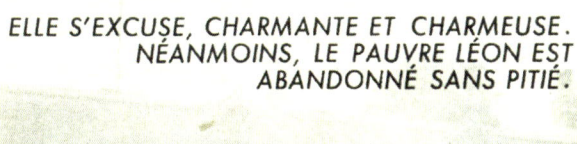

APPRENANT QU'ELLE NE S'EST PAS TROMPÉE, LA JEUNE FILLE ENTRE EN UNE GRANDE AGITATION.

Quelle curieuse coïncidence ! Je suis justement vendeuse dans une grande parfumerie parisienne.. et je vends, à longueur des jours, vos excellents produits !

Je m'étonne alors de ne pas vous avoir vue, car c'est moi qui visite tous nos dépositaires de Paris.

Je n'ai débuté qu'il y a quinze jours. Vous me verrez lors de votre prochain passage.

UNE CONVERSATION ANIMÉE S'ENSUIT, QU'INTERROMPT SEULEMENT LEUR ARRIVÉE DEVANT UN GARAGE.

Au revoir, mon cher Léon. Espérons que vous serez rapidement dépanné. Mais, même si vous étiez immobilisé ici, ce ne serait pas grave... tandis que moi, j'ai mon travail...

ELLE S'EXCUSE, CHARMANTE ET CHARMEUSE. NÉANMOINS, LE PAUVRE LÉON EST ABANDONNÉ SANS PITIÉ.

C'est un très gentil garçon. Très riche : son père est mandataire aux halles.

Il est naturellement amoureux de vous ?

Merci pour "naturellement"...

Oui, il veut m'épouser. Mais ce n'est pas possible. Il est un peu vulgaire pour moi. Je ne suis qu'une vendeuse, mais j'ai des aspirations, des goûts qu'il ne saurait partager...

Planche du roman-photo « Les Illusions perdues », production Anne-Marie Berger, publié dans *Bonjour Bonheur* numéro 220 – 1960.

ZOOM — Ils sont passés par la case roman-photo

Danièle Évenou

PÂQUES à PARIS

Scénario et dialogues de Claude SARVILLE
Réalisation Jean GARCENOT
Photographies de Jean LEPELTIER

DISTRIBUTION

MARIA . . . Nicky TRANIER
SYLVETTE . . Danièle EVENOU
THEO . . . Charles KASSAPIAN
Mr. RENAUD . Georges ADAM
DENIS . . . Roger TOMATIS
BOB . . . . Jean-Louis DECHAUX

ETUDIANT A PARIS, THEO REJOINT, HABITUELLEMENT, POUR LES VACANCES DE PAQUES, SA FIANCEE EN PROVINCE. MAIS, CETTE ANNEE-LA :

Non, c'est vrai, Sylvette ? C'est décidé ?

Nos places sont retenues !

C'est une production des Nouvelles Éditions Parisiennes

Planche de « Pâques à Paris » publié dans *Capri*, numéro 63 - 1962

MA LA FANCIULLA SI SCIOGLIE DALL'ABBRACCIO.

No, ti prego... Alberto! Mi avevi promesso...

Non posso non amarti, non posso. Soffocare i sentimenti che nutro per te è inumano, assurdo, cretino!

Terence Hill

Extraits de « *Oltre la follia* », publié dans *Grand Hôtel*, numéro 1038, 1966. Terence Hill s'appelait encore Mario Girotti.

Ormai è tutto preparato, non è vero ? Le pubblicazioni sono state fatte, il prete è pronto, l'abito da sposa anche. Che importa se non lo ami ?... Se, ad un tratto, hai conosciuto un altro uomo e hai aperto gli occhi ?

ZOOM — Ils sont passés par la case roman-photo

Pascale Roberts

SONIA DE LA NUIT

Un roman-photos inédit avec Pascale Roberts

SUPPLÉMENT DE *Nous Deux* N° 1030

Couverture du roman-photo « Sonia de la nuit », *Nous Deux*, numéro 1030, 9 mars 1967.

Laura Antonelli

Extraits de « Au cœur de la nuit », publié dans *Les aventures de Jacques Douglas*, numéro 36, septembre 1968.

Agostina Belli

Extraits de « Choc en retour », publié dans *Nous Deux*, numéro 1205, 6 août 1970.

Chapitre III – Les années 1950 : rendez-vous avec le succès !

ZOOM — Ils sont passés par la case roman-photo

Ornella Muti

TROP JEUNE POUR L'AMOUR
de STELIO RIZZO

PERSONNAGES

Antonella	FRANCESCA RIVELLI
Bruno	FRANCO GASPARRI
Rosalia	CLAUDIA RIVELLI
Rosano	GAY QUARTA
Velia	RAIKA JURI
Le commissaire	MIMO BILLI
Franca	MARIA PIA CONTE
Turi	FRANCO BORELLI

Copyright LANCIO FILM © 1971

— C'est moi que tu appelles ?
— Naturellement ! Qui, sinon ? Un moineau ?

— Sache donc que personne ne peut m'appeler «Hé!». «Hé!» tu peux le dire à ton frère ou à ton domestique. C'est entendu ?
— Quels grands airs ! Qui es-tu donc ?

Extraits de « Trop jeune pour l'amour », avec Francesca Rivelli alias Ornella Muti, publié dans *Un homme et une femme*, 1971, éditions Lancio.

Hugh Grant

Extrait de « Just the way you are », publié dans Secret Love, 1984.

Carte postale dédicacée de Johnny Hallyday distribuée dans les kiosques à journaux à l'occasion de la parution du roman-photo « La Belle Aventure de Johnny », *Nous Deux*, 1964.

Chapitre IV
1964-1984 : les années d'or, les années vedettes !

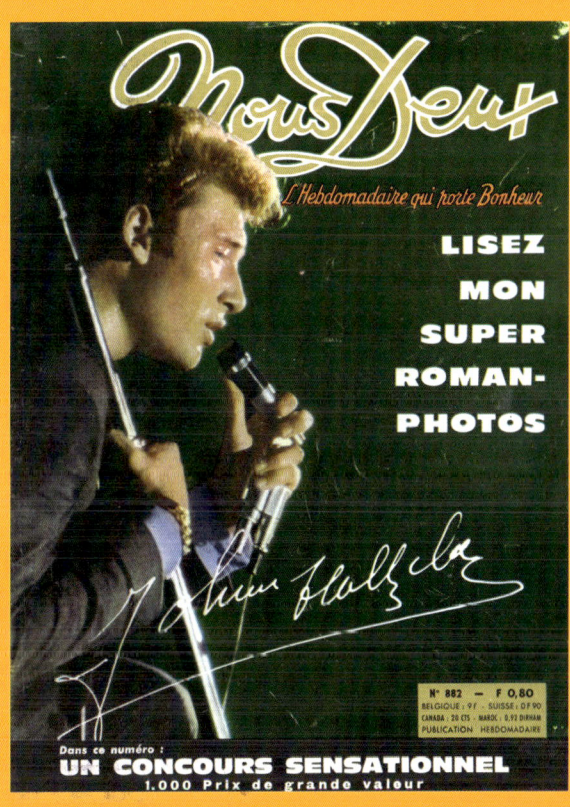

Couverture de *Nous Deux*, numéro 882, 8 mai 1964 avec Johnny Hallyday. Pour la première fois de son histoire, le magazine remplace exceptionnellement la traditionnelle couverture dessinée par une photo.

En 1964, *Nous Deux* s'offre Johnny Hallyday comme premier rôle dans un roman-photo intitulé « La Belle Aventure de Johnny ». Les années yéyé battent leur plein, Daniel Filipacchi a lancé *Salut les Copains* deux ans auparavant, un magazine qui connaît immédiatement un incroyable succès auprès des jeunes.

À l'origine, « Salut les Copains » est une émission de radio. Nous sommes en 1962 et chaque jour, entre 17 et 19 heures, des millions d'adolescents l'écoutent sur Europe n° 1. Depuis trois ans, ses créateurs, Daniel Filipacchi et Frank Ténot, sont aux commandes. Dans cette émission, on parle musique et artistes. Le succès est tel que les deux animateurs décident de lancer un mensuel, qui sera comme le prolongement écrit de leur émission.

Parallèlement, la presse compte encore une dizaine d'hebdomadaires centrés sur la fiction sentimentale et une trentaine de publications proposant des romans-photos complets. Face à cette concurrence, Cino Del Duca comprend que ses magazines doivent eux aussi prendre la vague yéyé et qu'il faut donner un nouveau souffle au roman-photo.

Les débuts de la *peopolisation*

En Italie, de nombreuses stars firent une incursion dans le roman-photo, et pas des moindres : Vittorio Gassman, Virna Lisi ou encore Claudia Cardinale. En France, il y a bien eu quelques expériences, avec le cycliste Hugo Koblet ou encore l'actrice Dany Saval mais, de façon générale et particulièrement dans *Nous Deux*, on fait tourner des anonymes. Avec ce premier roman-photo mettant en scène un artiste, qui plus est Johnny Hallyday, l'enjeu est donc de taille. Des moyens à la hauteur de la star seront déployés : annonce dans les précédents numéros, interviews de l'artiste au cours des semaines précédentes… Du point de vue technique, un soin tout particulier sera apporté à la réalisation confiée au maître du genre, Mario Padovan. D'ailleurs, pour la première fois, le nom du réalisateur figure au générique, ce qui ne se faisait pas jusque-là, et deviendra courant par la suite. Parallèlement à cette publication exceptionnelle, Cino Del Duca décide de *peopoliser* la couverture de *Nous Deux* : la photo en couleurs d'un Johnny conquérant fera date sur la une du n° 882 en remplaçant le couple dessiné habituel. Les ventes atteignent un record, obligeant l'éditeur à un retirage de 100 000 exemplaires supplémentaires.

Cette première expérience sera le début d'une longue série d'histoires s'appuyant sur la notoriété de célébrités. Toutes les vedettes yéyé joueront le jeu : Sylvie Vartan en 1964, Mireille Mathieu en 1966, Dalida en 1973 ou encore Line Renaud qui s'échappera de Las Vegas en 1969 pour tourner « Line au cœur d'or ». Pour ces artistes que l'on n'appelait pas encore *people*, le roman-photo était un moyen de promotion idéal pour toucher le grand public, d'autant que le format à épisodes garantissait une visibilité sur une vingtaine de semaines ! Si on fait le compte, un épisode comporte au moins une vingtaine de plans de la vedette, le magazine circule chaque semaine entre les mains d'environ 5 millions de personnes. Au final, la vedette est donc « visualisée »… un milliard et demi de fois ! Quel publicitaire, aussi doué soit-il, pourrait atteindre de tels scores ? Cino Del Duca et l'équipe de *Nous Deux* le comprennent bien, ils tiennent un filon. Pour le cultiver, ils multiplient les outils de communication pour annoncer aux lecteurs les nouvelles productions : affiches, cartes dédicacées par les artistes, interviews… Pari gagné pour le magazine : le roman-photo est au sommet de sa gloire, et les ventes grimpent.

Des stars de cinéma pour faire rêver

Si le roman-photo constitue une tribune de choix pour les artistes en mal de promotion, les journaux l'utilisent aussi comme outil éditorial. C'est ainsi qu'en 1965, les lectrices de *Bonjour Bonheur* découvrent la biographie de Marilyn Monroe en format roman-photo. Le destin tragique de l'actrice mythique disparue trois années auparavant se prêtait parfaitement à un tel format. Si la couverture du magazine montre la vraie Marilyn, c'est évidemment une actrice qui tient son rôle dans le roman-photo.

Dans un genre un peu différent, mais s'appuyant toujours

Bonjour Bonheur

Sensationnel

Dans ce numéro, le début d'un grand roman-film vécu :

LE PATHETIQUE DESTIN DE MARILYN MONROE

Page de gauche : Couverture et extrait de *Chez Nous Roman-Film complet*, numéro 295, 15 janvier 1970 avec Jean-Paul Belmondo et Jean Seberg.

Page de droite : Couverture de *Bonjour Bonheur*, numéro 457, 28 avril 1965 avec Marilyn Monroe et extrait du 1er épisode du roman-film « Le Tragique Destin de Marilyn ».

HEBDOMADAIRE N° 457 — FRANCE : F. 0,80 — BELGIQUE : F.B. 8 — SUISSE : F.S. 0,80

LE TRAGIQUE DESTIN DE MARILYN

La vie tourmentée et dramatique d'une grande vedette

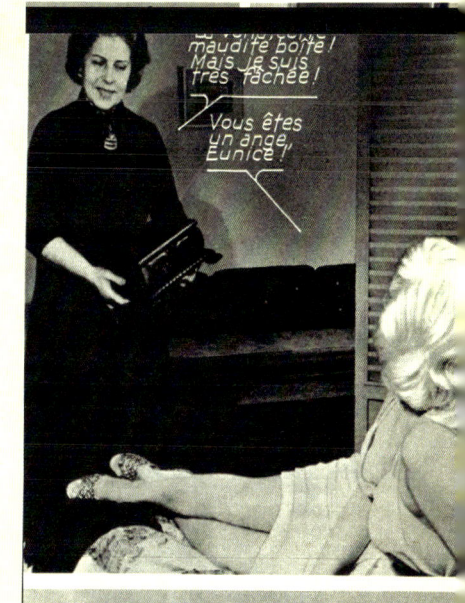

SEULE A NOUVEAU, LA JEUNE FEMME CARESSE LA BOÎTE DE NACRE ET LA SERRE CONTRE SA POITRINE. SES YEUX SE VOILENT ET ELLE SE MET A SANGLOTER. ELLE SOUFFRE... PUIS ELLE REJETTE LA BOÎTE ET COURT VERS LE TÉLÉPHONE.

1962. LA NUIT EST TOMBÉE SUR HOLLYWOOD. UNE LUEUR FILTRE A TRAVERS LES PERSIENNES DE L'IMPOSANTE VILLA, PUIS DISPARAIT. MAIS... ELLE S'EST RALLUMÉE... QUI VEILLE LÀ-BAS ?

SES CHEVEUX BLONDS SONT ÉBOURIFFÉS, SON FRONT EST PLISSÉ, SES YEUX SONT PROFONDÉMENT CERNÉS.

ENCORE UNE GORGÉE DE CE MÉDICAMENT QUI L'AIDE A S'ENDORMIR : ELLE ÉVITE DE SE REGARDER DANS LE MIROIR.

— Encore ?... Mais puisque cela vous fait de la peine...!

— Je vous en prie, Eunice, je vous promets que c'est la dernière fois !

— C'est toujours la dernière fois !

ELLE FORME UN NUMÉRO, LA SONNERIE RETENTIT UNE, DEUX, TROIS FOIS. TOUT SON CORPS TREMBLE...

— La voilà cette maudite boîte ! Mais je suis très fâchée !

— Vous êtes un ange, Eunice !

MAI 1966

ISABELLE
"Bientôt vedette?"

14ème ÉPISODE

Mon prof' de dessin a une idée formidable : nous profiterons de la prochaine leçon pour visiter ensemble le musée d'Art Moderne...

Vraiment, notre travail me passionne. J'avoue que les leçons collectives sont parfois monotones, mais avec vous, c'est différent !

Vivement la semaine prochaine. La visite du musée favorisera certainement les confidences...

DANS LA RUE, ISABELLE A ENVIE DE DANSER. EN CE MOMENT, TOUT LUI SOURIT : JEAN-MARC EST ADORABLE... À TEL POINT QU'ELLE SE DEMANDE SI SON PROFESSEUR DE DESSIN N'A PAS MAINTENANT DE TENDRES SENTIMENTS POUR ELLE...

MAIS ELLE CHASSE VITE CES IDÉES FOLLES, UN AUTRE MOTIF DE JOIE ACCAPARE SES PENSÉES : DE CE PAS, ELLE VA FAIRE DES ESSAIS PHOTOGRAPHIQUES POUR SAVOIR SI ELLE PEUT ENVISAGER UNE CARRIÈRE CINÉMATOGRAPHIQUE...

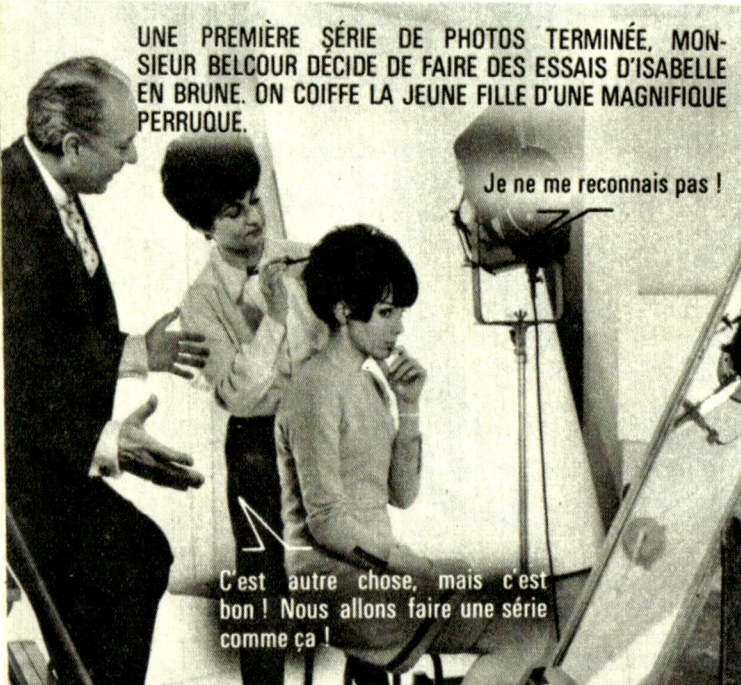

AU STUDIO, PENDANT PLUS D'UNE HEURE, UN COIFFEUR-MAQUILLEUR ET UN PHOTOGRAPHE S'AFFAIRENT AUPRÈS D'ISABELLE AVEC BEAUCOUP DE DÉFÉRENCE.

Je suis en train de créer pour vous une savante coiffure négligée ! On aura l'impression que vous n'allez jamais chez le coiffeur.

Tant de minutes pour ne pas paraître coiffée ! C'est inimaginable...

UNE PREMIÈRE SÉRIE DE PHOTOS TERMINÉE, MONSIEUR BELCOUR DÉCIDE DE FAIRE DES ESSAIS D'ISABELLE EN BRUNE. ON COIFFE LA JEUNE FILLE D'UNE MAGNIFIQUE PERRUQUE.

Je ne me reconnais pas !

C'est autre chose, mais c'est bon ! Nous allons faire une série comme ça !

AVEC ENTHOUSIASME, LE PHOTOGRAPHE EXÉCUTE DE NOUVEAUX PORTRAITS. BELCOUR S'EXALTE DE PLUS EN PLUS.

Après celle-ci, nous ferons connaissance avec Isabelle en pin-up !

C'est-à-dire ?

Extrait du 14ᵉ épisode du roman-photo « La Belle Histoire d'Isabelle », avec Isabelle Forest, *Modes et Lectures d'Aujourd'hui*, numéro 716, 14 mai 1966.

sur une star, en 1968, les lecteurs du *Parisien Libéré* découvrent dans leur quotidien le roman-photo d'*À bout de souffle*, le film de Jean-Luc Godard sorti en 1960 sur les écrans. Ce roman-photo a été conçu par un réalisateur de choix : Raymond Cauchetier, le photographe majeur du cinéma français de l'époque, en particulier de la Nouvelle Vague. Contrairement à ce que l'on pourrait croire, ce roman-photo n'est pas constitué d'une succession d'images du film, mais bien de clichés pris sur le vif au moment du tournage. « Ce qui est bon pour le cinéma ne l'est pas forcément pour la photographie », expliquait Cauchetier à l'époque. L'une de ses photos est restée célèbre : on y voit Jean-Paul Belmondo et Jean Seberg descendre les Champs-Élysées ; un cliché d'ailleurs utilisé dans le roman-photo. Après sa publication dans *Le Parisien Libéré*, *À bout de souffle* version roman-photo sera édité en 1970 dans la collection « Chez Nous Roman-Film Complet ».

La téléréalité avant l'heure

Autre expérience novatrice en 1966, un roman-photo que l'on pourrait qualifier d'ancêtre de la téléréalité. Le concept est mis au point par le magazine *Modes et Lectures d'Aujourd'hui* avec la complicité d'Isabelle Forest, un an avant qu'elle ne devienne la compagne de Claude François et la mère des deux enfants du chanteur. Bien avant le succès des émissions de téléréalité, ce roman-photo en vingt-cinq épisodes met en scène la vie de la jeune femme.

Photographiée au jour le jour, elle dévoile aux lectrices, chaque semaine, une face de son quotidien. Chacun des épisodes comporte un sous-titre différent : « Isabelle et sa famille », « Isabelle en surprise-partie », « Isabelle fait du shopping », « Isabelle aux sports d'hiver », « Isabelle bientôt vedette ? », etc. Contrairement aux autres romans-photos paraissant dans le magazine, celui-ci ne comporte pas de générique. Probablement un choix délibéré pour laisser croire qu'il s'agit d'une vraie famille campée par ses vrais membres et non par des comédiens. Autre particularité, le mot « Fin » ne figure pas sur la dernière image du dernier épisode comme si les aventures d'Isabelle se poursuivaient en dehors du magazine. C'est d'ailleurs le seul roman-photo de l'histoire qui ne comporte pas de mot fin.

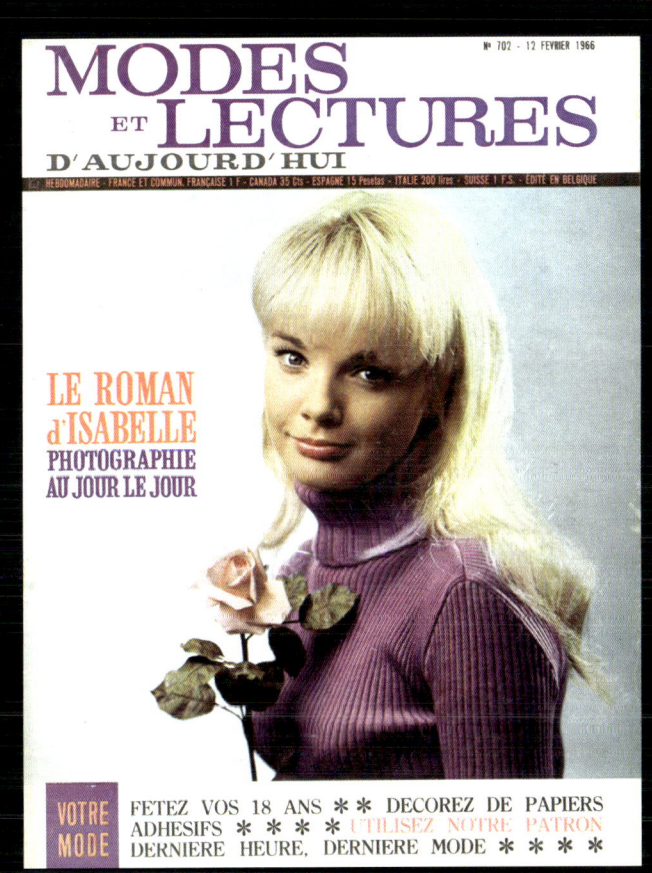

Couverture de *Modes et Lectures d'Aujourd'hui*, numéro 702, 12 février 1966, avec Isabelle Forest.

Extrait du 3ᵉ épisode du roman-photo « La Belle Histoire d'Isabelle », *Modes et Lectures d'Aujourd'hui*, numéro 705, 5 mars 1966.

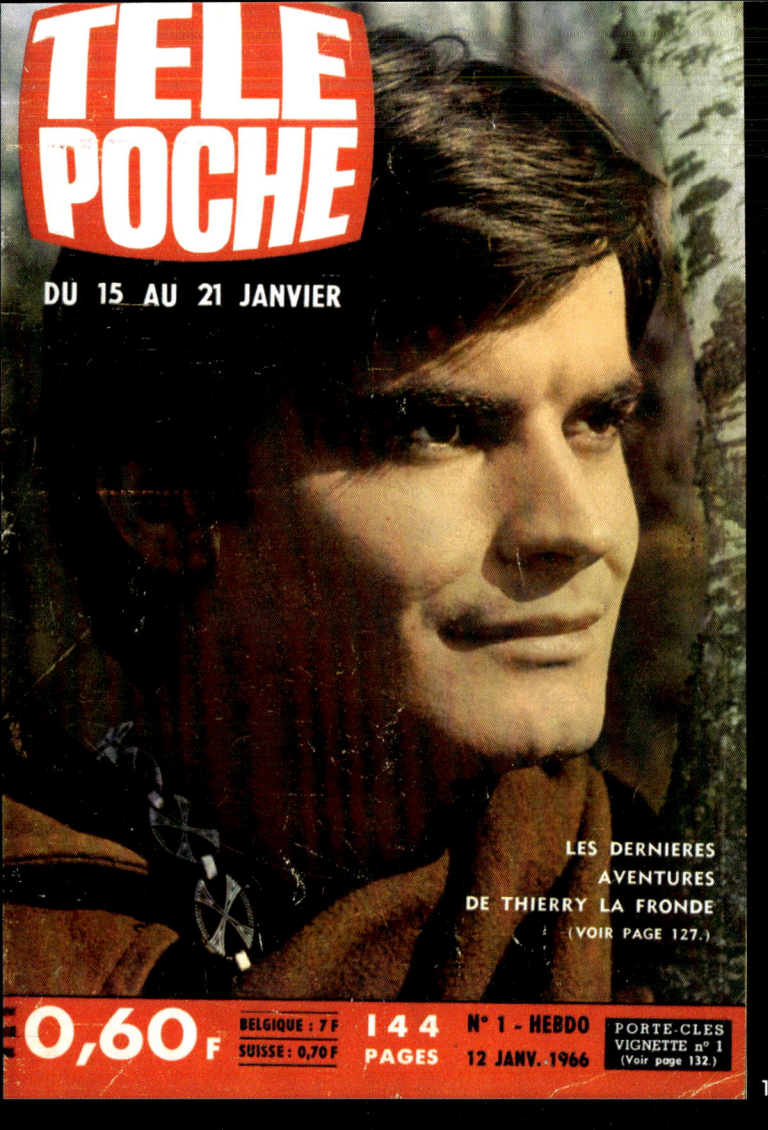

TELE POCHE

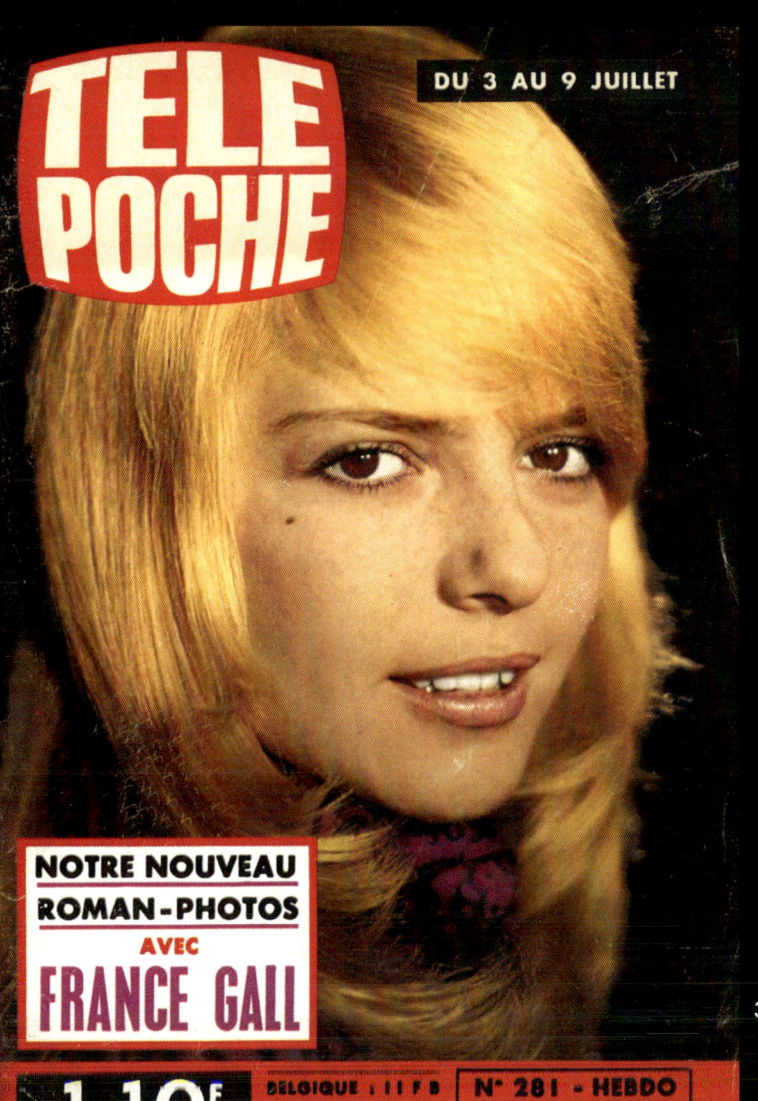

1. DU 15 AU 21 JANVIER — LES DERNIERES AVENTURES DE THIERRY LA FRONDE (VOIR PAGE 127.) — 0,60 F — BELGIQUE : 7 F — SUISSE : 0,70 F — 144 PAGES — N° 1 - HEBDO — 12 JANV. 1966 — PORTE-CLES VIGNETTE n° 1 (Voir page 132.)

2. DU 14 AU 20 JANVIER — TOUT LE MONDE EN PARLE — MONSIEUR PASSE-PARTOUT AVEC GUY LUX DANS LE ROLE DE GUY LUX — 0,70 F — BELGIQUE : 9 FB — SUISSE : 0,80 FS — N° 53 - HEBDO — 11 JANVIER 1967

3. DU 3 AU 9 JUILLET — NOTRE NOUVEAU ROMAN-PHOTOS AVEC FRANCE GALL — 1,10 F — BELGIQUE : 11 FB — SUISSE : 1,10 FS — N° 281 - HEBDO — 30 JUIN 1971

4. DU 11 AU 17 JANVIER — EXCLUSIF — notre nouveau roman-photos LES CHARLOTS dans CINÉ-RÉTRO — 2 F — BELGIQUE : 18 FB — N° 465 — HEBDO

En 1966, *Télé Poche* voit le jour

Fort de ces beaux succès, Cino Del Duca crée *Télé Poche* en 1966. Le petit format de ce magazine est révolutionnaire pour l'époque. En plus de ses programmes télé, le lecteur y trouvera de nombreuses rubriques et… du roman-photo !

Lancé exactement le 12 janvier 1966, l'hebdomadaire de télévision rencontre dès son premier numéro un succès phénoménal qui s'explique à la fois par son format (21 cm x 14 cm) et par son faible prix (0,60 centimes de franc) qui en fait le moins cher de tous les journaux de télévision. L'éditeur n'en est pas à son premier essai dans ce domaine puisque *Télé Poche* succède à *Télé Dernière* et *Télé Jeunes*, deux autres hebdomadaires de télévision édités par les Éditions Mondiales entre 1962 et 1965 mais dont les ventes n'ont jamais vraiment réussi à décoller.

La particularité de ce nouveau magazine est qu'il peut « tenir dans la poche ou se placer très facilement près du téléviseur » selon l'argumentaire utilisé alors pour promouvoir son lancement. Il est surtout l'aboutissement d'une longue réflexion menée par Cino Del Duca qui cherche à investir un nouveau marché jusqu'alors dominé par *Télé 7 jours*, tout en s'en démarquant avec une formule inédite. De fait, en plus des programmes télé abondamment illustrés, le magazine propose des bandes dessinées (*Tarzan*, *Superman*), un grand roman à suivre, des recettes de cuisine, des planches couleur de fleurs et d'animaux, des jeux pour enfants, une fiche vedette, un feuilleton en images et un roman-photo en couleurs : « *S.O.S sauvez le monde ! Une aventure de Tom Dollar* », dans lequel Maurice Poli – l'inoubliable Norbert du feuilleton *Belle et Sébastien* – y campe le personnage de Tom Dollar, un agent de la CIA spécialiste de la guerre dans l'ombre.

Très rapidement, Cino Del Duca décide d'appliquer à *Télé Poche* une recette éprouvée avec succès dans *Nous Deux* : le roman-photo vedette. Il fait alors appel à une figure populaire du petit écran, Anne-Marie Peysson, l'animatrice de l'émission *Palmarès de la chanson* qui ouvrira le bal avec « Le Carnet noir », écrit par Violette Mariaud et réalisé par Mario Padovan. D'autres stars du petit écran lui emboîteront le pas comme Guy Lux, Roger Couderc, Roger Lanzac mais aussi des vedettes de la chanson tels Mireille Mathieu, Eddy Mitchell, Sheila, Antoine, France Gall, Sylvie Vartan, Johnny Hallyday et bien d'autres encore. Un an après son lancement, *Télé Poche* propose non plus un roman-photo mais trois : l'incontournable roman-photo vedette tourné en France par le studio Del Duca publié invariablement pendant treize semaines, et deux autres importés des magazines italiens *Sogno*, *Bolero Film* et *Grand Hôtel*. Le roman-photo occupera une place prépondérante dans le magazine jusqu'en 1982, année où *Télé Poche* cessera d'en publier.

1. Couverture de *Télé Poche*, numéro 1, 12 janvier 1966, avec Jean-Claude Drouot.

2. Couverture de *Télé Poche*, numéro 53, 11 janvier 1967, avec Guy Lux.

3. Couverture de *Télé Poche*, numéro 281, 30 juin 1971 avec France Gall.

4. Couverture de *Télé Poche*, numéro 465, 8 janvier 1975 avec Les Charlots.

5. Extrait du roman-photo « Sur la piste » avec Yves Mourousi, publié dans *Télé Poche*, numéro 570, 12 janvier 1977.

Critiques féministes et censure catholique

À la fin des années 1960 et au cours de la décennie suivante, la condition féminine est en pleine mutation : féminisation du secteur tertiaire, allongement de la scolarité, accès plus aisé à l'enseignement supérieur, révolution de la libéralisation des mœurs avec notamment la loi légalisant la contraception en 1967. Ces transformations ont évidemment une incidence sur les lectrices. Et la presse féminine qui n'a pas toujours su s'adapter est parfois un peu dépassée. De fait, les mouvements féministes déplorent, et cela durera jusque dans les années 1980, le rôle et l'image de la femme qui sont véhiculés par le roman-photo et la presse du cœur en général : une femme « soumise », réduite à son rôle d'amoureuse, de maîtresse ou d'épouse. Ce n'est pas la première fois que la presse du cœur subit les foudres de la critique. Dans sa thèse consacrée à *Nous Deux*[1], Sylvette Giet explique comment, dès 1948, les publications catholiques criaient haro sur la presse du cœur, l'accusant de « démoraliser les femmes et les jeunes filles du peuple » et « de les inciter aux rêveries les plus dangereuses ». Une critique d'ailleurs reprise par le parti communiste qui dénoncera cette presse comme étant « un véritable défi à la raison ». En 1952, les féministes s'aventurent même à une parodie dans un numéro spécial de *Regards*, un des plus anciens titres de la presse française, qui ne cache pas sa proximité avec le PCF. Ce numéro, intitulé « Les Secrets de la presse du cœur », fustige les romans-photos et ses éditeurs. On y découvre notamment un roman dessiné ayant pour titre « Le Manoir de la déception », un roman-photo « La Loi du mensonge », ainsi que plusieurs articles tels que « Dépouillons la presse du cœur » ou encore « Une entreprise florissante : les horoscopes ». Ironie de l'histoire, quelques années plus tard, en Italie, le parti communiste utilisera, lui, le roman-photo comme outil de propagande.

Ce mouvement particulièrement critique va perdurer et même s'amplifier au cours des années suivantes, touchant jusqu'au pape Jean XXIII lui-même : en décembre 1959, celui-ci condamne cette « presse à sensation », « romancée », « du cœur », du « sexe » et du « sang à la une ». Des accusations violentes qui n'empêcheront pas *Famiglia Cristiana*, le magazine chrétien le plus diffusé en Italie d'utiliser le roman-photo pour une série sur… « La Vie des saints ».

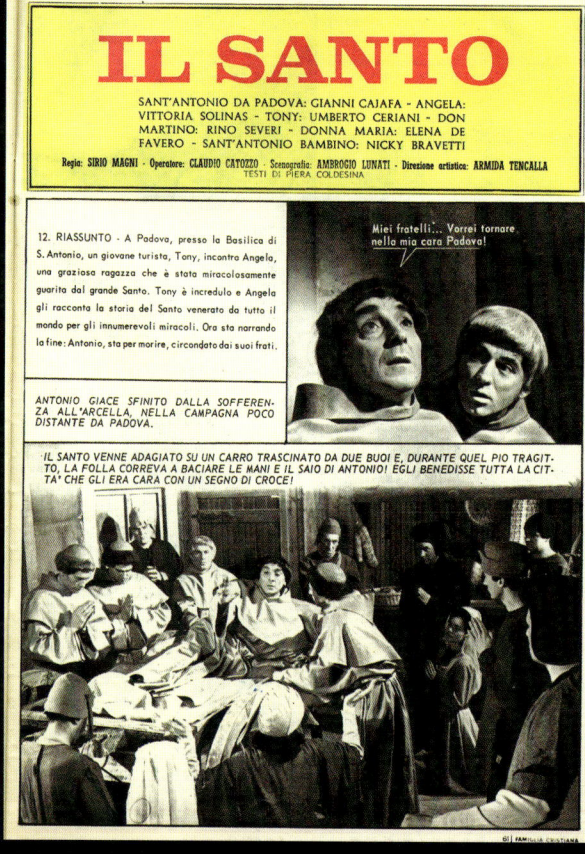

1. Couverture de *Famiglia Cristiana*, numéro 29, 18 juillet 1965.

2. Extrait du 12ᵉ épisode du roman-photo « *Il santo* » réalisé par Sirio Magni, *Famiglia Cristiana*, numéro 29, 18 juillet 1965.

3. Couverture du mensuel *Regards*, numéro 352, août 1952.

4. Extrait du roman dessiné « Le Manoir de la déception », *Regards*, numéro 352, août 1952.

5. Extrait du roman-photo « La Loi du mensonge », *Regards*, numéro 352, août 1952.

6. Illustration de l'article « Les Empoisonneurs publics » d'André Wurmser, *Regards*, numéro 352, août 1952.

Chapitre IV - 1964-1984 : les années d'or, les années vedettes !

La télévision entre dans la danse

L'âge d'or du roman-photo va durer plus de vingt ans, les derniers tournages avec des artistes de renom se déroulant en 1986. À partir de cette période, la « com » des *people* sera davantage encadrée par les services marketing. Or, la télévision offrant une visibilité bien plus large, leur choix se portera presque exclusivement sur le petit écran.

Le début des années 1980 marque également le début du déclin des journaux dits populaires. Les diffusions baissent, parfois considérablement : *Femme Pratique* perd environ 100 000 lectrices en huit ans. *Nous Deux* n'échappe pas à ce mouvement. Si en 1970, la moyenne des ventes du magazine s'établissait à un million d'exemplaires, en 1980, celles-ci se situent autour de 870 000.

Plusieurs facteurs expliquent cette désaffection d'une partie du lectorat : mauvaise qualité du papier, maquette souvent médiocre, petit nombre de pages en couleurs, part trop importante de romans-photos… mais surtout, l'attrait grandissant pour la télévision. Dans ce contexte de crise, seul *Nous Deux* parviendra à stabiliser sa diffusion, dépassant toujours le million d'exemplaires vendus chaque mois. Sans doute parce qu'il a réussi la mutation de ses romans-photos, et que le renouvellement du genre a porté ses fruits.

1. *Nous Deux*, 1947-1997 : *Apprendre la langue du cœur*, Sylvette Giet, éditions Peeters Vrin.

C'était les années 1960

• **La société de consommation** est en marche : le pouvoir d'achat triple, la publicité explose et guide le consommateur dans ses choix.

• **Les mouvements de contestation** aux motifs aussi variés que la guerre du Vietnam, la consommation de masse, la ségrégation raciale, le conformisme… mèneront aux événements de Mai 68 en France ou à de vastes rassemblements comme Woodstock en 1969.

• **Le nouveau franc** est mis en circulation le 1er janvier 1960. Il vaudra 100 anciens francs. Parfois appelé franc Pinay ou franc de Gaulle, il attendra 1963 pour devenir tout simplement le franc.

• **Brigitte Bardot** symbolise un vent de liberté pour les femmes. Dans la foulée, en décembre 1967, la condition féminine marque un point avec la loi Neuwirth qui autorise la contraception orale.

• **On en parlait**… La construction du mur de Berlin, l'assassinat de John Fitzgerald Kennedy, les premiers pas sur la lune, les films de Jean-Luc Godard, les 17 millions de spectateurs pour *La Grande Vadrouille*, les chansons des Beatles, la mini-jupe de Courrèges, le Teppaz…

Couverture du roman-photo « Ton âme pleine de soleil », *Les photoromans de Saint-Tropez*, numéro 8, septembre 1968, avec Laura Antonelli, Thea Fleming, Philip Kay et Paolo Casella.

les photoromans
SAiNT TROPEZ

Entièrement réalisé à Saint-Tropez !

1968, sous le soleil de… Saint-Trop'

Sous le soleil, la série télé emblématique du début des années 2000, est un des programmes français les plus diffusés au monde. Les premiers tournages ont commencé à Saint-Tropez en 1996. Près de trente ans avant cette série culte, en 1968, le célèbre port du Var offrait déjà le cadre idéal pour tourner une série de romans-photos entièrement réalisés sous le soleil du Midi : « Ton âme pleine de soleil », tout un programme !

N. 8
Septembre 1968
Fr. 2,50
Canada 50 cts
Belgique 25 Frs.
MENSUEL

TON ÂME PLEINE DE SOLEIL

Petites et grandes histoires de yéyés

1, 2 et 3. Extraits du roman-photo « La Belle Aventure de Johnny », *Nous Deux*, numéro 886, 5 juin 1964, avec Johnny Hallyday.

Johnny
Une idole dans *Nous Deux*

Quand Johnny accepte d'interpréter son propre rôle dans un roman-photo pour *Nous Deux*, il a 21 ans et déjà des millions de fans. Nous sommes en 1964, et *Excuse-moi partenaire* ou *Le Pénitencier* font chanter et vibrer la France entière, ou presque. Le roman-photo s'appellera « La Belle Aventure de Johnny ». L'idole des jeunes y campe un garçon de 17 ans, rêvant de quitter son milieu du cirque pour embrasser une carrière de chanteur, plus prometteuse. Son parcours sera semé d'embûches et de jolies rencontres. Qui réussira à prendre le cœur du rocker ? Personne *a priori*, mais il faudra patienter vingt-six épisodes pour le savoir !

Le parallèle avec la véritable vie du chanteur est omniprésent tout au long de cette histoire, pour le plus grand bonheur des lecteurs de *Nous Deux* et des fans du chanteur : après deux jours de mise en vente du magazine, 100 000 exemplaires supplémentaires seront réimprimés. Il faut dire que pour annoncer le roman-photo et marquer l'événement à la hauteur de son importance, le magazine a mis les moyens. Il fait appel au talent de Jean-Marie Périer qui réalise une photo de Johnny, et la met en une de son numéro 882, rompant ainsi avec la tradition de ses célèbres couvertures dessinées. En accroche, pas de fioritures : « Lisez mon super roman-photo » en lettres grasses et capitales et la signature du rocker. Avec Johnny, la mode du roman-photo vedette était lancée !

— Mais, Nicole, je ne suis pas prêt. On va me siffler.

— C'est ta première chance. Il faut la courir, je t'assure que tu t'en tireras très bien.

— Je serai près de toi. Tu n'as rien à craindre...

— Ne leur dis rien et file. Je vais arranger ça.

— Et puis, comment faire ? C'est à l'heure de la représentation du cirque, et tu sais bien que l'oncle exige que je lui serve de partenaire... pour recevoir des coups de pieds.

— Mario, Antoine, où êtes-vous ?

NICOLE A MIS SES DEUX COPAINS AU COURANT DE SA DÉMARCHE AUPRÈS DE PENGHONI.

— Johnny court sa première chance ce soir à Paris. Pour le numéro de l'oncle, il faudrait...

— J'ai compris, je prendrai sa place.

Chapitre IV – 1964-1984 : les années d'or, les années vedettes !

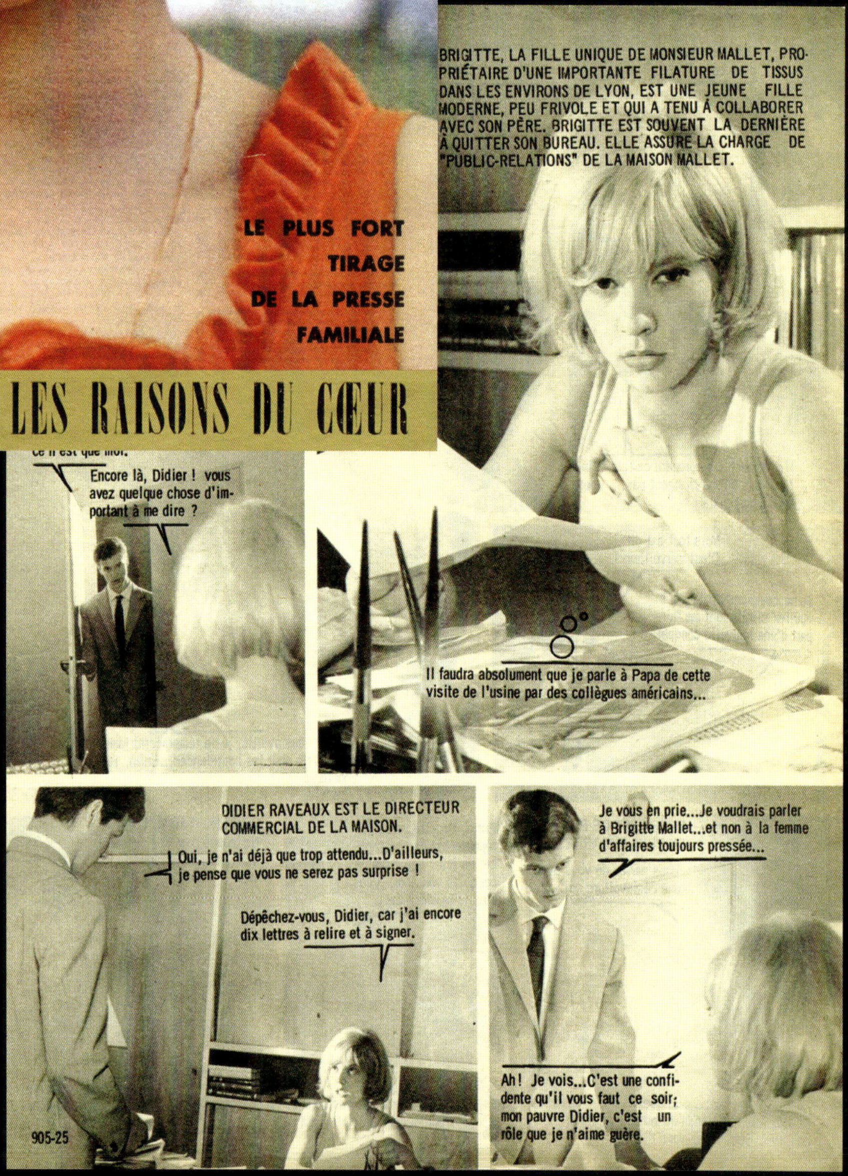

Petites et grandes histoires de yéyés

1. Couverture de *Nous Deux*, numéro 905, 15 octobre 1964.

2. Extrait du premier épisode du roman-photo « Les Raisons du cœur», *Nous Deux*, numéro 905, 15 octobre 1964.

3. Couverture de *Intimità della famiglia*, numéro 1125, 18 septembre 1967.

4. Extrait du roman-photo « *Un robot dai capelli biondi* », avec Sylvie Vartan, *Intimità della famiglia*, numéro 1125, 18 septembre 1967.

Sylvie Vartan
Une jeune fille moderne

1964 est une grande année pour Sylvie Vartan : elle fête ses 20 ans, se fiance avec Johnny, le plus célèbre appelé de France, enchaîne les tubes dont *La plus belle pour aller danser*. C'est aussi l'année de son premier tournage pour un roman-photo, « Les Raisons du cœur ». Elle prêtera sa blondeur et sa silhouette fine à l'héroïne Brigitte, une jeune fille moderne qui sait ce qu'elle veut et envisage l'amour comme une chose sérieuse : elle n'épousera que l'homme qu'elle a choisi.

Ce roman-photo est découpé en une vingtaine d'épisodes de 4 ou 5 pages chacun et sera publié dans *Nous Deux* en 1964, puis traduit pour le magazine italien *Intimità*.

En 1972, Sylvie Vartan renouvellera l'expérience du roman-photo en tournant « Sylvie blonde et magie noire » pour *Télé Poche*. Cette fois, elle y incarne une *cover-girl* prénommée Sylvie. Autres temps, autres mœurs !

Petites et grandes histoires de yéyés

Sacha Distel
Le chanteur joue les rebelles

« La maison fait une série de romans-photos avec des vedettes de la chanson, est-ce que ça t'intéresserait ? » a demandé un jour Jacques Chancel, à l'époque directeur de *Paris Jour*, à Sacha Distel, alors en pleine gloire. Le chanteur a tout de suite accepté la proposition et… il n'a pas regretté une minute le tournage de « Le Rebelle », un roman-photo tourné par Mario Padovan et qui tiendra les lectrices en haleine pendant une vingtaine de semaines. « Ce n'est guère comparable à la technique du cinéma, confiait-il alors. Il faut concentrer en une image ce que l'on fait en une scène au cinéma. Et ce n'est pas facile ! »

1 et 2. Photos originales du roman-photo
« Le Rebelle » avec Sacha Distel et Floriane Prévot,
Nous Deux, 1965 (collection personnelle Floriane Prévot).

3. Extrait du roman-photo « Le Rebelle »,
avec Sacha Distel et Floriane Prévot,
Nous Deux, numéro 927, 13 mars 1965.

Chapitre IV – 1964-1984 : les années d'or, les années vedettes !

Frank Alamo
Messager de l'amour

En 1966, quand Frank Alamo se lance dans le tournage de « Message à Olivia », il est au milieu de sa courte carrière. Les filles sont folles de ce garçon de 21 ans aux faux airs de Belmondo et n'hésitent pas à le lui faire savoir : il recevait alors plus de 700 lettres d'amour par jour ! Dans « Message à Olivia », il sera Steve, un chanteur en vogue qui aura bien du mal à épouser celle qu'il aime…

Je ne vais plus te cacher maintenant : tu es prêt et on va entendre parler de toi.

Chanter à New York ! C'est vraiment inespéré !

Et ensuite, à moi l'Amérique !... la gloire et la fortune !

D'accord ?

1 et 3. Extraits du roman-photo « Message à Olivia », avec Frank Alamo, *Nous Deux*, numéro 943, 8 juillet 1965.

2. Couverture de *Nous Deux*, numéro 936, 20 mai 1965, avec Frank Alamo.

Chapitre IV – 1964-1984 : les années d'or, les années vedettes

Petites et grandes histoires de yéyés

Rika Zaraï
Un mariage et… des blousons noirs !

Rika Zaraï, héroïne de « Une vedette a disparu », se trouve aux prises avec une bande de blousons noirs. Mais sont-ils vraiment méchants ces loulous ? « Vous le saurez en lisant ce roman-photo dans notre prochain numéro. » C'est ainsi que *Nous Deux* annonçait la publication de cette nouvelle production. On est en 1965 et la chanteuse fraîchement débarquée d'Israël y joue son propre rôle dans une histoire à rebondissements qui évidemment se terminera par un mariage !

RIKA NE PEUT S'EMPÊCHER D'APPRÉCIER LES QUALITÉS CERTAINES DU PETIT GROUPE ET LA JOLIE VOIX DE MAGGY…

JO ET SES COMPAGNONS ONT EXÉCUTÉ PLUSIEURS MORCEAUX…

— Eh bien, ce n'est pas mal du tout, ce que vous faites !

— Dans de pareilles circonstances, vous n'oseriez pas dire le contraire.

— Absolument pas, je suis sincère, et ma situation de kidnappée n'a rien à voir avec mon jugement.

— Bien sûr, ce n'est pas encore tout à fait au point, mais Maggy a une voix ravissante, et vous jouez juste. Il y a du rythme !

— Vous avez raison de persévérer. Je vais vous proposer quelque chose… Laissez tomber ce chantage, ces histoires de lettres anonymes, et je m'occupe de vous…

A SUIVRE

Extraits du roman-photo « Une vedette a disparu », avec Rika Zaraï, *Nous Deux*, numéro 968, 30 décembre 1965.

Jacques Charrier
Un peu de naturel dans le music-hall

Début 1967, lorsqu'il tient le premier rôle de « Musique dans la nuit », le nouveau roman-photo vedette de *Nous Deux*, Jacques Charrier a divorcé de Brigitte Bardot depuis quatre ans déjà. On disait de lui qu'il apportait au cinéma ce que Sacha Distel apportait au music-hall : quelque chose de sain, de naturel, de sincère et de bien élevé. Autant de traits de caractère qui séduisent les lectrices de romans-photos !

Couverture de *Nous Deux*, numéro 1017, 8 décembre 1966, avec Jacques Charrier.

Petites et grandes histoires de yéyés

Extrait du 8ᵉ épisode du roman-photo « Parlami di te », avec Françoise Hardy et Edoardo Vianello, *Sogno*, numéro 16, 14 avril 1966.

Françoise Hardy
En version italienne exclusivement !

En février 1966, Françoise Hardy participe à la 16e édition du mythique Festival de San Remo[1], en Italie. Sa venue crée l'événement car depuis 1963, année où son premier disque *Tous les garçons et les filles* s'est placé en tête des meilleures ventes, Françoise Hardy est très populaire chez nos voisins transalpins. La règle de ce festival de la chanson italienne veut que chaque candidat concoure en tandem avec une vedette étrangère. La chanteuse y interprète *Parlami di te*, titre défendu par Edoardo Vianello.

Parallèlement à sa participation au Festival de San Remo et sous la pression de sa maison de disques, Françoise Hardy accepte de jouer son propre rôle dans un roman-photo destiné au magazine *Sogno*, aux côtés d'Edoardo Vianello. En raison des contraintes d'emploi du temps des deux artistes, le roman-photo est tourné en un temps record aux abords du casino municipal de San Remo où se déroule le festival. Marketing oblige, son titre, « *Parlami di te* », est délibérément emprunté à la chanson défendue par les deux interprètes tout comme le scénario qui semble étrangement faire écho au contexte du Festival de San Remo.

Un baiser mais… pas de souvenirs !

Dans son autobiographie, *Le Désespoir des singes* (éditions Robert Laffont, 2008), la chanteuse évoque le souvenir de ce tournage : « Les pressions habituelles m'incitèrent à accepter ce qui s'avéra une épreuve tragi-comique. D'abord parce que les prises de vue eurent lieu en plein hiver sur une plage où nous claquions des dents, ensuite parce que Edoardo, beaucoup plus petit que moi, devait monter sur un caisson pour être à ma hauteur, enfin parce qu'il était prévu de nous embrasser amoureusement à un moment donné. Bien que cette perspective m'ait tourmentée au dernier degré pendant des jours et des nuits, le baiser en question ne m'a laissé aucun souvenir. » Ce roman-photo n'est jamais sorti en France, contrairement à la plupart des productions du magazine *Sogno* qui paraissaient dans *Nous Deux*, ce qui en fait un document rare.

1. Créé en 1951 et diffusé en Eurovision sur la Rai, le Festival de San Remo est l'un des principaux événements de la télévision italienne.

Couverture de *Sogno*, numéro 9, 24 février 1966, avec Françoise Hardy et Edoardo Vianello.

Pochette du 45 tours *Parlami di te*, Françoise Hardy, Disques Vogue, J 35087 X 45, 1966.

Petites et grandes histoires de yéyés

Mireille Mathieu
Des rôles multiples

Le premier roman-photo mettant Mireille Mathieu en scène est paru en juillet 1966. Il s'agissait de « Magali chante l'amour », une version moderne de *Cendrillon*. Le scénario avait été écrit par Violette Mariaud et la réalisation était signée Mario Padovan. Cette histoire a rencontré un tel succès auprès des lectrices que l'année suivante, le magazine *Télé Poche*, proposera à la chanteuse de jouer dans un nouveau roman-photo intitulé « J'ai rêvé d'un grand amour ».

La petite chanteuse d'Avignon se prêtera à nouveau au jeu quinze ans plus tard dans « Mireille et ses amis », publié dans *Télé Poche* en 1980. Enfin, Mireille Mathieu reviendra à *Nous Deux* en 1988, avec « Documents exclusifs », une série d'aventures en 15 épisodes, dans laquelle la chanteuse enfile le costume d'une journaliste de terrain.

1. Couverture de *Nous Deux*, numéro 996, 14 juillet 1966, avec Mireille Mathieu.

2. Photo originale du roman-photo « J'ai rêvé d'un grand amour », avec Mireille Mathieu, *Télé Poche*, 1967 (collection personnelle Floriane Prévot).

3. Extraits du roman-photo « Magali chante l'amour », *Nous Deux*, numéro 999, 4 août 1966.

Joe Dassin
Un succès si tranquille

En 1973, Joe Dassin a déjà à son actif de nombreux succès tels que *Le Chemin de papa*, *Le Petit Pain au chocolat*, *Les Champs-Élysées*, *À vélo dans Paris*... Bref, le chanteur occupe une place de choix dans les hit-parades. Pour en arriver là, il lui a pourtant fallu du temps, de la patience et une sacrée dose de volonté car dix ans auparavant personne ne croyait véritablement en lui. À l'aube des années 1970, Joe Dassin commence enfin à savourer cette réussite.

Dans « Un bateau si tranquille », le roman-photo qu'il vient de tourner pour *Télé Poche*, il campe le personnage de Marc, une jeune artiste peintre installé sur un vieux bateau à quai. La parution de ce roman-photo donnera lieu à une promotion à la hauteur de l'événement puisque le chanteur fera non seulement la couverture de *Télé Poche*, mais aussi celle de *Nous Deux* qui lui consacrera une page entière dans son supplément *Nous Deux Flash*.

1. Couverture de *Nous Deux*, numéro 1368, 12 septembre 1973. Le magazine faisait ainsi la publicité du roman-photo publié dans *Télé Poche*.

2. Couverture de *Télé Poche*, numéro 396, 12 septembre 1973.

3. Extraits du roman-photo « Un bateau si tranquille » publié dans *Télé Poche*, numéro 396, 12 septembre 1973.

Petites et grandes histoires de yéyés

Eddy Mitchell
Le rocker mène l'enquête

Qui imaginerait aujourd'hui Eddy Mitchell dans un roman-photo ? Et pourtant, en 1969, le rocker a lui aussi tenté l'expérience pour le magazine *Télé Poche*. Il incarne son propre rôle dans une histoire mouvementée qui relève du western mâtiné de policier. Quinze ans plus tard, Monsieur Eddy acceptera de faire une apparition dans un autre genre de romans-photos : ceux publiés par le magazine satirique *Hara-Kiri*.

Extraits du roman-photo « Eddy mène l'enquête », avec Eddy Mitchell, *Télé Poche*, numéro 171, 21 mai 1969.

Michel Delpech
La vie en couleurs

La première fois que Michel Delpech fait l'acteur dans un roman-photo, il commence à peine sa jeune carrière. Nous sommes en 1968, et il a 22 ans. Contrairement à d'autres et peut-être parce qu'il n'est pas encore très connu, son rôle dans « Les Couleurs de la vie » n'est pas le reflet de sa vie de chanteur. En effet, le temps du tournage il entre dans la peau d'un inspecteur de police et donne la réplique à une jeune actrice, Sophie Agacinski qui n'est autre que la sœur de Sylviane Agacinski (madame Jospin dans le privé).

En 1974, quand il tourne « Le Portrait de Mona Lisa », son second roman-photo pour *Nous Deux*, Michel Delpech est cette fois-ci au sommet de sa gloire.

Extrait du roman-photo « Les Couleurs de la vie », avec Michel Delpech et Sophie Agacinski, *Nous Deux*, numéro 1104, 29 août 1968.

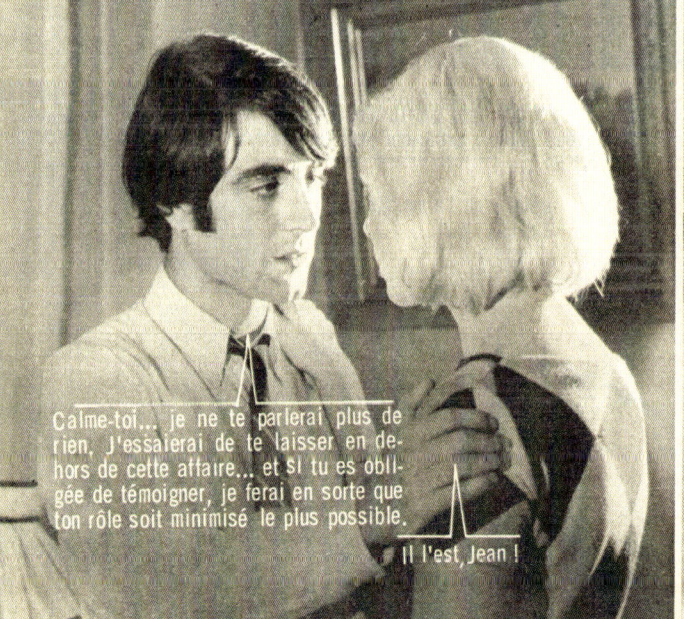

Petites et grandes histoires de yéyés

Pascale Petit
Una ragazza rebelle

L'histoire de Pascale Petit aurait fait un merveilleux synopsis de roman-photo. Petite employée dans un salon de coiffure en 1956, elle fut remarquée par une cliente qui n'était autre que l'épouse du réalisateur et acteur belge Raymond Rouleau. Présentée à ce grand monsieur du cinéma, elle obtint le rôle de la cadette des *Sorcières de Salem*, aux côtés de Simone Signoret et Yves Montand. Le film fut un succès et la carrière de la jeune fille lancée.

En 1969, l'actrice tient le rôle principal d'un roman-photo exceptionnel dans *Nous Deux*. Il s'agit en effet d'un roman-photo complet de 60 pages qui sera proposé en supplément du magazine n° 1082, après avoir été publié en Italie deux ans auparavant dans *Grand Hôtel* (16 épisodes intitulés « *Una ragazza si rebella* »). « Une jeune fille rebelle » raconte l'histoire d'une jeune fille moderne, cultivée et indépendante, qui met toutes ses forces au service de l'hypocrisie, du mensonge et des préjugés. Tout un programme !

Couverture et extraits du roman-photo « Une jeune fille rebelle », avec Pascale Petit, complément détachable de *Nous Deux*, numéro 1082, 7 mars 1968.

Line Renaud
Un cœur en or

En 1969, le nom de Line Renaud scintille en lettres de feu dans le ciel de Las Vegas. Elle vit dans la capitale du jeu depuis quelques années et mène une revue spécialement créée pour elle et qui triomphe. De retour pour quelques semaines en France, elle accepte de se mettre en scène dans un roman-photo pour *Nous Deux*. Elle jouera son propre rôle, le tournage se fera même dans sa maison. Au début de l'histoire, on la suit comme s'il s'agissait d'un reportage : elle rentre de tournée, fatiguée et impatiente de retrouver Loulou Gasté, l'homme de sa vie. Puis la fiction entre en jeu, Line trouve une petite fille abandonnée devant sa porte. Mais, plutôt que de se tourner vers la police, elle choisit de mener l'enquête pour retrouver la mère de la fillette…

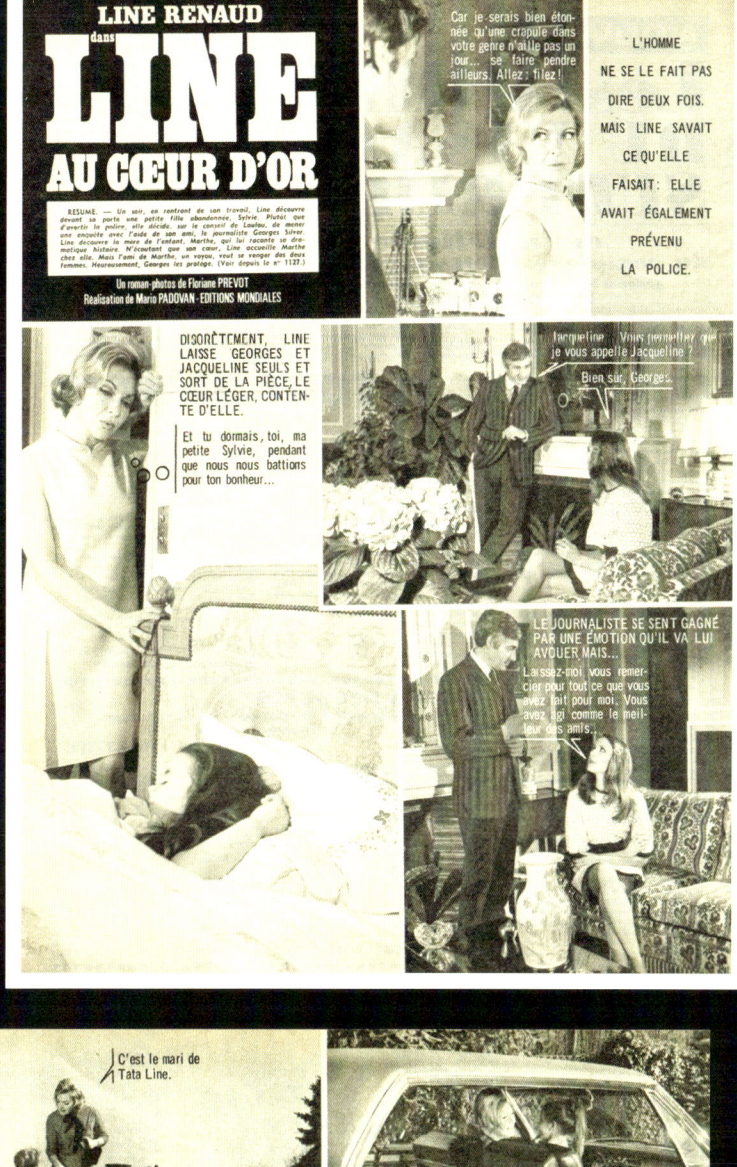

1 et 4. Extraits du roman-photo « Line au cœur d'or », avec Line Renaud, *Nous Deux*, numéro 1149, 10 juillet 1969.
2 et 3. Photos originales du roman-photo « Line au cœur d'or », *Nous Deux*, 1969 (collection personnelle Floriane Prévot).

Petites et grandes histoires de yéyés

Extraits du roman-photo « Robin des bois », avec Hugues Aufray, *Femmes d'Aujourd'hui*, numéros 1307 et 1311, 1970.

Hugues Aufray
Robin des bois et... écolo

En 1970, Hugues Aufray se voit offrir par Hubert Serra le rôle de Robin des bois pour un roman-photo destiné au magazine *Femmes d'Aujourd'hui*. Son côté écologique, son intérêt pour la nature et les thèmes de certaines de ses chansons contestataires adaptées du répertoire de Bob Dylan pour la plupart, en font le candidat idéal. L'interprète de *Stewball* et de *Santiano* est tout naturellement séduit par cette proposition, comme il s'en expliquera dans les colonnes de l'hebdomadaire à l'occasion de la parution du premier épisode : « J'ai accepté de jouer Robin des bois parce que c'est un personnage fabuleux dont j'ai subi le charme dans mon enfance. J'avais vu le film avec Errol Flynn. C'était le deuxième film que je voyais après *L'Île au trésor*, et ce personnage m'avait profondément marqué. »

Plutôt que de tourner ce roman-photo dans la forêt de Sherwood dans le Nottinghamshire en Angleterre, pays où un précédent tournage lui a laissé un mauvais souvenir[1], Hubert Serra choisit de le réaliser à Broechem, dans la région d'Anvers. Le tournage nécessite plus d'une soixantaine de figurants, tous recrutés sur place, ce qui demeure assez exceptionnel pour un roman-photo. L'acteur et cascadeur Guy Delorme, que l'on a vu dans de nombreux films de cape et d'épée au début des années 1960, y campe le personnage du baron de Nottingham. Il a également réglé toutes les scènes de duel. Dans le rôle de Petit-Jean, Jean Gras, visage bien connu des téléspectateurs pour avoir joué le rôle de Bertrand le tonnelier dans le célèbre feuilleton *Thierry La Fronde*.

1. *Voyage au cœur du roman-photo*, à paraître aux Éditions des Indes Savantes

C. Jérôme
Un mirage au cœur tendre

En 1979, quand il sort son 45 tours « Roman Photos / C. l'Amérique » avec la chanson *Roman photos* en face B, le chanteur C. Jérôme ne sait pas encore qu'il sera l'année suivante… justement le héros de « Comme un mirage », un roman-photo à épisodes publié dans *Nous Deux*. Dans cette grande histoire d'amour, il interprète le rôle de Jérôme un jeune ouvrier au cœur tendre.

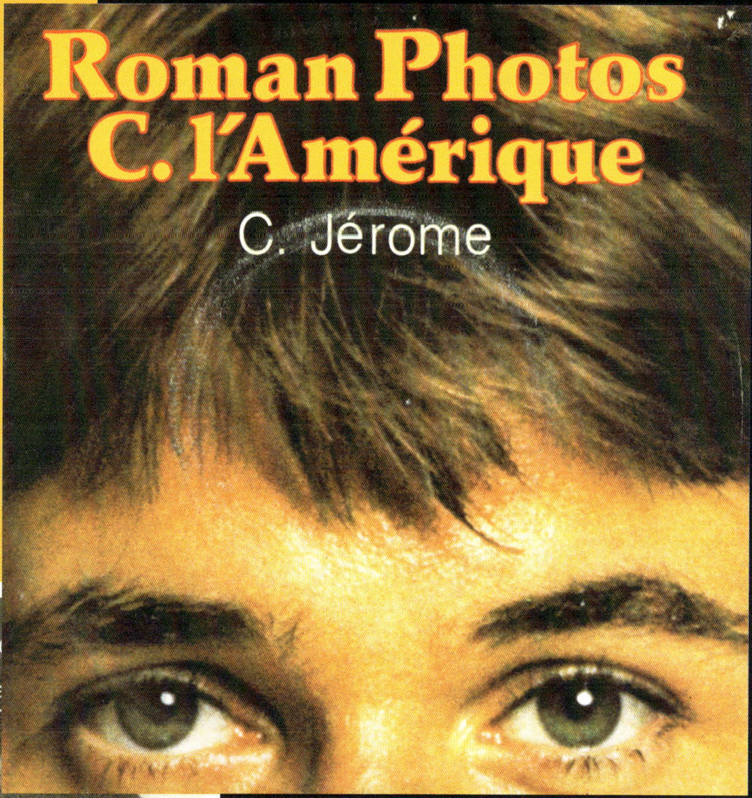

1. Pochette du 45 tours *Roman Photos*, C. Jérôme, Disques AZ, SG 711, DIS 103 (Photo : Tony Frank), 1979.

2. Extrait du roman-photo « Comme un mirage », avec C. Jérôme, *Nous Deux*, numéro 1732, 10 septembre 1980.

Petites et grandes histoires de yéyés

Nous Deux COLLECTOR

Dalida

dans un grand roman-photo *complet*

Un jour pour notre amour

MONDADORI FRANCE
Réédition

Couverture du roman-photo « Un jour pour notre amour », avec Dalida, *Nous Deux Collector*, 2012.

Dalida
Un roman-photo *collector*

1973 n'est pas une année comme les autres dans la vie de Dalida. Elle connaît deux de ses plus grands succès avec *Gigi l'amoroso* et *Il venait d'avoir 18 ans*. C'est dans ce contexte qu'elle accepte de tenir le rôle principal de « Un jour pour notre amour », un grand roman-photo en noir et blanc, réalisé par Mario Padovan pour *Nous Deux*.

Contrairement à beaucoup d'autres artistes, Dalida ne joue pas son propre rôle dans cette histoire. Elle est Anne Landry, une galeriste parisienne qui rencontre un inconnu dont elle tombe amoureuse, sans se douter du danger qui les attend.

Selon Sylvette Giet, dans son ouvrage sur *Nous Deux*[1], Dalida aurait exigé de la scénariste Floriane Prévot de rester seule et célibataire à la fin du roman-photo. « Les exigences de certaines vedettes montrent qu'elles ressentent le roman-photo comme un rouage dans la construction de leur identité et de leur carrière », précise l'auteur. En 2012, à l'occasion des vingt-cinq ans de la mort de la chanteuse, son roman-photo est réédité dans une édition livre *collector* vendue avec l'hebdomadaire.

1. *Nous Deux, 1947-1997 : Apprendre la langue du cœur*, op. cit.

Ci-dessus : Extrait du roman-photo « Un jour pour notre amour », avec Dalida, *Nous Deux*, numéro 1367, 1973.

Ci-contre : Photo originale du roman-photo « Un jour pour notre amour », avec Dalida, *Nous Deux*, 1973 (collection personnelle Floriane Prévot).

1963
Des couvertures signées Aslan

Aslan, de son vrai nom Alain Gourdon, est peintre, sculpteur et illustrateur. En France on le connaît surtout pour ses *pin-up*, en particulier celles du magazine *Lui*, qu'il dessine de 1963 à 1981. En 1963, il réalise une série de neuf couvertures pour *Nous Deux*.

Nous Deux, numéro 833, 31 mai 1963.

Nous Deux, numéro 836, 21 juin 1963. Le jeune homme est inspiré par Sacha Distel.

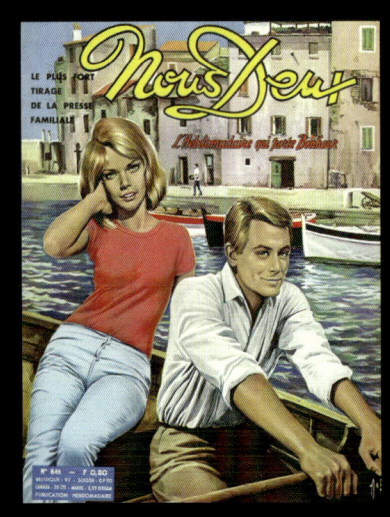

Nous Deux, numéro 846, 30 août 1963 (avec une représentation de Claude François).

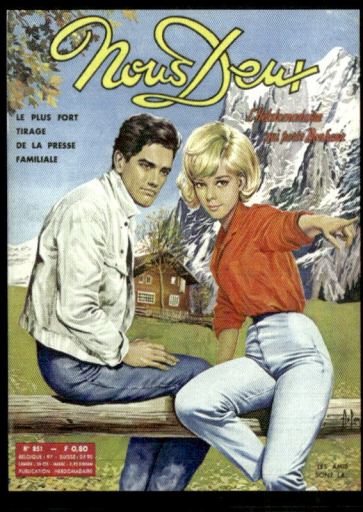

Nous Deux, numéro 851, 4 octobre 1963 (avec Sylvie Vartan).

Nous Deux, numéro 842, 2 août 1963.

Nous Deux, numéro 853, 18 octobre 1963.

Nous Deux numéro 856, 8 novembre 1963 (Johnny Hallyday sert de modèle).

Nous Deux, numéro 860, 6 décembre 1963.

Nous Deux, numéro 862, 20 décembre 1963.

Chapitre IV – 1964-1984 : les années d'or, les années vedettes !

Couverture de *Nous Deux*, numéro 1000, 11 août 1966.

1966
Nous Deux a 1000 numéros

Dans son numéro 1000, le 11 août 1966, *Nous Deux* ouvre la voie du supplément roman-photo complet. Il s'agit d'un roman-photo sur une soixantaine de pages, imprimé à part, et placé au centre du magazine. Au début, la lectrice retrouvera ce supplément une fois par mois, mais face au succès la formule devient vite hebdomadaire. Autre nouveauté, la pagination est augmentée pour accueillir des rubriques mode, beauté, cuisine… et la publicité qui va avec.

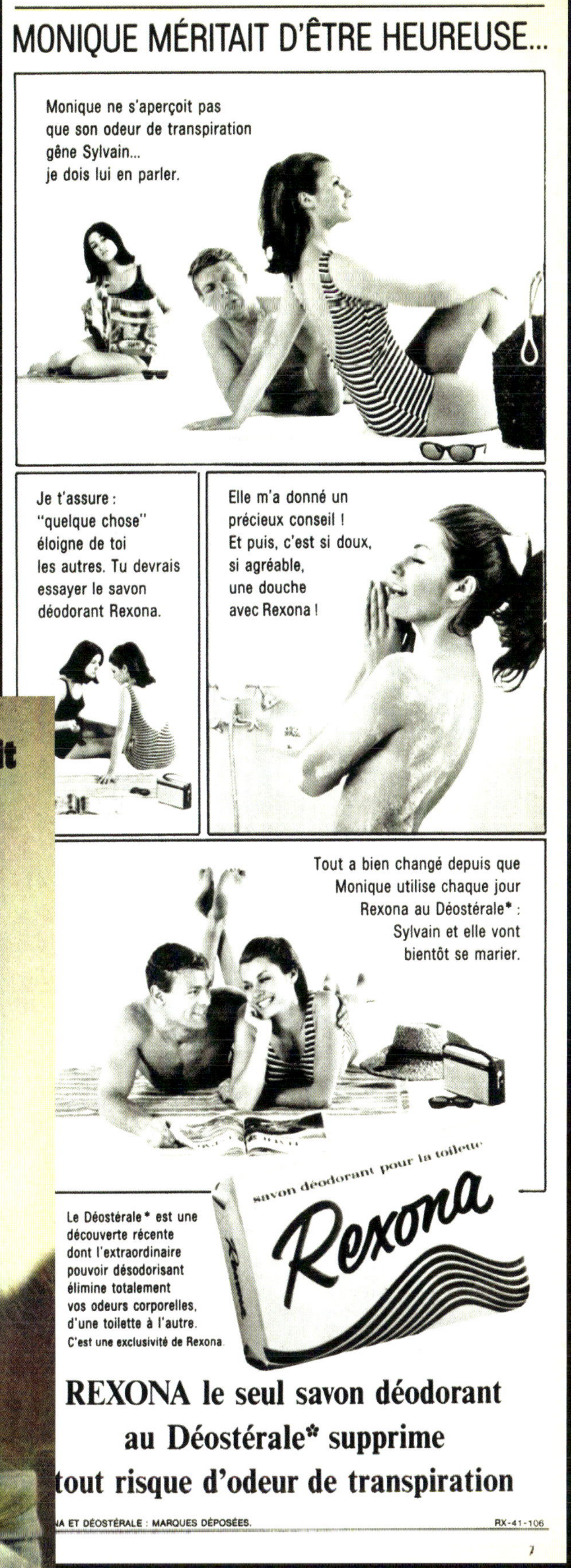

Publicité Rexona, *Nous Deux*, numéro 1000, 11 août 1966.

Couverture du roman-photo « Le Grand Sacrifice », avec Gabriella Farinon et Roel Bos (connu également sous le nom de Glenn Saxson), *Nous Deux*, supplément détachable numéro 1000, 11 août 1966.

Chapitre IV – 1964-1984 : les années d'or, les années vedettes ! 139

Glamour toujours
Les *sixties* illustrées par *Nous Deux*

Les couvertures *Nous Deux* des années 1960 sont comme l'air du temps : gaies, légères et libres. D'une façon générale, elles représentent des couples d'amoureux anonymes, dans des situations de la vie quotidienne qui emmènent néanmoins vers le rêve : les voyages, les moments d'évasion qui symbolisent les débuts d'une société de consommation attirée par l'ailleurs. Il arrive aussi aux illustrateurs de prendre comme modèles des icônes de l'époque, des symboles de la femme belle et libérée comme Brigitte Bardot ou Marilyn Monroe pour citer les plus emblématiques. Les stars se retrouvent ainsi à la une du magazine, mais bien loin de leur actualité du moment. Complètement sorties de leur univers si intouchable, elles sont représentées en couple (avec un inconnu venu de l'imagination du dessinateur !) et… dans la vie de tous les jours !

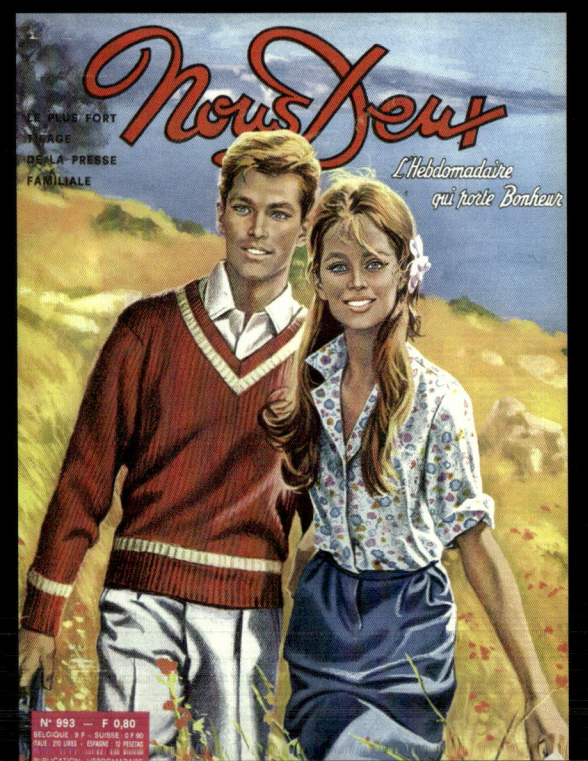

LE PLUS FORT
TIRAGE
DE LA PRESSE
FAMILIALE

Nous Deux

L'Hebdomadaire *qui porte Bonheur*

VOTRE SUPPLEMENT
Nous Deux flash

N° 1150 — 1 F 20
BELGIQUE : 12 F · SUISSE : 1 F 20
ITALIE : 210 LIRES · ESPAGNE : 14 PESETAS
CANADA : 25 CTS · MAROC : 1,38 DIRHAM
PUBLICATION HEBDOMADAIRE

SOUS LES GUIRLANDES

Chapitre IV - 1964-1984 : les années d'or, les années vedettes !

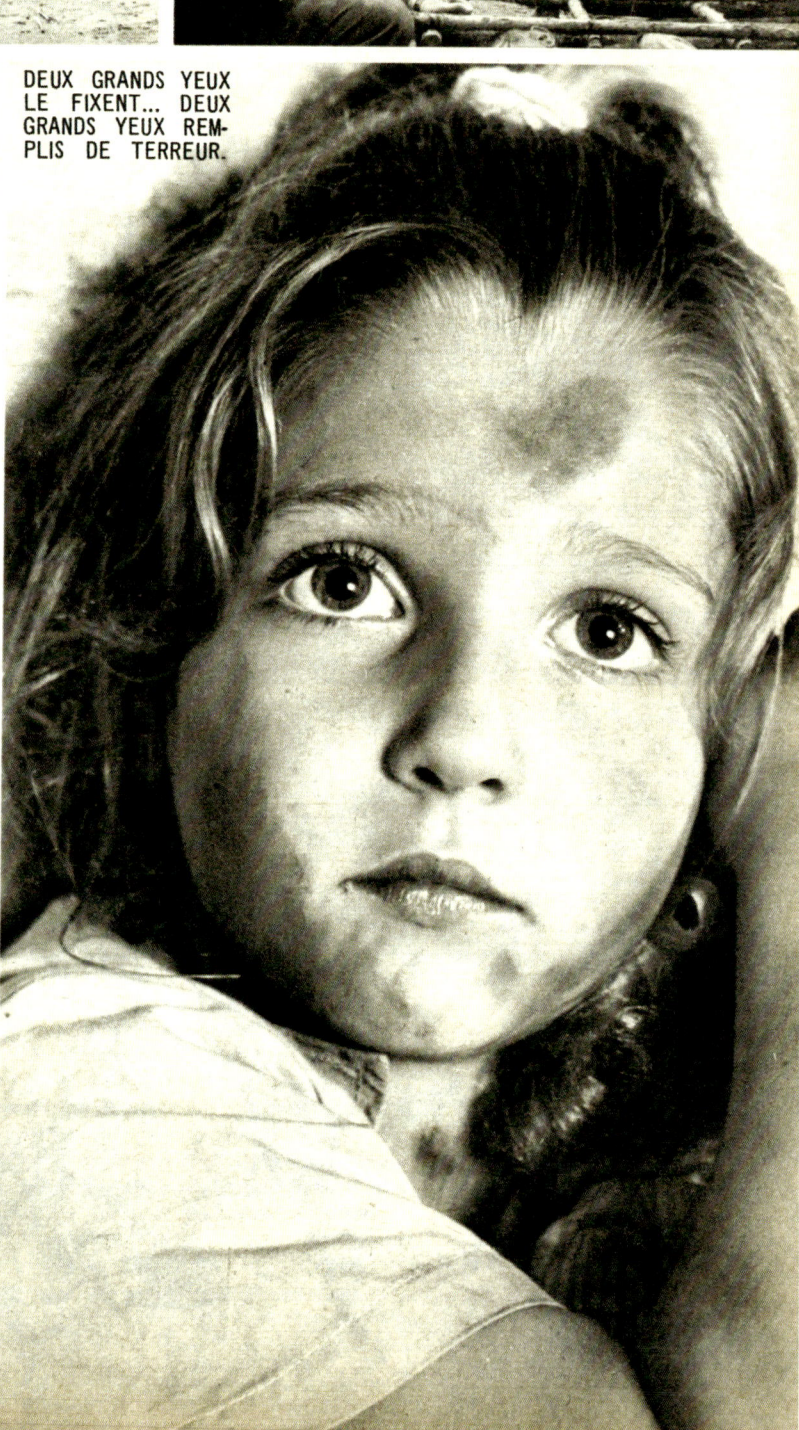

ILS AVANCENT AVEC PRÉCAUTION, PÉNÈTRENT À L'INTÉRIEUR D'UNE FERME ET LE SPECTACLE QUI S'OFFRE À LEURS YEUX LES FAIT FRISSONNER.

PARTOUT, CE NE SONT QUE RUINES ET MORTS.

Ce sont tous des vieux...

Il n'y a ici que la marque du passage de nos ennemis.

POURSUIVANT SA RECONNAISSANCE, ALAN ENTRE DANS UNE MAISON, POINTANT SON FUSIL-MITRAILLEUR DEVANT LUI. SOUDAIN, UN BRUIT LÉGER LE FAIT SE RETOURNER.

Qui va là ?

DEUX GRANDS YEUX LE FIXENT... DEUX GRANDS YEUX REMPLIS DE TERREUR.

PAS DE RÉPONSE, ALAN S'APPROCHE ET CE QU'IL DÉCOUVRE LE PÉTRIFIE.

Chapitre IV - 1964-1984 : les années d'or, les années vedettes !

Société
Quand la guerre fait irruption dans le roman-photo…

Le 22 janvier 1944, Anzio et Nettuno, deux villes situées à trente kilomètres au sud de Rome sont le théâtre de violents combats entre soldats allemands et forces alliées. L'opération *Shingle*, conduite par le Major General John P. Lucas, est destinée à déborder les troupes allemandes de la ligne Gustave afin de permettre une attaque sur Rome. Quand les hommes du deuxième bataillon de fusiliers écossais réussissent à faire une percée sur le littoral, autour d'eux tout n'est que silence et désolation. C'est alors qu'ils découvrent une fillette abandonnée qui erre en pleurs à la recherche de sa mère. Émus, les soldats décident de l'emmener avec eux et la rebaptisent Angelita ; l'enfant en état de choc étant incapable de prononcer un mot. Dès lors, Angelita partage leur quotidien et devient leur mascotte. Mais un jour, au cours d'une attaque, une grenade allemande explose et lui ôte la vie.

Vingt ans plus tard, cet épisode émouvant du débarquement des forces alliées revient à la lumière de l'actualité grâce à la sortie du disque *Angelita di Anzio* du groupe Los Marcellos Ferial.

Également inspirée de cette histoire vraie, « *Angelita* di Anzio » est le titre d'un roman-photo publié en 1964 par le magazine *Bolero Film* et que publiera à son tour *Nous Deux* en 1966 sous le titre « Angelita ». Même si les faits qui y sont racontés demeurent éloignés de la réalité historique, ce roman-photo n'en demeure pas moins un récit douloureux au réalisme poignant dans lequel s'entrecroisent les destins d'hommes et de femmes victimes d'événements qui les dépassent. À noter au générique de ce roman-photo, la présence de Stelvio Rosi, remarqué quelques années plus tôt dans le film *Le Guépard* et celle de l'actrice Marilù Tolo.

Amour impossible entre une jeune Française et un soldat allemand

Publié en 1965 dans *Nous Deux*, « Au-dessus de l'enfer » relate l'histoire d'amour d'Eric von Hakenau, le fils d'un général de l'armée allemande et de Cléo, une jeune fille issue de la bourgeoisie française. Le récit débute en juin 1939. Dans l'in-

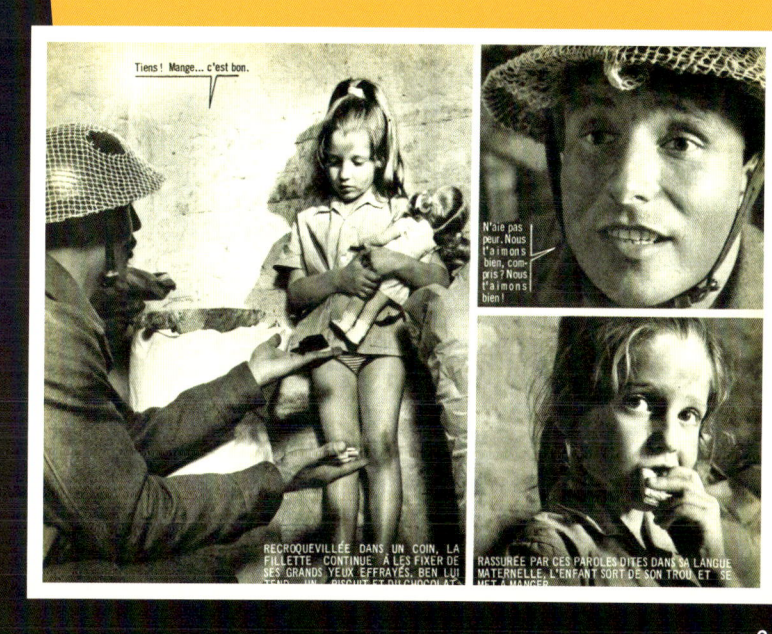

1 et 2. Extraits du roman-photo « Angelita », avec José Ferrante, Stelvio Rosi et Ditmar Christensen, *Nous Deux*, numéro 993, 23 juin 1966. Scénario : Aldo Aldi et Licia Trevisan. Réalisation : Aldo Aldi.

3. Pochette du 45 tours *Angelita di Anzio*, Los Marcellos Ferial, Disques Durium, 45 CN A 9105, 1964.

souciance de leurs vingt ans et de leur amour, nos deux héros ne veulent pas croire à la guerre qui se prépare et qui va inéluctablement les séparer. Eric regagne son pays pour s'engager dans l'armée allemande au grand désespoir de Cléo. Il ignore alors que celle-ci attend un enfant de lui. Lorsqu'un an plus tard le destin les réunit de nouveau, Cléo préfère lui cacher l'existence de son fils d'autant que Flora, sa belle-sœur, a déclaré que l'enfant était le sien pour la sauver du déshonneur. Même si leur amour est intact, la guerre qui fait rage entre la France et l'Allemagne a créé comme un abîme entre eux.

Ce roman-photo, réalisé par Giuliano Lonati et mis en images par Carlo de Marchi, constitue un véritable chef-d'œuvre du genre. Il connaît un succès phénoménal lors de sa première parution dans le magazine italien *Sogno* en 1963. Dans le rôle de Cléo, un visage bien connu des téléspectateurs italiens : celui de Gabriella Farinon qui officie déjà depuis quelques années sur la Rai comme animatrice et speakerine. On l'a par ailleurs déjà vue au cinéma en 1960 dans *Et mourir de plaisir* de Roger Vadim et on la verra quelques années plus tard dans *Signore e Signori, buonanotte*, de Luigi Comencini. Parallèlement à sa carrière télévisée, Gabriella Farinon a tourné un nombre considérable de romans-photos jusqu'au début des années 1970. Dans le rôle d'Eric, un Français, Jean-Mary Carletto (devenu blond pour les besoins du tournage), étoile montante du roman-photo et qui fera l'essentiel de sa carrière en Italie, principalement pour les éditions Lancio.

1 et 2. Extraits du roman-photo « Au-dessus de l'enfer », avec Gabriella Farinon et Jean-Mary Carletto, *Nous Deux*, numéro 961, 11 novembre 1965.

Encore une fois, nous devons attendre, attendre que la haine s'éteigne dans le cœur des hommes, afin que notre amour puisse vivre. Cela adviendra sûrement, Eric !

PENSIF, IL L'ATTIRE CONTRE LUI AVEC DOUCEUR.

Tu ne m'as pas encore accordé le moindre baiser !

Non, Eric nous ne devons pas. Nous ne pouvons pas !

DANS UN MOUVEMENT INSTINCTIF, ELLE S'ARRACHE À LA DOUCEUR DE CET INSTANT

Non, je t'en prie, non !

ERIC LA REGARDE DOULOUREUSEMENT, SANS COMPRENDRE, ELLE SENT QU'ELLE VIENT DE LE BLESSER PROFONDÉMENT, INJUSTEMENT. ELLE LUI SAISIT LA MAIN L'EMBRASSE PRESQUE EN PLEURANT DANS UN ELAN D'AMOUR.

Pardonne-moi, chéri, pardonne-moi !

Crois-moi, mon amour, ma vie t'appartient. Je t'aime, mais nous ne pouvons être l'un à l'autre... maintenant !

Ne me crois pas folle, je t'en prie. Je chercherai à t'expliquer ce que j'éprouve et, peut-être, me comprendras-tu.

Je respecte tes sentiments quels qu'ils soient.

Esthétique
L'influence du cinéma italien

Apparus en Italie au début des années 1960 dans le magazine *Bolero Film*, les romans-photos esthétisants vont très rapidement se distinguer des productions traditionnelles. En effet, ils puisent leur inspiration dans le terreau fertile du néoréalisme, à l'instar du cinéma italien qui connaît alors son apogée avec une multitude de chefs-d'œuvre signés Visconti, Antonioni ou encore Fellini. Ce virage coïncide surtout avec l'ouverture à gauche du pays qui va, contrairement au climat fortement répressif des années d'après-guerre, donner plus de liberté aux créateurs.

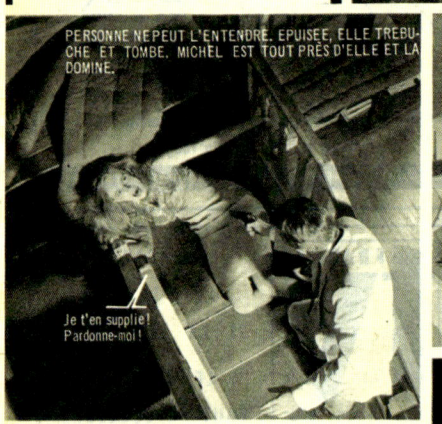

Ainsi, en ce début de décennie, l'Italie, extraordinaire laboratoire social, va offrir aux auteurs de romans-photos du magazine *Bolero Film* tous les matériaux humains nécessaires pour bâtir leurs œuvres. Parmi eux, Licia Trevisan, Aldo Aldi, Fulvio Guarnieri, Elio Monteverdi. À cela vient s'ajouter une mise en pages plus aérée et une esthétique de l'image plus fouillée qui vont apporter aux récits une dimension nouvelle et un niveau d'excellence rarement égalés à ce jour. Les thèmes qui y sont abordés font écho aux problématiques sociétales du pays. Ce changement va *de facto* se répercuter sur la France, dans les magazines *Nous Deux* et *Intimité du Foyer* dont la plupart des productions sont issues de *Bolero Film*. Certains comme « Terrible mensonge », « La Faute », « La mariée était en blanc », « Pourquoi m'as-tu épousée ? », « Angelita », « La Peur », « Une voix dans la nuit » ou « Enchantement » constituent de véritables chefs-d'œuvre et sont à inscrire au panthéon du roman-photo.

Ci-contre, en haut : Extrait du roman-photo « La mariée était en blanc »,
Nous Deux, numéro 898, 28 août 1964.
Ci-contre, en bas à gauche : Couverture de *Bolero Film*, numéro 843, 23 juin 1963.
Ci-contre, en bas à droite : Extrait du roman-photo « La mariée était en blanc », avec Umberto Orsini, Valeria Ciangottini, Giuny Marchesi, *Nous Deux*, numéro 899, 3 septembre 1964.

Ci-dessus, en haut à gauche : Extrait du roman-photo « Incantesimo »,
avec Paolo Giusti et Christin Solvang, *Bolero Teletutto*, numéro 1218, 30 août 1970.
Ci-dessus, en haut à droite : Extrait du roman-photo « *Helga, la donna del quadro* », avec Paola Carta et Michel Rocher, *Bolero Teletutto*, numéro 1136, 8 février 1969.
Ci-contre : Extrait du roman-photo « La mariée était en blanc », avec Umberto Orsini, *Nous Deux*, numéro 898, 28 août 1964.

Chapitre IV – 1964-1984 : les années d'or, les années vedettes !   147

Mario Padovan
Il Maestro de la réalisation

Sa carrière, il l'a débutée en Italie comme acteur de roman-photo en 1951. Mario Padovan n'a alors que 26 ans, mais son visage très photogénique et son physique d'athlète vont immédiatement l'abonner aux premiers rôles. En parallèle, il se produit dans un numéro de catch à quatre aux côtés de la troupe du *Lido* en tournée à Milan. C'est là qu'un soir au cours d'un spectacle, il fait la connaissance d'une ravissante *Bluebell Girl* de nationalité anglaise. Entre eux, c'est le coup de foudre. Mais le contrat de la jolie danseuse arrive à terme, obligeant celle-ci à repartir pour Londres où vit sa famille, au grand désespoir de Mario. N'y tenant plus, il décide de tout plaquer pour aller rejoindre sa belle en Angleterre sans même prendre le temps de la prévenir.

Embauché au bluff par Cino Del Duca

Passé le premier moment de stupeur, toute joyeuse de retrouver l'homme qu'elle aime, la jeune femme le présente à ses parents et officialise ainsi leur relation. Lorsqu'elle décroche un contrat de danseuse à Paris, il la suit. Dans les premiers temps, nos deux tourtereaux ne roulent pas sur l'or et louent une chambre d'hôtel du côté de Pigalle. Mario, qui ne conçoit pas de vivre aux crochets de sa belle, se met activement en quête d'un travail. Lui vient alors l'idée d'aller frapper à la porte de Cino Del Duca devant lequel il se présente ainsi : « Je suis photographe, j'ai fait du roman-photo, est-ce que vous auriez quelque chose pour moi ? » L'éditeur, qui cherche justement à étoffer son équipe du studio de la rue des Bluets, est conquis par le bagout et l'aplomb de ce compatriote qui lui inspire tout de suite confiance. Il l'embauche sur-le-champ. Mario y est allé au bluff et ça a marché. Qu'importe s'il n'a jamais tenu un appareil photo dans ses mains, l'univers du roman-photo lui est familier et il en connaît toutes les ficelles.

Très vite, au sein de l'équipe du studio Del Duca, il imprime sa marque et impose sa suprématie. Il dégage l'énergie d'un volcan. On ne peut que l'admirer mais aussi s'incliner devant lui. Sur les tournages, il dirige ses comédiens avec la même précision que celle d'un réalisateur de cinéma. Il possède un vrai sens de la mise en scène, à l'instar d'un Follini ou d'un Visconti, d'où le surnom de « Maître » qui lui est donné par son équipe. En près de trente ans de carrière, Mario Padovan totalisera à son actif plus de 500 romans-photos et dirigera une centaine de vedettes de la chanson et de la télévision, de Johnny Hallyday à Dalida, en passant par Jacques Martin et Yves Mourousi. Il demeure, avec Hubert Serra, l'un des plus grands réalisateurs de son époque.

1. Portrait de Mario Padovan (collection personnelle Bruno Takodjerad).

2. Couverture du roman-photo « Une âme en peine », réalisé par Mario Padovan, avec Charly Kassapian et Marie-France Ferrand. Supplément détachable d'*Intimité*, numéro 1016, 2 avril 1965.

3. Extraits du roman-photo « La Criminelle », écrit par Floriane Prévot et réalisé par Mario Padovan dans les montagnes de Haute-Savoie. Avec Gil Vidal et Marie-France Ferrand. Supplément détachable de *Nous Deux*, numéro 991, 9 juin 1966.

Portrait de Floriane Prévot (collection personnelle Floriane Prévot).

Couverture de *Rêve* avec Floriane Prévot, numéro 671, avril 1959.

Floriane Prévot
La scénariste vedette

Avec une mère directrice d'un cours d'art dramatique et un père producteur de cinéma, Floriane Prévot était prédisposée à devenir actrice plutôt que scénariste. D'ailleurs, très jeune, elle décroche des petits rôles dans des films comme *Monsieur Taxi* ou *Le Dortoir des grandes*. Habituée à voir défiler chez elle des acteurs tels que Bourvil ou Gabin, elle prend goût à la comédie qu'elle aime jouer, mais sans plus. Ayant l'âme d'une littéraire, elle est davantage intéressée par les grands classiques du répertoire français. De même, elle se sent bien plus à l'aise face à l'objectif d'un appareil photo que devant une caméra. C'est ainsi qu'en 1955, elle fait ses premiers pas dans l'univers du roman-photo en posant pour le magazine *Rêve*. Elle y fait la connaissance de Yannick Boisivon, le premier réalisateur français de romans-photos. Entre deux prises, elle bavarde avec lui et lui confie qu'elle se verrait bien écrire des histoires. Le réalisateur, d'un certain âge et sur le point de cesser son activité, l'incite à se rapprocher des Éditions Mondiales. La rédactrice en chef du magazine *Nous Deux* la reçoit et lui demande d'écrire, pour commencer, un synopsis d'un feuillet qu'elle devra ensuite développer. Au final, elle lui fera réécrire trois fois le découpage avant de l'accepter.

Tout en se familiarisant à l'écriture du scénario, Floriane Prévot continue de poser pour des romans-photos, principalement pour le studio Del Duca. Elle possède un statut particulier, celui d'auteur et d'actrice, ce qui lui offre le privilège d'interpréter la plupart des histoires qu'elle écrit. Mais progressivement elle se concentre davantage sur l'écriture qu'elle préfère et délaisse le métier d'actrice, d'autant que les commandes affluent. Elle devient très rapidement l'une des auteurs « maison » des Éditions Mondiales.

Un rituel bien rodé

À partir de 1966, elle se voit confier l'écriture des romans-photos vedettes des magazines *Nous Deux* et *Télé Poche* selon un rituel bien établi : une réunion est organisée avec le rédacteur en chef du magazine, le réalisateur, la vedette et l'auteur. Au cours de cette réunion, le réalisateur explique à la vedette le travail qui se fait sur un roman-photo. Cette séance de *debriefing* a toute son importance car elle permet à l'auteur d'en savoir un peu plus sur la vedette. Elle s'attarde sur son regard, tente de cerner sa personnalité, la douceur qui en émane ou pas, son autorité, sa séduction car elle ne connaît de cette dernière que ce qu'elle en voit à la télévision. Il lui faut en savoir plus pour nourrir son imaginaire afin de créer un personnage correspondant à son caractère. Le contact humain qui s'établit au cours de cette réunion est primordial. Autant pour certaines vedettes, le personnage lui est difficile à trouver, autant pour d'autres il lui apparaît comme une évidence.

Une fois le synopsis accepté, Floriane Prévot demeure maître du découpage du scénario. Les responsables du magazine, que ce soit *Nous Deux* ou *Télé Poche*, lui font totalement confiance. Elle n'a d'ailleurs pas souvenir qu'une vedette ou son imprésario ait exigé qu'elle réécrive l'histoire, excepté Claude Carrère, le producteur de Sheila. Nous sommes en 1970. Celui-ci la convoque dans ses bureaux pour lui expliquer qu'il envisage de lancer un jeune chanteur dénommé Guy Bayle – futur Ringo – et souhaite qu'il soit le partenaire de la chanteuse dans le roman-photo intitulé « Une hôtesse nommée Sheila », alors en cours de préparation et destiné au magazine *Télé Poche*. Il lui demande donc d'étoffer le rôle du personnage masculin de l'histoire, ce qu'elle fait bien évidemment pour ne pas le contrarier. S'il est vrai que sur ce tournage l'interprète des *Rois Mages* fit la connaissance de celui qu'elle épousera deux ans plus tard, son producteur y a en réalité fortement contribué.

À ce jour, Floriane Prévot détient à son actif le record du plus grand nombre de scénarios écrits pour les Éditions Mondiales, qu'il s'agisse de romans-photos traditionnels ou de romans-photos vedettes.

Photo originale du roman-photo « Le Rebelle », avec Floriane Prévot, *Nous Deux*, 1965 (collection personnelle Floriane Prévot).

Extrait du roman-photo « Une hôtesse nommée Sheila », avec Sheila et Guy Bayle, *Télé Poche*, numéro 267, 24 mars 1971.

Femmes d'Aujourd'hui

HEBDOMADAIRE N° 1244 - 5 MARS 1969 - PRIX : 10 F

PORTUGAL : ESC. 11

HAUTE COUTURE
PRINTEMPS-ÉTÉ

2900
(T. 42)

PATRON GRATUIT DE CE MODELE DANS LE SUPPLEMENT

ÉDITÉ EN BELGIQUE

Couverture de *Femmes d'Aujourd'hui*, numéro 1244, 5 mars 1969.

Hubert Serra
Le « Cecil B. DeMille » du roman-photo

De retour à Paris au début des années 1950 après un séjour militaire en Indochine, Hubert Serra se forme au métier de metteur en pages au sein de la revue *Indochine Sud-Est Asiatique*. Il y côtoie des photographes et cinéastes de talent comme Raoul Coutard, Raymond Cauchetier, Daniel Camus, Pierre Schoendoerffer. À l'issue de sa collaboration à *Indochine Sud-Est Asiatique*, il effectue des piges dans diverses revues avant de se faire embaucher comme metteur en pages aux Éditions Mondiales pour l'hebdomadaire *Modes de Paris*.

C'est ainsi qu'il effectue ses premiers pas dans l'univers du roman-photo. Commence alors un long travail d'observation qui le conduit à vouloir en réaliser lui-même, animé par l'envie d'en améliorer la qualité technique et le contenu. En 1956, avec l'aide de deux amis, des anciens d'*Indochine Sud-Est Asiatique* comme lui, il monte sa propre société de production et loue un local qu'il transforme en studio photo. À peine son équipe constituée, il part réaliser ses deux premiers romans-photos, à Amalfi et à Venise en Italie, pour le compte des Éditions Mondiales avec lesquelles il est resté en contact.

Il travaille ensuite pour les Éditions du Rempart et le quotidien *Le Parisien Libéré* pour lequel il réalisera les premiers romans-photos sous forme de planche quotidienne. Le magazine belge *Femmes d'Aujourd'hui* qui n'en publie pas encore dans ses pages se montre bientôt très intéressé par son travail. Il se rend alors à Bruxelles pour y rencontrer Hélène Werbeeck et Marthe de Prelle, les deux rédactrices en chef de l'hebdomadaire. D'entrée de jeu, elles lui font comprendre que si roman-photo il doit y avoir dans leur magazine, celui-ci doit impérativement se démarquer des productions habituelles et avoir un certain cachet. Entre les deux rédactrices et Hubert Serra, le courant passe très vite, d'autant que notre homme est lui aussi convaincu qu'il existe une autre manière de faire du roman-photo.

Hubert Serra donne ses indications aux comédiens sur le tournage de « Jenny du Tonnerre » adapté du roman de Marie-Louise Assada et publié dans le magazine *Femmes d'Aujourd'hui* en 1970 (Photo : collection personnelle Michel Courant).

Portrait de Hubert Serra (Photo : collection personnelle Michel Courant).

Le maître du « roman-photo littéraire »

Le ton est donné dès sa première réalisation publiée en 1960 dans *Femmes d'Aujourd'hui* et intitulée « Les Chevaux du diable », d'après le roman de Caroline Gayet. Elle marque le début d'une collaboration qui durera vingt-quatre ans. Des années au cours desquelles Hubert Serra va réaliser l'adaptation de grandes œuvres de la littérature romanesque parmi lesquelles *Les Hauts de Hurlevent* d'Emily Brontë, *Le Capitaine Fracasse* de Théophile Gautier, *Madame Bovary* de Gustave Flaubert, *Jane Eyre* de Charlotte Brontë, *Le Rendez-vous d'Essendilène* de Roger Frison-Roche et bien d'autres encore. Au cours de sa carrière, il s'attachera la collaboration de grands photographes dont certains issus de la nouvelle vague du cinéma français comme Raoul Coutard ou Raymond Cauchetier.

Dans ses romans-photos tournés aux quatre coins du monde, rien n'est laissé au hasard, aussi bien dans le choix des décors, du casting que dans celui des costumes, Hubert Serra ayant à cœur de restituer au plus près l'atmosphère du roman. D'où le surnom de Cecil B. DeMille du roman-photo qui est attribué à celui que beaucoup considèrent comme l'un des meilleurs réalisateurs de sa génération. Dans ses mémoires[1], le réalisateur revient sur son métier : « Souvent, la nuit, mes rêves me transportent vers une réalisation imaginaire de roman-photo, dans des endroits mal définis. Je retrouve instinctivement mes réflexes d'autrefois, tant il est vrai que, lorsqu'on a aimé ce que l'on a fait, les rêves viennent vous rappeler que, naguère, vous étiez quelqu'un qui avait une fonction dans la société, même si petite soit elle, et que le métier que vous faisiez était honorable. Je ne sais pas si ces rêves hantent parfois, la nuit, ceux qui ont aimé leur travail. En tout cas moi, pour moi, vingt ans après, ils sont toujours présents. »

1. *Voyage au cœur du roman-photo*, à paraître aux éditions Les Indes Savantes.

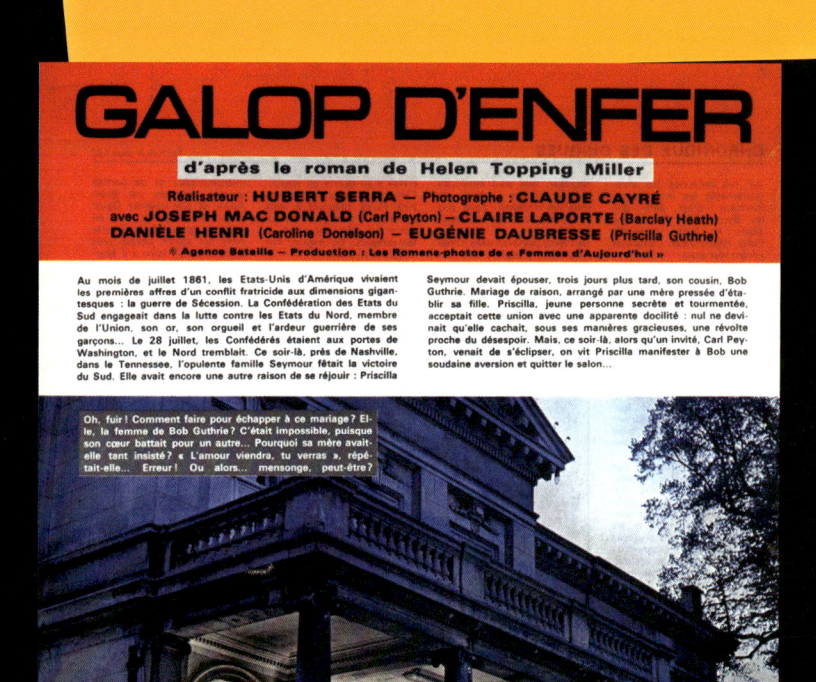

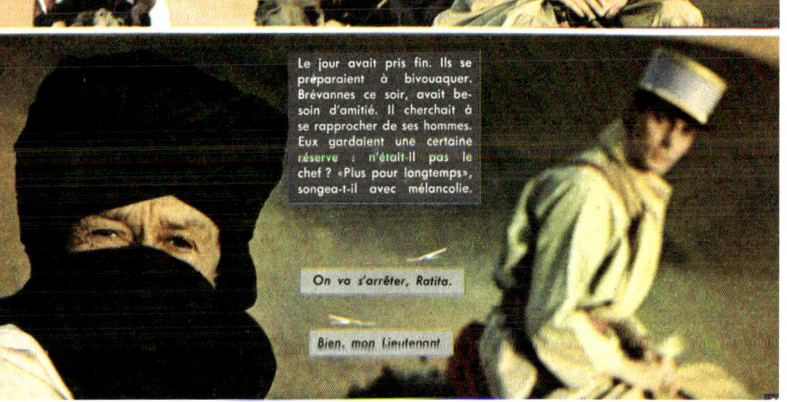

1. Page de gauche : Extrait du 2ᵉ épisode du roman-photo « Galop d'enfer », adapté du roman d'Helen Topping Miller, *Femmes d'Aujourd'hui*, numéro 1274, 1970. Réalisation : Hubert Serra. Photographie : Claude Cayré.

2. Page de gauche : Extrait du 5ᵉ épisode du roman-photo « Le cœur se trompe », adapté du roman de Taylor Caldwell, avec Juliette Villard (photo du dessous). Réalisation : Hubert Serra. Photographie : Serge Berton. *Femmes d'Aujourd'hui*, numéro 1244, 5 mars 1969.

3, 4 et 5. Extraits du roman-photo « Le Rendez-vous d'Essendilène », adapté du roman de Roger Frison-Roche, avec Sabina et Gert Kramer, *Femmes d'Aujourd'hui*, numéros 1046 et 1049, 1965. Ce roman-photo a été tourné en grande partie à Merzouga et Taouz, dans le désert saharien du Sud-Est marocain. Il marque l'apparition des romans-photos en couleurs dans le magazine *Femmes d'Aujourd'hui*. Réalisation : Hubert Serra. Photographie : Claude Cayré.

Remakes
Des *best-sellers* inoubliables

Dans le domaine du roman-photo comme dans celui du cinéma, certaines œuvres rencontrent le succès de façon fulgurante. Le secret de cette réussite ? Sans doute une alchimie entre une histoire passionnante, des acteurs convaincants et un réalisateur de talent. Et, parfois, bien des années plus tard, pour rendre hommage à ces *best-sellers*, un joli *remake* est réalisé !

1961 et 1971 « Le Masque du péché »

Publié successivement en Italie et en France au début des années 1960, « Le Masque du péché » va rencontrer un immense succès des deux côtés des Alpes. La bande-annonce parue dans le n° 729 de *Nous Deux* donne le ton : « La semaine prochaine commencera un passionnant roman d'amour en photos. Le sujet est bouleversant : comment l'époux d'une femme tendrement aimée découvrira-t-il si celle qui vient d'être frappée par un destin aveugle est la sienne ou sa sœur jumelle ? » Au casting de ce roman-photo, l'actrice et animatrice de télévision alors débutante, Gabriella Farinon. À ses côtés, deux stars du roman-photo : Raimondo Magni et Alex Fabiani. Plébiscité par les lectrices, « Le Masque du péché » fera l'objet d'un *remake* en 1971 avec, pour cette version modernisée, de nouveaux visages : ceux de Marcella Michelangeli, Andrea Giordana (fils de l'actrice Marina Berti) et Roberto Mura.

1. Extraits du *remake* du roman-photo « Le Masque du péché », *Nous Deux*, numéros 1250 et 1259, 17 juin et 19 août 1971.

2. Extraits du roman-photo « Le Masque du péché », *Nous Deux*, numéros 730 et 737, 9 juin et 28 juillet 1961.

1. Couverture du *remake* du roman-photo « Le train qui amène Rosy », avec Ornella Pacelli et Luigi Alfieri, *Sogno Color*, numéro 12, 1986.

2. Générique du *remake* du roman-photo « Le train qui amène Rosy », *Sogno Color*, numéro 12, 1986.

3. Générique du roman-photo « Le train qui amène Rosy », *Charme Géant*, numéro 145, octobre 1971.

4. Couverture du roman-photo « Le train qui amène Rosy », *Charme Géant*, numéro 145, octobre 1971.

1971 et 1986 : « Le train qui amène Rosy »

Autre roman-photo qui bouleversa d'innombrables lectrices lors de sa première parution aux éditions Lancio en 1971 : « Le train qui amène Rosy ». Réalisé par Stelio Rizzo, ce récit entrecoupé de nombreux *flash-back* nous fait vivre la passion entre Jo et Rosy, deux jeunes gens issus de milieux sociaux opposés. Ce roman-photo, magistralement interprété par Paola Pitti et Jean-Mary Carletto, deux stars « maison » de la Lancio, fera lui aussi l'objet en 1986 d'un *remake* en couleurs, avec cette fois-ci Ornella Pacelli et Luigi Alfieri dans les rôles principaux.

Poster de Franco Gasparri édité par les éditions Lancio dans les années 1970

Chapitre IV – 1964-1984 : les années d'or, les années vedettes !

Franco Gasparri
Star malgré lui

Son nom demeure indiscutablement lié aux éditions Lancio pour lesquelles il a tourné un nombre considérable de romans-photos sur dix années. Jamais avant lui un acteur n'a atteint un tel niveau de notoriété, non seulement en Italie mais également en France et dans d'autres pays du monde, Lancio étant le premier exportateur mondial de romans-photos avec plus d'une dizaine de titres traduits en plusieurs langues.

Né le 31 octobre 1948 à Senigallia, dans la province d'Ancône, en Italie, Franco Gasparri (de son vrai nom Gianfranco Gasparri) a vécu toute sa jeunesse à Rome. En 1961 et 1962, alors qu'il est encore adolescent, il apparaît brièvement dans deux péplums, *Goliath contro i giganti* et *La Furia di Ercole*. En 1970, son service militaire achevé, il fait ses premiers pas comme acteur de roman-photo en posant pour « *Rendetemi mia figlia* » publié par le mensuel *Sogno*. Encouragé par cette expérience, il démarche la prestigieuse Lancio et apparaît pour la première fois en mai 1970 dans « *Non sai cos'è l'amore* ». Dès lors, les lettres affluent par centaines à la rédaction et sa carrière décolle. En l'espace de quelque mois, Franco Gasparri devient l'un des acteurs vedettes. Le rôle de Ken, le détective privé des *Aventures de Jacques Douglas*, va lui apporter la consécration.

D'un naturel simple, discret et réservé, Franco Gasparri vit sa notoriété avec la distance nécessaire et trouve son équilibre auprès de sa femme Stella qui va lui donner deux filles. Passionné de football, il demeure un fan inconditionnel de la Lazio. Il pratique également l'équitation et la pêche sous-marine, ses deux autres passions. Malgré les sollicitations de publications concurrentes, Franco Gasparri demeure fidèle à la Lancio.

Au milieu des années 1970, le cinéma sera sa seule entorse au roman-photo. On le voit alors apparaître au générique de plusieurs films dont la célèbre trilogie *Mark il poliziotto* dont il est le héros. Le 4 juin 1980, il est victime d'un terrible accident de moto qui le laissera totalement paralysé, mettant prématurément fin à sa carrière. Il vivra cloué dans un fauteuil roulant pour le reste de ses jours et s'éteindra le 28 mars 1999 à la suite de graves problèmes respiratoires. Dans l'une des rares interviews qu'il donnera après son accident, il déclarera : « J'étais beau, riche, célèbre, plein d'espoirs et de projets ; heureux. En un instant, tout s'est terminé. » Fait rare et unique dans le monde du roman-photo, les éditions Lancio lui rendront longuement hommage dans un numéro spécial lors de sa disparition en 1999. Hommage qui se conclut par cette phrase : « La star qui ne voulait pas être star. » La définition la plus juste pour Franco Gasparri.

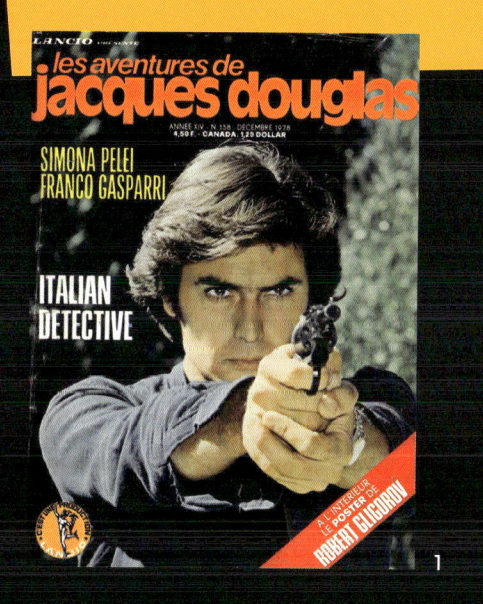

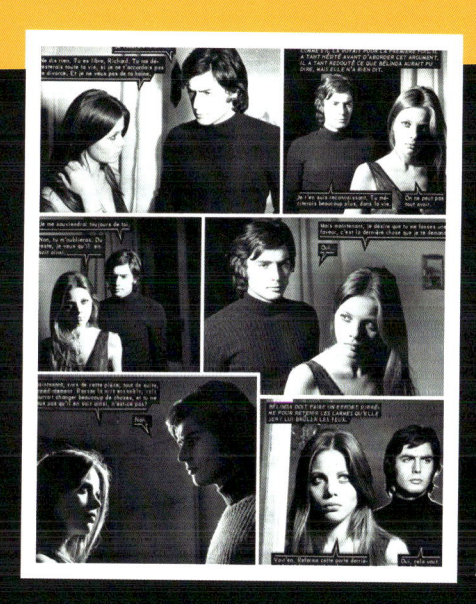

1. Couverture *Les Aventures de Jacques Douglas*, avec Franco Gasparri, numéro 158, décembre 1978.

2. Extrait du roman-photo « Parfois il suffit de regarder les étoiles », avec Franco Gasparri et Claude Rivelli (sœur d'Ornella Muti), *Darling*, numéro 52, juillet 1971.

3. Extrait du roman-photo « Manuela sans lendemain », avec Franco Gasparri et Marina Coffa, *Lancio Color*, numéro 2, juin 1975.

Massimo Ciavarro
La beauté d'un ange

Né à Rome en 1957, Massimo Ciavarro est âgé de 19 ans lorsqu'on lui propose de jouer dans un roman-photo destiné au magazine *Grand Hôtel* et intitulé « *Signora in jean's* », aux côtés de l'actrice italo-serbe Beba Loncar et l'acteur Roberto Risso. Son premier cachet va lui permettre d'aider sa mère qui l'a élevé seule avec ses deux sœurs. Sa photogénie éclatante et sa présence transparaissent dès les premières images. Dès lors, il enchaîne tournage sur tournage tout en poursuivant ses études à la faculté de droit. Il prend rapidement goût au métier d'acteur et finit par renoncer à devenir avocat, profession à laquelle il se destinait.

Il apparaît de plus en plus souvent dans les romans-photos du magazine *Grand Hôtel* mais aussi dans d'autres revues du groupe Universo. En l'espace d'une année, Massimo Ciavarro gagne ses galons de vedette du roman-photo. Ce nouveau métier va le faire connaître à l'étranger où des lectrices assidues de romans-photos le reconnaissent partout dans le monde. Le roman-photo lui donnera d'ailleurs la possibilité de voyager aux quatre coins de la planète, dans des endroits paradisiaques, notamment aux Antilles et à Bali. Entre 1976 et 2006, il jouera dans un certain nombre de films pour le cinéma tout en poursuivant sa carrière d'acteur de roman-photo.

1. Extrait du roman-photo « *Aggràppati alla mia piccola mano* », avec Massimo Ciavarro et Stefania Rado, *Cinecolor*, numéro 15, novembre 1976.

L'icône de *Grand Hôtel*

Comme il se plaît à le répéter, sa popularité, il la doit avant tout au magazine *Grand Hôtel* qui l'a révélé au grand public et pour lequel il tournera plus d'une centaine de romans-photos. Figure emblématique de l'hebdomadaire, son nom figure au générique de « *I potenti* », « *Antenna 3000* » et « *I fratelli Zaccheo* », les trois plus grandes productions de l'histoire du roman-photo publiées entre 1983 et 1984 dans *Grand Hôtel*. Et c'est dans ce même magazine qu'il apparaît en 1998 pour la dernière fois. Il choisit ensuite de se consacrer principalement à la télévision et joue dans plusieurs séries dont une participation en 2006 en qualité de *guest star* à *Terra Nostra 2*, une telenovela brésilienne diffusée sur la chaîne privée italienne Rete 4 ainsi que dans plus d'une dizaine de pays dans le monde. En 2008, il fait un retour sur le devant de la scène médiatique en participant au *reality show L'Isola dei famosi* (édition italienne du programme australien *Celebrity Survivor* diffusé sur la Rai 2) puis en 2011 à *Lasciami cantare*, un programme télévisé de la Rai 1. Aujourd'hui encore, son visage demeure associé au roman-photo dont il a été l'une des plus grandes stars masculines pendant plus de deux décennies.

1. Bande annonce du roman-photo « *I potenti* », *Grand Hôtel*, 1983.
2. Couverture de *Grand Hôtel*, 1984.
3. Extrait du 1er épisode « À qui la faute ? », *Nous Deux*, numéro 2704, 27 avril 1999. Dernier roman-photo tourné par Massimo Ciavarro.
4. Extrait du roman-photo « Le Temps des mensonges », mensuel *Nous Deux Présente*, numéro 287, mars 1977. Premier roman-photo tourné par Massimo Ciavarro.

100 % *seventies*
Nous Deux, numéro 1344 du 4 avril 1973

En couverture, on a la photo d'un couple très « années 1970 » en pleine page. Il n'y a pas de titre, mais seulement le logo *Nous Deux* en lettres jaunes de style « nouille » et l'éternel sous-titre « L'hebdomadaire qui porte bonheur ». Un encadré en bas à gauche indique le prix (1,50 franc). On remarquera en bas à droite, la mention : « le plus fort tirage de la presse familiale ».

Au sommaire, 50 % de fiction, 25 % de pratique et 25 % de publicité. On retiendra notamment :
- Le courrier du cœur. Dans cette rubrique, Daniel Gray se penche sur les problèmes sentimentaux des lectrices. Cette page éminemment importante ouvre le magazine.
- Quatre romans-photos dont « Qui est donc Jennifer ? » (à suivre), « Virage mortel » (11 pages, complet), « La Vie mystérieuse de Muriel » (à suivre) et « Ne ferme pas la porte » (à suivre).
- Des nouvelles, parmi lesquelles *Ma prison de rêve*, *La Poule aux œufs d'or*, *Les Bons Vieux Principes* ou encore *La Cité des Indiens blancs*.
- Deux romans à suivre : *La Vallée des secrets* d'Elizabeth Rénier et *Sables mouvants* de Susan Howatch, un roman traduit de l'anglais.
- « *Nous Deux* Pratique » : on retrouve notamment les rubriques mode, tricot, problèmes juridiques, problèmes sociaux, orientation professionnelle, apprentissage ménager, conseils aux mamans, votre médecin vous parle, beauté, cuisine, jeux ou encore courrier des astres.
- Une bande dessinée : une aventure de *Tarzan*, à suivre au fil des semaines ferme le magazine.
- En bonus, avec ce numéro, *Nous Deux Flash*, le supplément « people et fiction » avec notamment une longue interview de Jean Piat, l'actualité des vedettes mais aussi un roman inédit complet (*Aux douze coups de minuit* de Philippe Mouret).

1972
La dernière couverture dessinée

Depuis 1971, le magazine *Nous Deux* se modernise petit à petit. Son format rétrécit pour être plus en accord avec l'air du temps. Au fil des mois et au détriment des couvertures dessinées, les couvertures photographiées deviennent plus fréquentes. En 1972, le n° 1285 marque l'arrêt définitif des illustrations en couverture. Désormais chaque semaine, à la une du magazine, figure un couple d'amoureux, vêtu selon les aléas de la saison. Ces photos de couples sont réalisées par des agences photographiques qui les vendent au magazine.

1. « La Fête des amoureux », dernière couverture dessinée, *Nous Deux*, numéro 1285, 17 février 1972.
2. Supplément *Nous Deux Flash*, *Nous Deux*, numéro 1344, 4 avril 1973.
3. Générique du roman-photo « Ne ferme pas la porte », *Nous Deux*, numéro 1344, 4 avril 1973.
4. Couverture de *Nous Deux*, numéro 1344, 4 avril 1973.

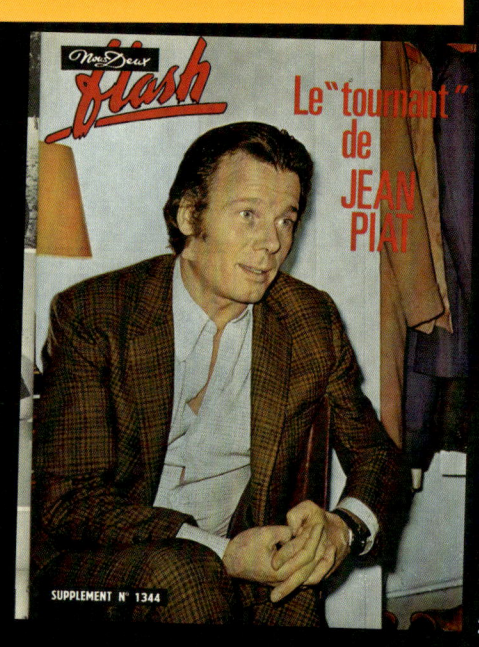

Nous Deux

L'Hebdomadaire qui porte Bonheur

VOTRE SUPPLÉMENT
Nous Deux flash

N° 1344 — 1 F 50
BELGIQUE : 15 F — SUISSE : 1 F 50
ITALIE : 260 LIRES — ESPAGNE : 25 PESETAS
CANADA : 35 CTS — MAROC : 1,73 DIRHAM
PUBLICATION HEBDOMADAIRE

"PREMIÈRES JONQUILLES"

LE PLUS FORT TIRAGE DE LA PRESSE FAMILIALE

ZOOM

Un zeste d'aventure et d'espionnage !

Série Le roi du FBI

Couverture du roman-photo « Avant que meurtre s'ensuive », Le roi du F.B.I., Frank Vermont agent secret, numéro 4, novembre-décembre 1974. Avec Laura Antonelli, Franco Andrei et Luciana Pirani.

Couverture du magazine *Jenifer Top Secret*, numéro 1, juillet 1967. Extrait du roman-photo « Bonjour, la mort ! » avec Nuccia Cardinali et Gianni Gori, *Jenifer Top Secret*, numéro 1, juillet 1967.

Série Jenifer

ZOOM — Un zeste d'aventure et d'espionnage !

Série Jacques Douglas

Couverture du premier numéro *Les Aventures de Jacques Douglas*, avec Michela Roc et Luciano Francioli, octobre 1965.

Extrait du roman-photo « Une fille pour SZ24 », *Les Aventures de Jacques Douglas*, numéro 1, octobre 1965.

Couverture du roman-photo « Un amour qui donne le frisson », avec Luciano Francioli et Adriana Rame, *Les Aventures de Jacques Douglas*, numéro 3, décembre 1965.

Extrait du roman-photo « Un amour qui donne le frisson », *Les Aventures de Jacques Douglas*, numéro 3, décembre 1965.

ZOOM — Un zeste d'aventure et d'espionnage !

Tom Dollar

Couverture de *Bolero Film*, numéro 968, 21 novembre 1965, avec Maurice Poli et Pina Cipriani.

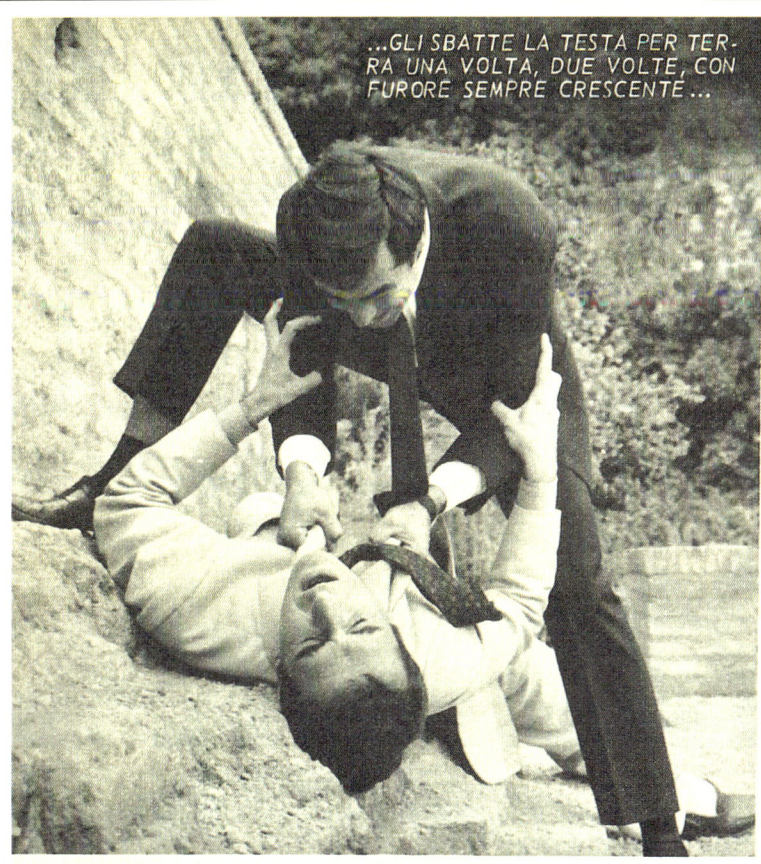

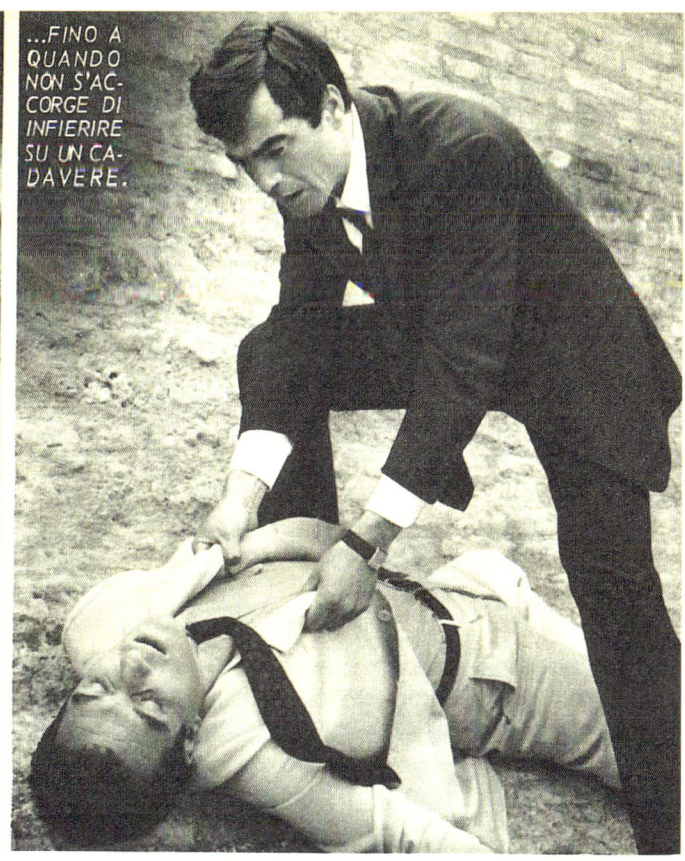

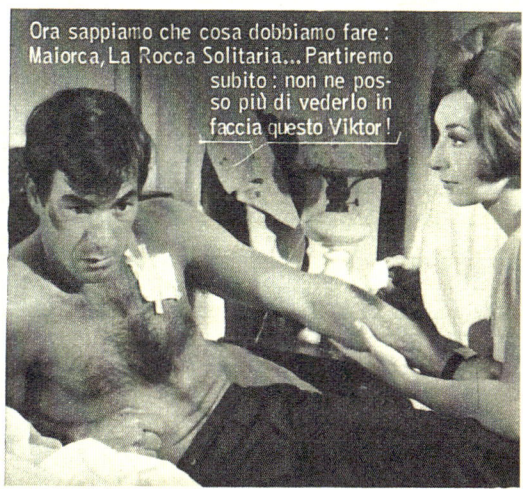

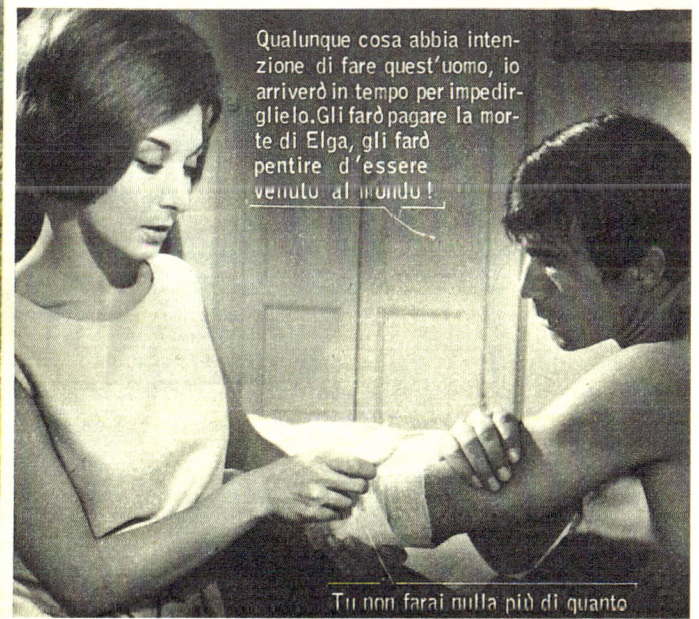

Extrait du 23ème épisode du roman-photo « S.O.S. Salvate l'umanità. Un avventura di Tom Dollar ». *Bolero Film* numéro 990 du 24 avril 1966.

ZOOM — Un zeste d'aventure et d'espionnage !

Série James Bix

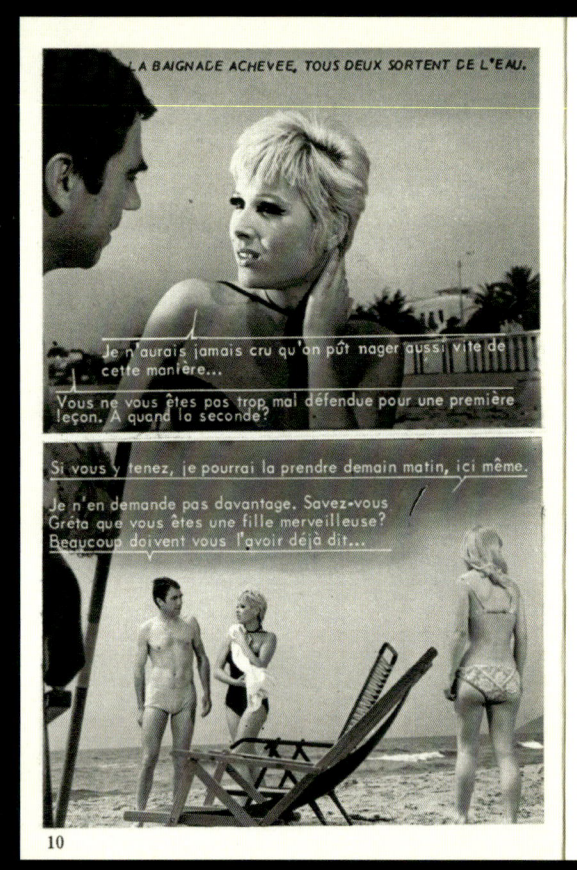

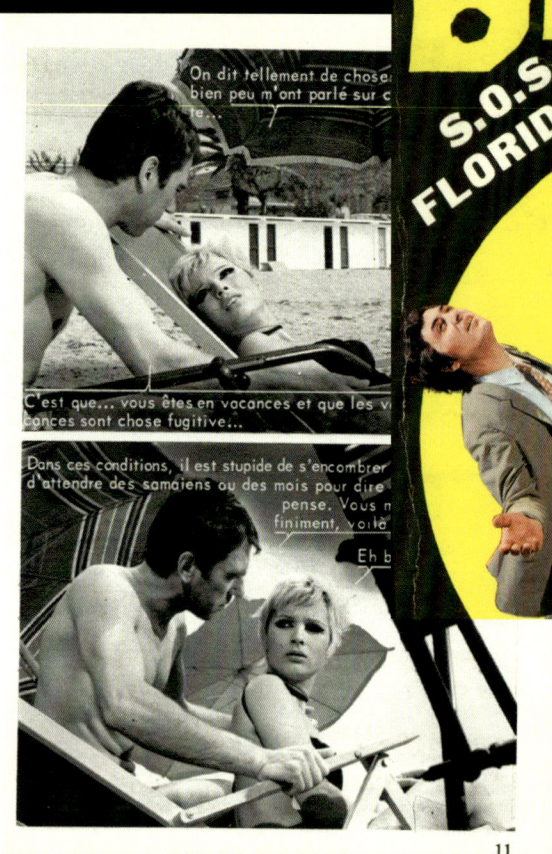

James Bix, « SOS Floride », numéro 3, 1969.

Série Dossier secret

Couverture et extrait du roman-photo « Grabuge en zone ouest », avec Stefano Valle, *Dossier Secret contre-espionnage*, numéro 10, juillet 1969.

Série Lucky Rock

Lucky Rock, « C.I.A. attaque ! », numéro 1, 1968.

ZOOM — Un zeste d'aventure et d'espionnage !

TELE POCHE

DU 15 AU 21 JUIN

NOTRE NOUVEAU ROMAN-PHOTOS

SHEILA et RINGO dans TOP SECRET

1,70 F

BELGIQUE : 15 FB
SUISSE : 1,30 FS

N° 435 - HEBDO
12 JUIN 1974

Couverture de *Télé Poche*, numéro 435, 12 juin 1974, avec Sheila et Ringo.

Sheila et Ringo agents secrets

1. Extrait du roman-photo « Top Secret », avec Ringo, Paola Lanzi et Franck Robert. *Télé Poche*, numéro 437, 26 juin 1974.

2. Extrait du roman-photo « Top Secret », avec Sheila, Ringo et Léo Campion. *Télé Poche*, numéro 439, 10 juillet 1974.

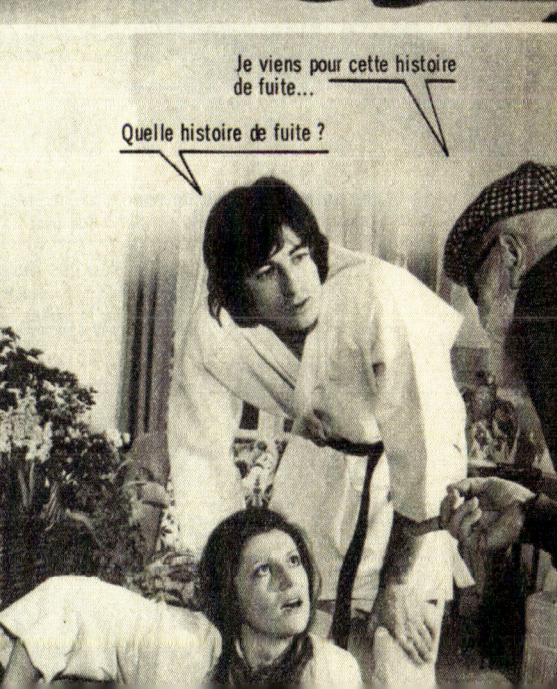

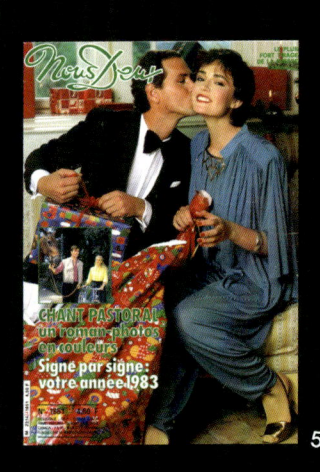

1. Couverture de *Nous Deux*, numéro 1990, 21 août 1985.

2. Couverture de *Nous Deux*, numéro 1837, 15 septembre 1982.

3. Couverture de *Nous Deux*, numéro 1922, 2 mai 1984.

4. Couverture de *Nous Deux*, numéro 2125, 22 mars 1988.

5. Couverture de *Nous Deux*, numéro 1851, 22 décembre 1982.

6. Couverture de *Nous Deux*, numéro 2069, 25 février 1987.

Chapitre V
Les années 1980-1990 : l'âge de raison

Vers la fin des années 1970 les mœurs changent et avec eux les rêves ; les avortements ne sont plus clandestins, le concubinage ne choque plus personne, les divorces se multiplient, de plus en plus de femmes sont mères célibataires…

De nouveaux sujets de société apparaissent dans les romans-photos, comme le chômage, mais le couple reste au centre de l'histoire.

L'arrivée sur les chaînes de télévision françaises des *soap operas* et des *telenovelas* venues d'Amérique et leur immense succès auprès des téléspectateurs marquent le début d'un certain désintérêt pour le roman-photo. En 1989, *Amour, gloire et beauté* et *Les Feux de l'amour*, feuilletons toujours en production à ce jour, sont diffusés sur les chaînes françaises, le premier sur France 2, le second sur TF1.

Couverture de *Nous Deux*, numéro 1852, 29 décembre 1982.

Les *soaps* prêtent leurs acteurs au roman-photo

Diffusé aux États-Unis depuis 1987, *Amour, gloire et beauté* (*The Bold and the Beautiful*) est vendu dans plus de 100 pays et suivi chaque jour par près de 450 millions de téléspectateurs dans le monde, notamment en Italie où il rencontre un succès considérable, à l'instar de *telenovelas* sud-américaines comme *Azucena*, *Topazio* ou *Pasiones*. D'où l'idée en 1990 du magazine italien *Grand Hôtel* d'aller débaucher des vedettes de *soap* et de *telenovelas* pour jouer dans ses romans-photos afin de relancer le genre. Parmi elles, une pléiade de stars : Ronn Moss, Clayton Norcross, Hunter Tylo, Teri Ann Linn, Ethan Wayne (fils du grand John), Shari Shattuck, Grecia Colmenares, Veronica Castro et bien d'autres.

En ce début de décennie, c'est un véritable vent de folie qui souffle sur le roman-photo et qui crée le *buzz* en Italie. Les stars viennent en personne sur les plateaux de télévision pour y faire leur promotion, suscitant lors de leur passage des scènes d'hystérie collective dignes des plus grandes pop stars. Devant le succès rencontré par la publication des romans-photos « California Story » ou encore « Bentornata Zingara », *Grand Hôtel* décide de renouveler l'opération en faisant appel à d'autres grands noms de *soap* et même de feuilletons avec notamment l'acteur américain Jason Priestley, le mythique interprète de *Beverly Hills* ou encore Andrew Shue de *Melrose Place*. Cette déferlante de stars du petit écran durera jusqu'en 1995 avant que le magazine ne choisisse, probablement pour des raisons budgétaires, de refaire appel pour ses rôles principaux à des acteurs de romans-photos italiens. En 2010, *Grand Hôtel* profite de la participation de l'acteur Ronn Moss à l'émission *Ballando con le stelle* (version italienne de « Danse avec les Stars »), pour rééditer « California Story », publié dix ans plus tôt.

Au-delà de ce phénomène, c'est la télévision dans son ensemble qui devient la première concurrente des histoires racontées sur papier glacé. Les Français s'attachent aux héros et héroïnes des grandes séries télévisées françaises à succès : Danièle Évenou fait un carton en 1984 dans *Marie Pervenche*, Rosy Varte fidélise son public avec *Maguy* en 1985 et, dès 1989, Roger Hanin conquiert le cœur des Françaises avec *Navarro*. Même si le contenu de ces séries n'est pas forcément sentimental, le temps passé devant l'écran diminue arithmétiquement celui passé à lire.

Ouverture du roman-photo à suivre « California Story » avec Ronn Moss et Ethan Wayne, *Nous Deux*, numéro 2660, 23 juin 1998.

Supplément détachable de *Grand Hôtel*, numéro 26, 1993, avec Jason Priestley et Darja Misic.

«ALLER JUSQU'AU BOUT»... CES MOTS LUI MARTÈLENT LA TÊTE TANDIS QU'ELLE LÈVE SON COUTEAU ET VISE LA POITRINE DU VIEIL HOMME.

BRUSQUEMENT, SA MAIN TREMBLE. L'ARME S'ABAISSE LENTEMENT, COMME SI ELLE ÉTAIT TROP LOURDE, TROP LOURDE.

Extrait du roman-photo « Sur les traces du diable » avec Grecia Colmenares, *Nous Deux*, numéro 2374, 29 décembre 1992.

Des romans-photos en chansons

1984. Toute l'Europe se trémousse sur les rythmes italo-disco de *Fotonovela*, le tube du chanteur espagnol Iván. « *Vuela / Con tu Fotonovela / Vuela / Mujer Fotonovela…* » : sa chanson évoque les doutes d'un jeune homme face à une amoureuse surnommée « Fotonovela » parce qu'elle lui raconte des histoires comme dans un roman-photo. Curieusement, Iván avait connu un premier succès un peu plus tôt en reprenant le célèbre *Oh Gaby !* d'Alain Bashung. Or, en 1977, ce dernier avait sorti son premier album intitulé… « Roman-photo » ! Au cours de la même période, les romans-photos inspireront C. Jérôme avec son *Roman photos* qui ne rencontrera pas un immense succès, mais aussi l'écrivain Patrick Modiano qui dans sa chanson *Les Romans photos* raconte l'histoire d'une jeune femme, lectrice de romans-photos, qui finit par se jeter sous le métro. Bien loin des *happy ends* qui sont pourtant l'une des spécificités du genre…

D'autres chanteurs moquent eux l'univers particulier du genre, au détour d'un refrain ou d'un couplet. Parmi eux, Daniel Balavoine et son tube *Vivre ou Survivre* dans lequel il nous dit de « Vivre pour toujours / Sans discours sans velours / Sans les phrases inutiles / D'un vieux roman-photo… ». Serge Reggiani, lui, dans *La Tarte à la crème* nous rappelle que certains « Je t'aime » ne sont que des mots et « La tarte à la crème / Des romans-photos ».

Mais, celle qui a peut-être le mieux chanté les romans-photos, sans le vouloir, c'est Line Renaud. En 1946, la chanteuse enregistre son premier 78 tours, lequel comporte un slow intitulé *Nous Deux*. La chanson passe en boucle à la radio. À la même période, Cino Del Duca réfléchit à un titre pour son futur hebdomadaire de romans dessinés dont le premier numéro sortira l'année suivante. La coïncidence est troublante…

1. Pochette du 45 tours « Roman-photo » d'Alain Bashung (1977, Barclay). Photo : Jean-Baptiste Mondino.
2. Couverture de la partition de *Nous Deux*, chanson composée par Henri Kubnik et interprétée par Line Renaud (éditions Micro).
3. Pochette du 45 tours « Fotonovela » d'Iván (1984, CBS).

Hunter Tylo et Marco Predolin dans « Le Vice et la Vertu », *Nous Deux*, numéro 2590, 18 février 1997.

Nous Deux, numéro 2049, 8 octobre 1986. À partir de ce numéro tous les romans-photos sont en couleurs.

Premier épisode du roman-photo à suivre « La Fée des neiges » avec Évelyne Leclercq, *Nous Deux*, numéro 1910, 8 février 1984.

1986 : *Nous Deux* tout en couleurs !

Il faut réagir devant cette nouvelle concurrence, c'est alors que *Nous Deux* fait sa grande révolution ; les romans-photos passent enfin définitivement à la couleur. *Nous Deux* resta longtemps un univers en noir et blanc, à l'exception de la 1re et de la 4e de couverture. À l'origine, cette dernière était consacrée au « Courrier des astres » ou à des publicités pour d'autres journaux du groupe de presse Del Duca. À partir du numéro 137 paru au 1er trimestre 1950, on trouvera sur le dos de la couverture la fin d'une nouvelle, avec une illustration en couleurs et, à partir du numéro 165 (3e trimestre 1950), la dernière page, colorisée, d'un roman-photo. Mais il faudra attendre le 22 décembre 1982 – un vrai cadeau de Noël – pour que la couleur fasse véritablement son apparition dans un roman-photo de *Nous Deux*. L'événement est si extraordinaire qu'il est annoncé sur la couverture. Il s'agit du roman-photo à suivre « Chant pastoral », réalisé par Catherine Sialelli du studio Del Duca, avec Nicole Jamet et Manuel Bonnet dans les rôles principaux. Le 20 juillet 1983 débute un roman-photo à épisodes également en couleurs, « Chevalier de nulle part », avec Plastic Bertrand, réalisé par Mario Padovan d'après un découpage de Floriane Prévot.

Jusqu'en 1985, romans-photos en noir et blanc et en couleurs vont cohabiter. *Nous Deux* adoptera définitivement la couleur pour tous ses romans-photos le 8 octobre 1986.

Les romans-photos changent de look !

Si, modernisation des mœurs oblige, le prince charmant et la jeune fille pauvre sont remplacés par le médecin urgentiste et l'étudiante en droit, la mode profite elle aussi de cette évolution technique du passage à la couleur pour faire une entrée tonitruante. À l'instar des séries *Dallas*, *Chapeau melon et bottes de cuir* ou *Amicalement vôtre*, nous assistons à un défilé de coiffures et de tenues typiquement *eighties* ! Mais, heureusement l'amour, lui, ne change pas…

Extrait du roman-photo « Chant pastoral » avec Nicole Jamet et Manuel Bonnet, *Nous Deux*, numéro 1861, 2 mars 1983.

Chapitre V - Les années 1980-1990 : l'âge de raison

Couverture de *Nous Deux*, numéro 1840, 6 octobre 1982

La plupart des tournages se font toujours en Italie, les textes sont traduits et adaptés au public français, mais le journal pressent qu'il faut un renouveau. Entre 1986 et 1989, Les Films du Lézard, dirigés par Christian Creuzot et Olivier Nicolas, réalisent une trentaine de romans-photos en couleurs pour *Nous Deux* et *Intimité*. Une tentative est faite en Floride dans les années 1990, mais ces collaborations ne dureront pas.

La bio de Jean-Paul Gaultier version roman-photo

En 1990, les éditions Flammarion éditent *À Nous Deux la mode*, un livre de 96 pages dans lequel le couturier Jean-Paul Gaultier raconte avec humour son enfance et ses débuts dans le métier. Clin d'œil aux romans-photos qu'il avoue avoir lus petit, cette autobiographie est réalisée en étroite collaboration avec l'équipe de *Nous Deux*. Le roman-photo est tourné en partie à Milan par la société

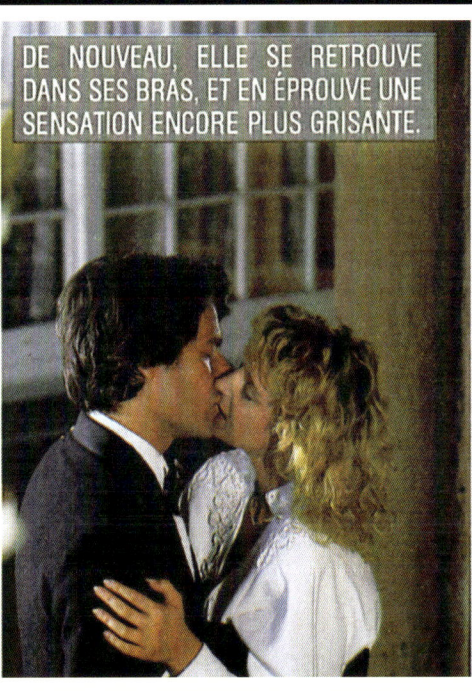

Extrait de « Un an de folie », réalisé par Fotoroservice, Milan, *Nous Deux*, numéro 2068, 18 février 1987.

Extrait de « Pour un empire », *Intimité*, numéro 2011, 25 mai 1984, avec Corinne Cléry, l'héroïne d'*Histoire d'O* de Just Jaeckin en 1975 et Mark Bodin.

Circus avec leurs acteurs habituels, et en partie lors d'un défilé du couturier, où les *guest stars* telles que les Rita Mitsouko, Jean Teulé, Françoise Verny, Caroline Loeb, Yvette Horner ou encore Nina Hagen jouent tous leur propre rôle ! La photo de couverture est réalisée par Pierre et Gilles ; le logo emblématique du journal est repris avec nostalgie et tendresse dans le titre. La préface est signée Monique Pivot, le scénario et les dialogues sont l'œuvre de l'écrivain Patrick Rambaud.

En 1994, le groupe de presse anglais Emap rachète la trentaine de titres des Éditions Mondiales et devient le troisième éditeur de magazines français, après Hachette et Prisma.

Une soirée Thema très romantique

Le 15 février 1998, Arte organise, en partenariat avec *Nous Deux*, une soirée Thema spéciale Saint-Valentin intitulée « L'amour rêvé. Du roman-photo à la littérature sentimentale ». Le dossier de presse donne le ton : « le roman-photo, le roman sentimental, la presse du cœur retrouvent leurs lettres de noblesse ». Pour expliquer comment sont fabriquées ces fictions sentimentales, Arte confie à Sólveig Anspach la réalisation de trois documentaires : « Barbara, tu n'es pas coupable », un 52 minutes consacré au magazine *Nous Deux*, à ses lecteurs et aux tournages de romans-photos, un 26 minutes : « Ficelles sentimentales » et un 12 minutes : « Le Comité », consacré au comité de lecture qui vient d'être mis en place au journal. Au lieu de s'exclamer comme souvent, avec un peu de condescendance : « Ah *Nous Deux*, ça existe encore ? », la chaîne explique pourquoi ce genre si particulier continue à plaire en cette veille de l'an 2000.

Un roman-photo signé *Télérama*

Un an auparavant, pendant l'été 1997, *Télérama* avait publié pendant huit semaines un roman-photo intitulé « L'Énigme du fétiche noir », qui sera également édité en hors-série. Photographié en noir et blanc et mis en scène par Xavier Lambours, ce roman-photo esthétisant peau-

C'était les années 1980

- **Le libéralisme entre en scène,** avec en particulier les politiques de Ronald Reagan aux États-Unis et de Margaret Thatcher en Angleterre.

- **Cinquante ans après ses débuts, la guerre froide s'achève** : à partir de 1985 les régimes communistes des pays de l'Est s'effondrent un à un, jusqu'à la chute du mur de Berlin le 9 novembre 1989.

- **En 1981, François Mitterrand** devient le premier président de la République française socialiste, marquant un tournant et un espoir immense dans la politique après 23 années de pouvoir pour la droite.

- **Coluche crée Les Restos du Cœur** en septembre 1985. Le premier hiver, 8,5 millions de repas gratuits seront servis aux plus démunis. Le 19 juin 1986, Coluche se tue dans un accident de moto, mais l'impulsion est donnée.

- **On en parlait…** Le film *La Boum* avec Sophie Marceau, la chanson *Joe le taxi* de Vanessa Paradis, la série *Dallas*, la mort de Daniel Balavoine, le Compact Disc, le style ethnique de Kenzo, la marinière de Jean-Paul Gaultier.

Extrait du roman-photo « Quand reviendra l'hirondelle… », *Nous Deux*, numéro 2118, 3 février 1988.

Couverture de l'autobiographie de Jean-Paul Gaultier, *À Nous Deux la mode*, éditions Flammarion, 1990.

Nous Deux

HEBDO N° 2693 DU 9 AU 15 FÉVRIER 1999

Numéro spécial

SAINT-VALENTIN
DE L'AMOUR A TOUTES LES PAGES

M 2214 - 2693 - 8,00 F

ISSN : 0299-70-61 - Allemagne : 4,70 DEM - Grèce : 650 GRD - Espagne : 310 PES - Maroc : 15 MAD - Antilles-Réunion-Guyane : 9,60 F - Belgique : 102 BEF - Suisse : 4,50 CHF - Canada : 3,50 $

Couverture de *Nous Deux*, numéro 1693, 9 février 1999.

fine les éclairages grâce au talent du chef opérateur Laurent Machuel et décline la maquette dans un visuel léché et original. Richard Bohringer et Ludmila Mikaël sont parfaits dans les rôles principaux. Les rôles secondaires, Jean-Claude Dreyfus, Roland Bertin, Jean Benguigui et Guy Bedos, se prêtent, non sans malice, au jeu du scénario un peu abracadabrant d'Olivier Cena. En guest star on trouve Roland Blanche, Romane Bohringer, Michael Lonsdale et, pour une unique photo, Jean-Pierre Darroussin… Plutôt respectueuse du genre, l'équipe semble s'être bien amusée dans cet hommage à un mode d'expression qui se prête aux déclinaisons les plus talentueuses.

La Saint-Valentin par Pierre et Gilles

Nous Deux se veut dans le coup en demandant en 1999 à Pierre et Gilles, célèbre duo d'artistes branchés, de créer une couverture pour la Saint-Valentin. Influencés par le Pop Art, le photographe Pierre Commoy et le peintre Gilles Blanchard jouent depuis 1976 avec les codes et leur transgression. Leurs images colorées et oniriques mélangent le kitsch et les références classiques ; elles s'inspirent de Bollywood, des images pieuses, de la pornographie… Les photographies retouchées à la peinture mettent en scène les personnages sublimés dans des décors décalés. Les thèmes sont issus de la culture pop et gay. Les deux artistes ont réalisé des pochettes de disques et photographié de nombreux artistes tels Étienne Daho, Lio, Amanda Lear, Catherine Deneuve, Serge Gainsbourg, Madonna, Mireille Mathieu, Régine, Kylie Minogue, Laetitia Casta, Alain Chamfort, etc.

La couverture que Pierre et Gilles réalisent pour *Nous Deux* s'inspire des « Amoureux » de Peynet : le jeune homme offre un cœur à sa belle, les colombes protègent le couple, le balcon est joliment fleuri, la lune, bienveillante, veille sur eux. Décalage et hommage : là où on aurait pu s'attendre à une couverture au second degré, l'image est tendre et respecte le lectorat.

Couverture de *Télérama*, numéro 2476, 28 juin 1997.

Dernière image du roman-photo « L'Énigme du fétiche noir », *Télérama*, numéro 2483, 16 août 1997.

People
Le roman-photo séduit encore !

Même si la grande époque des romans-photos vedettes est passée, quelques stars de la chanson et du petit écran se laissent encore séduire par le tournage d'un roman-photo pendant les années 1980. Quatre d'entre elles ont marqué de leur empreinte l'histoire de *Nous Deux* et de *Télé Poche*.

Chantal Nobel
Son roman-photo prémonitoire !

Le 28 avril 1985, la France est bouleversée par le terrible accident de voiture qui laisse Chantal Nobel dans un coma profond. L'actrice est en pleine gloire, notamment grâce au feuilleton télévisé à succès *Châteauvallon*. Quelques semaines avant ce tragique événement, elle avait participé au tournage d'un grand roman-photo pour *Nous Deux*, « Désert et Oasis ». Chantal Nobel y partage la vedette avec Luc Merenda, son partenaire dans *Châteauvallon*. Ce dernier est d'ailleurs un habitué du genre puisqu'il tourne régulièrement des romans-photos en Italie.

Comme un vilain présage, au début de « Désert et Oasis », Chantal Nobel est aussi victime d'un accident au cours d'un rallye automobile. Mais dans l'histoire, elle sera évidemment sauvée par celui qui deviendra l'homme de sa vie. La fiction est souvent plus belle que la réalité…

Extrait du roman-photo « Désert et Oasis », *Nous Deux*, numéro 1985, 17 juillet 1985.

Karen Chéryl
Une double identité

Après une première expérience avec le roman-photo pour le magazine *Nous Deux* en 1977, Isabelle Morizet alias Karen Chéryl renoue avec le genre en interprétant son propre rôle dans « Karen et son double », publié dans le magazine *Télé Poche* en 1980. Dans cette histoire, Karen est victime d'un sosie qui se fait passer pour elle dans les lieux où la chanteuse a ses habitudes dans le seul but de la discréditer et de nuire à sa carrière.

1. Couverture de *Télé Poche*, numéro 740, 16 avril 1980, avec Karen Chéryl.

2. Extrait du roman-photo « Karen et son double », publié dans *Télé Poche*, numéro 748, 11 juin 1980.

Dave
Du côté de Brasilia

« Aventure et danger, c'est le lot quotidien de Jan, grand reporter d'agence de presse. Et en vacances, c'est l'amour qui deviendra pour lui mystère. » C'est par ces mots quelque peu alambiqués qu'est présenté le héros de « Midi à Brasilia » tourné en 1985 et campé par Dave. Pour lui donner la réplique, une jeune beauté blonde et fraîche : Olivia Rome (qui n'est autre qu'Olivia Adriaco, chanteuse et animatrice de télévision). À l'époque, le chanteur connaît une petite traversée du désert, ce qui ne l'empêche pas de se prêter au jeu avec le professionnalisme et l'humour qui le caractérisent. Résultat : des images dynamiques et positives, très *eighties*. Pour Dave, il ne s'agit pas, en réalité, de sa première incursion dans le roman-photo : en 1979, il avait incarné son propre rôle dans « Du côté de Saint-Tropez », un roman-photo destiné à *OK Magazine*.

Extraits du roman-photo « Midi à Brasilia », *Nous Deux*, numéro 2023, 9 avril 1986.

Jean-Luc Lahaye
Une histoire (presque) vraie

En 1987, Jean-Luc Lahaye est la vedette d'un roman-photo pour *Nous Deux* intitulé « Je m'appelle Jean-Luc » et adapté de son autobiographie *Cent familles* parue aux éditions Carrère-Lafon deux ans auparavant. Dans ce roman-photo entièrement tourné en Italie par les studios The Best, à Rome, le chanteur joue son propre rôle à l'âge adulte.

1. et 2. Couverture de *Nous Deux* et extrait du roman-photo « Je m'appelle Jean-Luc », numéro 2061, 1984.

Chapitre V – Les années 1980-1990 : l'âge de raison   187

Couverture de *Intimité du foyer*, numéro 593, 22 février 1957.

Couverture de *Intimité du foyer*, numéro 636, 20 décembre 1957.

Couverture de *Intimité du foyer*, numéro 634, 6 décembre 1957.

Couverture de *Intimité du foyer*, numéro 641, 24 janvier 1958.

Monique Pivot
La « Dame de cœur »

Monique Pivot entre en 1959 aux Éditions Mondiales comme secrétaire de rédaction. Elle travaille pour plusieurs journaux féminins : *La Vie en fleur*, *Nous Deux*, *Modes de Paris*, *Intimité*. « Il y avait à l'époque du roman-photo partout, dit-elle. Tous venaient d'Italie, excepté ceux avec des vedettes, tournés au studio Del Duca par Mario Padovan. En général on achetait les planches déjà montées avec des textes italiens qu'on adaptait. On corrigeait les textes sur des calques posés sur de grandes planches numérotées sur lesquelles étaient collées les photos. Puis le tout partait à l'imprimerie, le processus était assez long. »

Monique Pivot devient rapidement responsable de *Nous Deux* et *Intimité*, qu'elle dirigera jusqu'en 1992. Outre les romans-photos et les nouvelles, elle s'occupait également des pages féminines de *Paris Jour*.

Les années Cino Del Duca

Elle évoque avec nostalgie les années où Cino Del Duca était le patron : « Il savait ce que voulaient les gens. » Grand seigneur, il emmenait souvent ses collaborateurs en « villégiature » à Monte-Carlo, Monique se souvient de dîners gais et animés. Il arrivait tous les matins rue des Italiens dans une Cadillac blanche avec chauffeur. Les Éditions Mondiales étaient logées dans des bureaux biscornus, qui formaient un véritable dédale, sur plusieurs niveaux. Un jour Cino Del Duca fit le tour des pièces pour présenter à ses collaboratrices une jeune fille timide qui n'était autre que… Mireille Mathieu. Elle faisait alors ses débuts dans la chanson. Son premier roman-photo paraîtra en 1966.

À la mort de son mari, Simone Del Duca reprend les rênes de l'entreprise. Très à cheval sur les principes, elle gère son « empire » avec beaucoup de rigueur. Quand le groupe de presse change de mains, au début des années 1980, « il était temps d'ouvrir un peu les fenêtres… »

Le 30 octobre 1985, *Nous Deux* fête fièrement son numéro 2000 : à l'époque un million d'exemplaires sortent des imprimeries Del Duca. Des nouvelles inédites, signées par des écrivains connus, François Nourissier, Nadine de Rothschild, Françoise Xenakis, Cécile Aubry, Frédéric Dard… rappellent, le temps de ce numéro anniversaire, l'époque où d'autres plumes célèbres signaient les fictions sentimentales. Et, cadeau amusant, les pages intérieures reproduisent la couverture du premier numéro de 1947…

Le roman-photo se dynamise

En décembre 1985, pour sortir le roman-photo de son ghetto, attirer le milieu publicitaire et – accessoirement – fêter le centenaire de la mort de Victor Hugo, Monique Pivot fait appel à Françoise Mallet-Joris et Patrick Rambaud pour une adaptation contemporaine de *Hernani*. Le roman-photo en neuf épisodes sera publié dans *Intimité*. Elle y joue même un petit rôle : chargée de transporter de la cocaïne pour le compte de la Mafia sicilienne, elle entraîne dans son jeu Évelyne Pagès, Pierre Perret, Paul Bocuse et Jacques Séguéla. Elle avoue qu'en pastichant ce chef-d'œuvre classique, tous se sont bien amusés. Et, avec le recul, Monique Pivot considère que le mérite de la presse du cœur est d'avoir amené des générations de femmes à la lecture…

1. « Le Jeu des masques », roman-photo avec Maria Schneider, réalisé par les studios The Best à Rome, album coédité par *Intimité* et Gallia publicité en novembre 1984.

2. Monique Pivot et Paul Bocuse dans le roman-photo « Hernani », *Intimité*, numéro 2097, décembre 1985.

Réalisation
Trois personnalités incontournables

Au cours des années 1980-1990, les romans-photos sont encore majoritairement faits en Italie. La plupart des réalisateurs sont d'anciens acteurs et possèdent un savoir-faire précieux. Trois d'entre eux ont marqué cette période pour *Nous Deux*.

1. Extrait du roman-photo « *Paura di svegliarsi* », réalisé par Tonna. *Bluejeans color*, numéro 17, octobre 1977.
2. Massimo Tonna et l'actrice Jennie Garth (collection Tonna).
3. Extrait de « *I nostri lunghi dolcissimi silenzi* », réalisé par Tonna. *Genny*, numéro 32, janvier 1977.

Massimo Tonna – Italie

Massimo Tonna a 16 ans lorsqu'il est abordé, promenant son chien dans les rues de Rome, par un couple qui cherche un jeune homme pour tourner dans le film *Un eroe del nostro tempo* réalisé par Sergio Capogna. Fils d'avocat, rien ne prédisposait le jeune Massimo à fréquenter le milieu du cinéma. Il se retrouve pourtant au Festival de Venise en cette année 1960. Massimo enchaîne alors les rôles, il fait même une apparition dans *Le Guépard* de Visconti en 1963. Marié à 19 ans, père très jeune de 4 enfants, il n'a pas les moyens d'attendre que le téléphone sonne et qu'on lui propose des rôles. Un ami lui demande alors de faire l'acteur dans des romans-photos. Massimo se lance dans l'aventure.

Plus de 3 000 tournages

Dès 1966, il décide de passer de l'autre côté de la caméra et devient réalisateur. Il tourne d'abord pour Franco Bozzesi, l'éditeur des *Films du cœur* et *Star Ciné-roman*, puis pour *Sogno*. Rapidement, il commence aussi à travailler pour des productions françaises, chez Canal, une société qui publiait des romans-photos polars, violents et érotiques. Il enchaîne également les tournages pour les éditions Condor, la Lancio ou les Éditions Mondiales. Il réalise plusieurs de ces romans-photos avec des acteurs américains et des stars italiennes.

En 1996, grâce aux relations gardées avec Marie-Catherine Zazzali en charge des romans-photos, il reprend contact avec *Nous Deux* et n'a pas cessé depuis de travailler pour le magazine. Il fut un temps où Massimo tournait dix romans-photos par mois et il compte à son actif plus de 3 000 tournages. Près de cinquante ans après ses débuts, son énergie et son enthousiasme sont restés intacts : le roman-photo, c'est tout simplement sa vie. Et pour résumer cette incroyable expérience, il dit en riant : « C'est un métier où on touche à tout. Aujourd'hui je suis un bon photographe, un expert en lumière, chorégraphe, costumier, maquilleur… ça a été une expérience *bellissima*. »

1. Extrait du roman-photo « Les Ailes de l'amour ». *Nous Deux*, numéro 2602, 13 mai 1997.

2. Extrait du roman-photo « Le Souvenir d'un enfant » réalisé par Tonna. Il joue lui-même le rôle d'Alain aux côtés d'Evi Farinelli. *Carnet du cœur*, numéro 12, décembre 1968.

3. Extrait du roman-photo « À jamais » réalisé par M.M. Tarantini, *Secrets du cœur*, numéro 23, mars 1965. Tonna y joue aux côtés de Marilu Perrini.

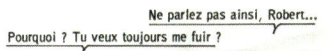

Carlo Micolano – Italie

Pendant les années 1960, Carlo Micolano débute au cinéma comme simple figurant. Il participe ainsi à des films de premier plan, comme *La Bible* de John Huston en 1966. Après avoir décroché quelques seconds rôles dans des films commerciaux, il choisit de se tourner vers la production. Mais le cinéma italien connaît une grave crise au cours des années 1980, et Carlo Micolano plonge dans le grand bain du roman-photo.

Il devient bientôt réalisateur à *Grand Hôtel*. Le roman-photo reste encore très populaire en Italie à cette époque et le magazine y consacre d'importants moyens. Micolano a gardé de ces années d'excellents souvenirs, en particulier lors des tournages de « I potenti » et de « I fratelli Zaccheo ». On s'inspirait alors beaucoup des séries cultes comme *Dallas* ou *Dynastie*. Les stars comme Fabio Testi, George Hilton ou Agostina Belli avaient chacune leur propre roulotte, les décors étaient fastueux, la presse italienne parlait de « Fotoromanzo come Hollywood » !

L'homme des mutations

Au cours de la décennie suivante, Carlo Micolano est amené à diriger plusieurs grandes stars de *telenovelas* et de *soap* américains, comme Jason Priestley, Ronn Moss, Grecia Colmenares ou encore Veronica Castro. Le réalisateur se souvient encore de leur professionnalisme lors des tournages. Ces acteurs tenaient à connaître les détails du scénario et la psychologie de leur personnage, « une chose bien rare chez les acteurs italiens », d'après Micolano. Et pour ce dernier, ces acteurs avaient d'autant plus de mérite que le roman-photo n'existait pas en Amérique et que cette façon statique de jouer était nouvelle pour eux.

L'époque a bien changé. Avant, les acteurs de romans-photos étaient de vraies divas, à l'instar des acteurs de cinéma ; désormais, le roman-photo ne produit plus de stars mais les emprunte au monde de la téléréalité ou de la fiction télévisée. Leur notoriété ne dure souvent qu'une saison. La photo numérique a révolutionné les prises de vue. Autrefois, on faisait au moins trois prises et l'on devait attendre le développement pour choisir la meilleure image ; aujourd'hui, tout se fait en temps réel. On peut contrôler sur-le-champ la lumière, l'expression des acteurs…

Mais, pour Micolano, le plus grand changement de ces dernières années, c'est surtout l'adaptation du roman-photo aux mutations de la société. Hier, on recherchait avant tout l'évasion ; aujourd'hui, le roman-photo est plus souvent en relation avec des sujets d'actualité. Ainsi, la drogue, la corruption ou la prostitution sont désormais des thèmes abordés régulièrement.

1. Carlo Micolano, acteur dans le roman-photo « La Chanson de Bella », le hors-série *Nous Deux présente*, numéro 275, 1ᵉʳ trimestre 1976.

2. Extrait de « L'Invité du château Belfiore », *Nous Deux*, numéro 3384, 8 mai 2012.

3. Extrait de « Bali, de l'enfer au paradis » réalisé par Carlo Micolano, *Nous Deux*, numéro 2117, 27 janvier 1988.

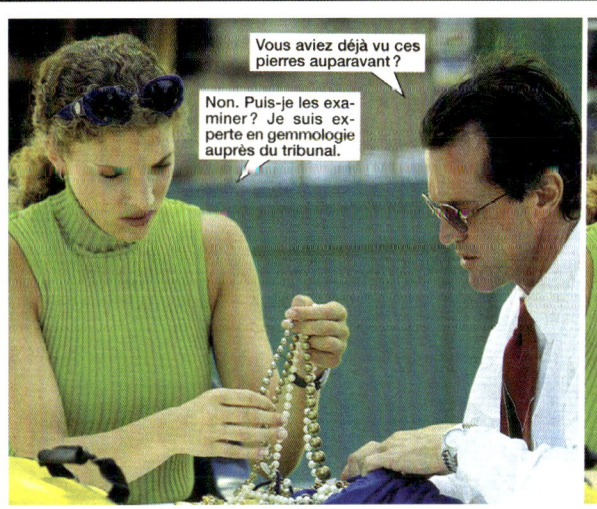

1. Extrait de « Les Cendres d'un amour » publié dans *Nous Deux*, numéro 2733, 16 novembre 1999.

Extrait de « Le Dilemme de Miranda » publié dans *Nous Deux*, numéro 2632, 9 décembre 1997.

Giovanni Lunardi – États-Unis

Giovanni Lunardi, photographe né à Parme en 1937, s'est rendu célèbre en découvrant quelques actrices et mannequins aujourd'hui mondialement connues : Greta Scacchi, Charlize Theron, Brooke Shields ou Heidi Klum. Photographe de plateau en 1964 pour *Prima della rivoluzione* de Bernardo Bertolucci, il part travailler à Paris dans les studios de *Vogue* et du magazine *Elle*. Il est l'assistant de grands photographes de mode de l'époque : Guy Bourdin, Helmut Newton, Richard Avedon et David Bailey, qui inspira à Antonioni le personnage de *Blow-Up* et qui fut, pour l'anecdote, le seul homme qu'épousa Catherine Deneuve.

De retour en Italie, il démarre sa propre carrière dans la mode et la publicité ; il travaille à Milan, Londres, Paris et New York. Il a réalisé près de 3 000 couvertures pour les magazines *Vogue, Harper's Bazaar, Grazia*… Depuis 1994 il vit et travaille en Floride où il a tourné une douzaine de romans-photos pour *Nous Deux* entre 1995 et 2000. Son univers très sophistiqué, le choix de superbes mannequins plutôt que de bons comédiens et… le coût très élevé de ses productions ont limité sa collaboration avec le magazine.

Chapitre V – Les années 1980-1990 : l'âge de raison

Romans et nouvelles
« Il n'y a pas que les romans-photos dans la vie ! »

Depuis la création de *Nous Deux* en 1947, la fiction constitue le cœur même du journal. Raconter des histoires sentimentales, policières ou d'aventures, en a été le concept fondateur. Au sommaire des premiers numéros figurent, à côté des romans dessinés, des nouvelles et des romans adaptés en feuilletons. Dans les années 1950, paternité oblige, *Nous Deux* publiait de nombreux auteurs italiens, notamment les romans de Liala (1897-1995) qui a vendu plus de 10 millions de livres dans son pays. Personnage romanesque, elle avait épousé un marquis, puis un colonel et connu de grandes histoires d'amour ; son pseudonyme lui avait été attribué par Gabriele D'Annunzio. De même le fameux *Toi, ma folie*, publié en feuilleton dès le premier numéro, était signé Lucienne Royer, alors qu'il s'agissait de Luciana Peverelli (1902-1986), auteur prolifique de romans sentimentaux. Le pseudonyme avait pour but de « faire français » et peut-être aussi de jouer la similitude avec le patronyme d'une chanteuse célèbre de l'entre-deux-guerres.

Le succès de la littérature populaire

Illustrés pour l'essentiel par des dessins mais aussi par des photos, et ce dès les années 1960, ces textes de fiction étaient écrits soit par de grandes plumes populaires de l'époque, soit par des auteurs anonymes. Pendant près de quarante ans, le journal a publié en feuilletons des romans d'auteurs sentimentaux français, comme Marcel Priollet (1884-1960) qui, sous le pseudonyme d'Henry de Trémières, signa en 1967 le fameux *Chassée le soir de sa nuit de noces*. Paul Alpérine et Hélène Simart, deux auteurs d'une littérature populaire aujourd'hui disparue, figuraient eux aussi régulièrement dans les colonnes du journal.

De nombreux auteurs américains ou anglais furent également traduits : ainsi Wilkie Collins, écrivain anglais contemporain de Dickens, précurseur du roman policier (*La Dame en blanc*, *La Pierre de lune*…) ; Denise Robins (1897-1985) qui, sous de multiples pseudonymes, écrivit des centaines de romans sentimentaux tout au long de sa vie ; ou encore, au cours des années 1960-1970, l'Américaine Anne Maybury, de son vrai nom Anne Arundel... Si les romans étaient écrits par des plumes prestigieuses, les nouvelles n'étaient, elles, en général pas signées. Le temps a malheureusement effacé le souvenir de ces « auteurs de l'ombre », pourtant si prolifiques.

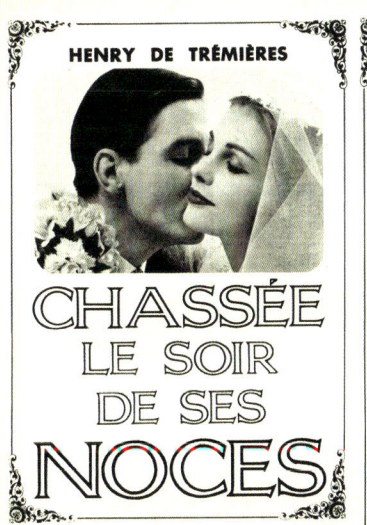

Des auteurs maison

À partir de la fin des années 1980, *Nous Deux* achète de moins en moins de romans existants. Le magazine commence en effet à produire une fiction inédite. Ce sont exclusivement des nouvelles, toutes écrites pour *Nous Deux* par des auteurs français. En 1995 est mis en place un comité de lecture qui, tous les quinze jours, réunit des lectrices et des journalistes de *Nous Deux*. Ils décident ensemble des textes à publier et discutent du style, de la compréhension du récit, mais aussi des questions d'ordre moral. Qu'est-ce qui choque encore ? Quels thèmes de société doivent être traités ? La lecture d'une nouvelle doit-elle rester un divertissement ou peut-on parler de la douleur devant la perte d'un enfant ? Finalement tous les sentiments humains peuvent être abordés dans le journal, dès lors que c'est fait avec émotion et sincérité : amour sentimental, bien sûr, mais aussi amour filial, tendresse entre générations, amitié...

Depuis quinze ans, un « concours de la nouvelle » est organisé chaque année, qui permet de recruter de nouveaux auteurs et grâce auquel *Nous Deux* dispose aujourd'hui d'une équipe de cinquante auteurs réguliers.

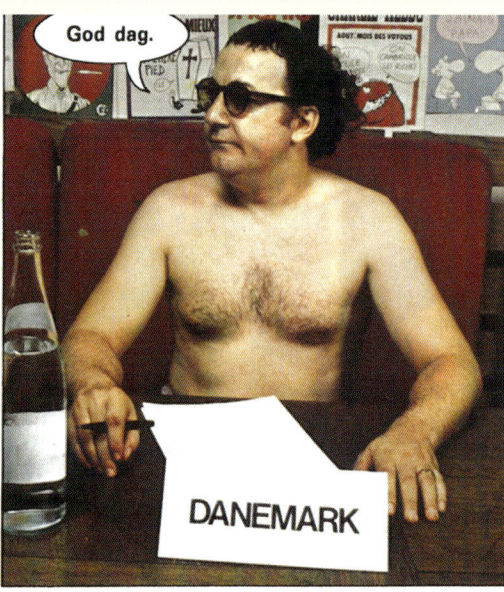

Ci-dessus et ci-contre : Extraits de la rubrique « Professeur Choron a réponse à tout », publié dans *Hara-Kiri* avec Alain Souchon, Coluche et Thierry Le Luron et réédité dans l'ouvrage *Les Romans du Professeur Choron*, scénario de Wolinski et photos de Chenz, Drugstore, 2009. © Glénat

Humour et parodies
Hara-Kiri, Fluide Glacial et compagnie

Polar, aventure voire érotisme, le roman-photo a été utilisé par d'autres univers que celui de la littérature sentimentale. Pourtant, c'est peut-être à travers le détournement, les parodies et autres pastiches que celui-ci a véritablement réussi à toucher un autre public, *a priori* peu sensible à l'esthétique *Nous Deux*.

D'abord en noir et blanc puis en couleurs, les photoromans « Professeur Choron. Réponse à tout », publiés dans le journal satirique *Hara-Kiri*, mélange d'engagement politique et d'humour provocateur « bête et méchant », feront rire tout au long des années 1960 et 1970. Au début le dessinateur Gébé écrivait les scénarios, puis ce fut Wolinski. Tout était réalisé avec des bouts de ficelle ; les prises de vue avaient lieu chez le photographe Chenz ou au journal. Les acteurs étaient Cabu, Cavanna, Siné, Reiser, Wolinski… et des ami(e)s de passage. Le but de ces photoromans était clairement de faire rire en « montrant du cul ». Comme disait le professeur Choron : « La société des années soixante nous mettait mal à l'aise. On étouffait sous les tabous. » Et ils se sont bien amusés au 4 rue Choron (d'où le fameux pseudonyme de Georges Bernier, le professeur), dans le 9e arrondissement de Paris, près du square Montholon, premier siège du journal *Hara-Kiri*.

Les bons souvenirs de Wolinski

Et d'ailleurs les *guest stars* ne manquaient pas : Boby Lapointe, Coluche, Jean-Marc Thibault, Bernard Menez, Antoine, Bernard Haller, Marcel Amont, Pierre Perret, Thierry Le Luron, Gainsbourg, Bernard Fresson, Carlos, Eddy Mitchell, Luis Rego, Gérard Lanvin, Alain Bashung, Dick Rivers, Renaud, Gotainer, Romain Bouteille… Autant d'acteurs entourés des fameuses Hara-Kiri's girls, copines de passage ou actrices de films « pour adultes », toujours dénudées. Wolinski se souvient : « J'étais surpris de n'avoir jamais de refus des stars qui étaient sollicitées. Coluche était adorable. Il déconnait avec les filles… Mais c'était sérieux, il me fallait 70 photos pour réaliser ma maquette. […] Lorsque nous avions une idole comme Gainsbourg, le champagne coulait à flots, les plateaux de coquillages couvraient la grande table. [...] Il se passait des choses pendant ces photo-romans. Des choses imprévisibles. [...] Tout cela était dû je pense à notre gaieté, notre liberté. On s'amusait sans penser au lecteur. »

Le magazine de bande dessinée humoristique *Fluide Glacial*, créé en 1975, dans l'esprit libertaire de Mai 68, emboîtera le pas de ses aînés quelques années plus tard. Dès son premier numéro, il publie des « photos-bande dessinée », mélange de roman-photo et de BD. Le plus souvent les scénarios étaient signés Bruno Léandri et les dessins Gotlib, qui a d'ailleurs commencé comme lettreur[1] à *Confidences*. Dans un reportage de 1979, Léandri et Gotlib décrivent leur technique : un calque posé sur les photos permet d'ajouter des dessins à l'image. La surimpression de ces deux modes constitue la grande originalité des romans-photos publiés par *Fluide Glacial*.

Quand la télé se moque...

Depuis, quelques magazines comme *Entrevue* ou le très branché *Technikart* ont tenté quelques incursions comiques dans le roman-photo humoristique, mais sans jamais aller aussi loin que la bande du Professeur Choron. La télévision elle-même s'est livrée à quelques parodies du genre. Ainsi, en 1984, la fameuse émission *Le petit théâtre de Bouvard* sur Antenne 2 propose un sketch intitulé « Roman-photo à l'hôpital ». Pendant six minutes, Jean-François Derec, Michèle Bernier, Bruno Chapelle et Philippe Chevallier miment l'histoire, très stéréotypée, d'une infirmière amoureuse de son médecin-chef en figeant leur pose pour rappeler l'image fixe du roman-photo. Les textes sont évidemment déclamés en voix off.

Quelques années plus tard, en 1992, Chantal Lauby, Alain Chabat et Dominique Farrugia pousseront encore plus loin le procédé. Au cours de *Les Nuls, l'émission* diffusée sur Canal + tous les samedis à 22 heures, ils présentent, avec leur complice Gérard Darmon, le sketch « Nous Quatre, le premier roman-photo en direct-live ». Cette fois encore, les acteurs prennent des poses très figées, mais les « Nuls » ont également prévu de véritables bulles de texte qui viennent en surimpression sur l'écran. Parodie réussie... les codes du genre ont été soigneusement étudiés.

1. Le lettreur est la personne qui écrit les textes dans les bulles et dessine parfois les onomatopées.

PHOTOGLACIAL & ROMANFLUIDE

1. Couverture de *Fluide Glacial*, numéro 1, mars 1975. © Gotlib/Fluide Glacial
2. Deux cases du roman-photo « Le Souper fin » publié dans *Fluide Glacial*, numéro 4, mars 1976. © Gotlib/Fluide Glacial
3. Couverture de *Fluide Glacial*, numéro 1, mai 1975 et extrait du roman-photo « Photo glacial et roman-fluide » publié dans le même numéro. © Gotlib/Fluide Glacial

Chapitre V – Les années 1980-1990 : l'âge de raison

ZOOM **Exclusivement réservé aux plus grands...**

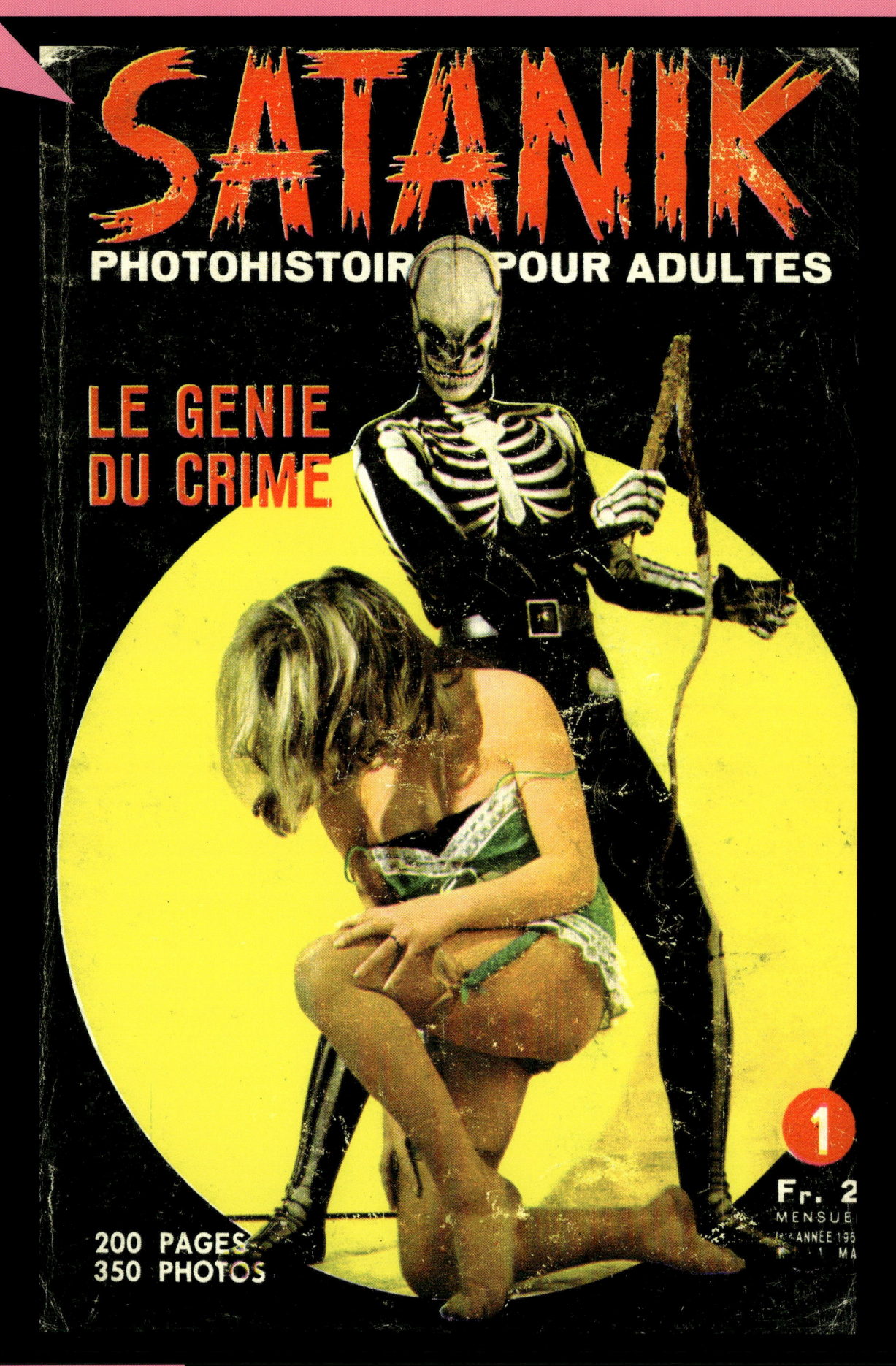

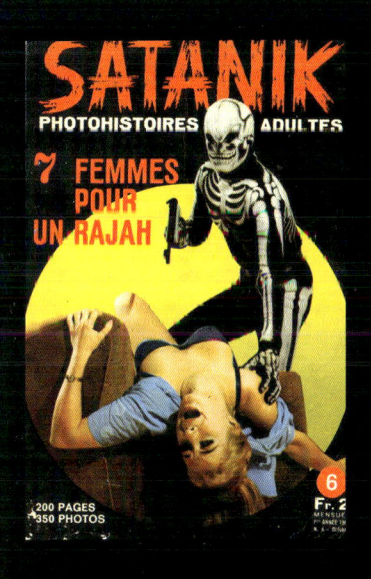

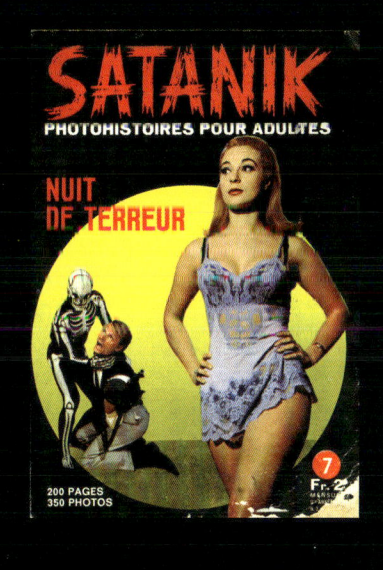

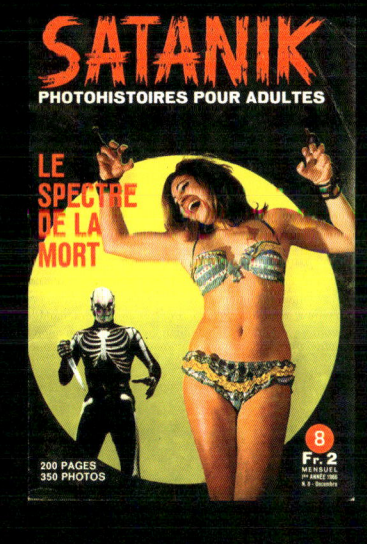

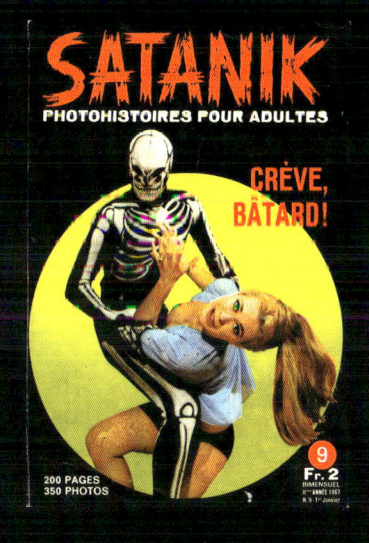

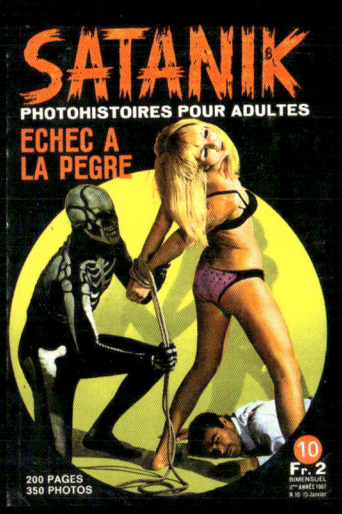

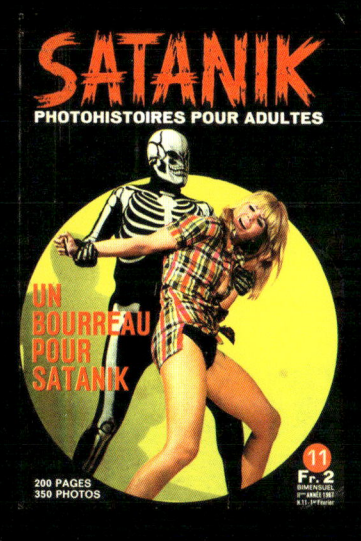

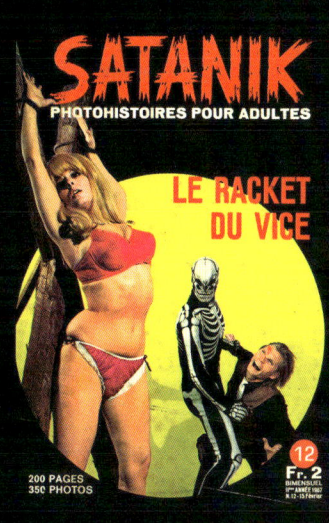

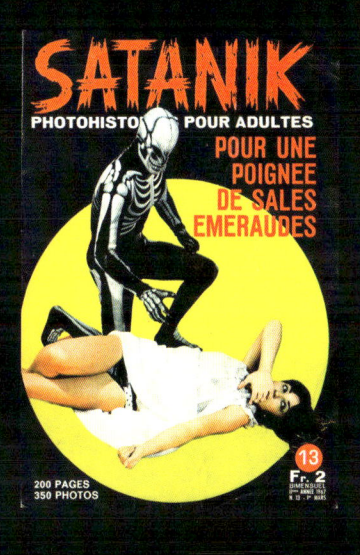

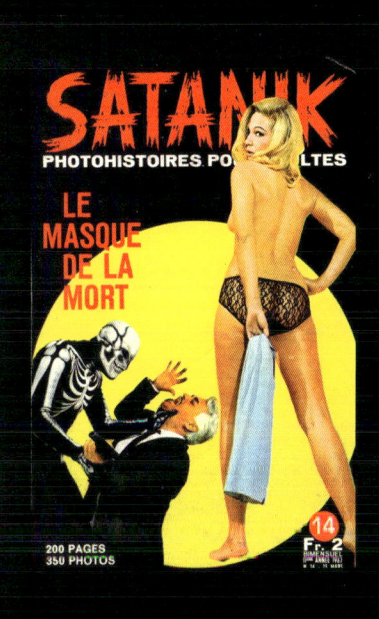

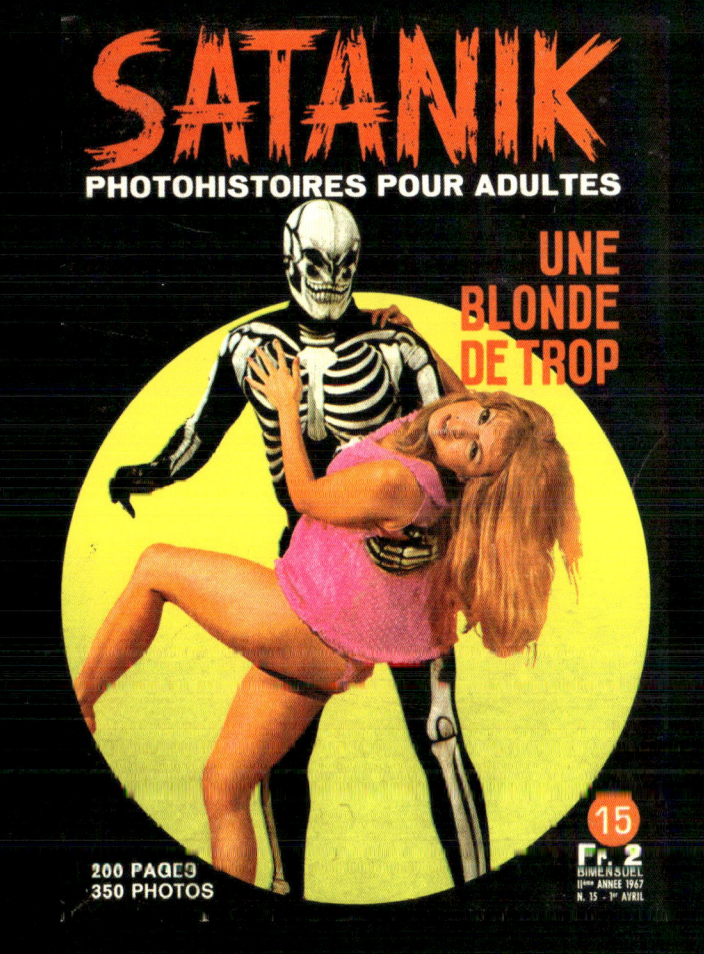

Chapitre V – Les années 1980-1990 : l'âge de raison   201

ZOOM
Exclusivement réservé aux plus grands...

Exclusivement réservé aux plus grands...

Satanik

Satanik est le nom d'une collection de livres publiés en France entre 1966 et 1967 par l'éditeur italien Ponzoni. Interrompue au numéro 19 par la censure, qui jugea son contenu trop violent, la collection a néanmoins continué d'être éditée en Italie et dans plusieurs autres pays. Il s'agit de romans-photos pour adultes, tournés en noir et blanc dont le héros, Satanik, porte un costume de squelette, torture et sème la mort autour de lui. Souvent vendue sous le manteau, cette collection a, par son érotisme omniprésent, marqué toute une génération de lecteurs.

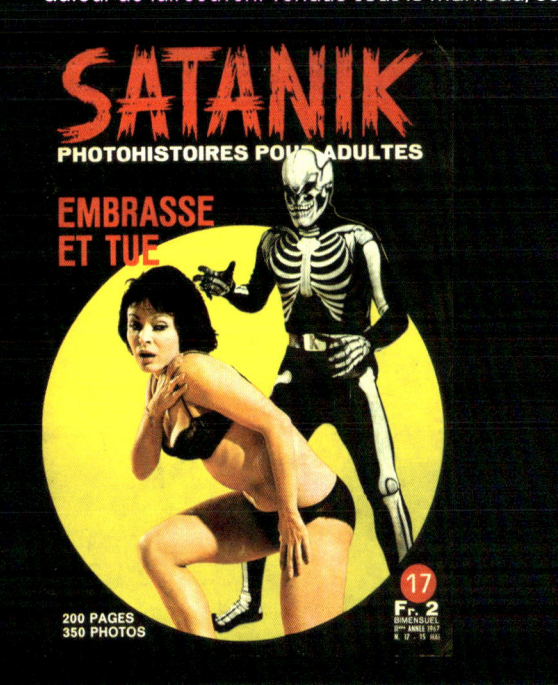

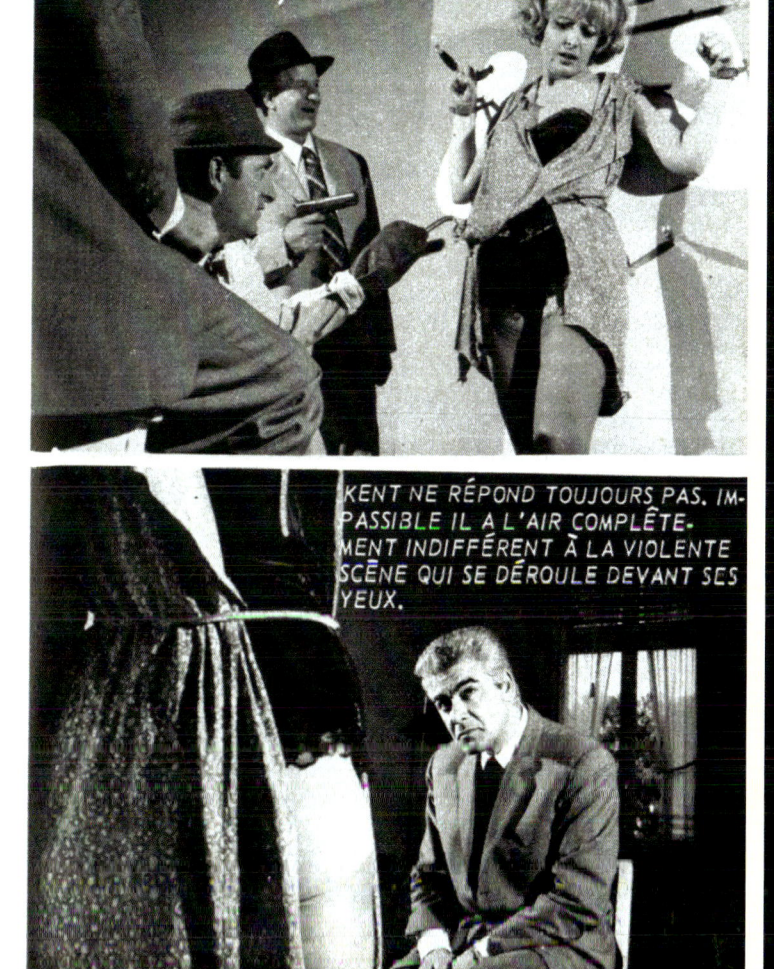

ZOOM

Exclusivement réservé aux plus grands...

Menelik

Menelik est un hebdomadaire italien publié par l'éditeur Tattilo, le premier numéro est paru en octobre 1971. Outre les romans-photos érotiques, ce magazine au sous-titre parlant, *Il settimanale eroticomico*, publie des dessins humoristiques, des bandes dessinées, des photos érotiques...

Supersex

Extraits du roman-photo *« Nell'isola dei guardoni »*, publié dans *Menelik*, numéro 30 du 12 mai 1972 dans lequel on voit apparaître, comme souvent, des acteurs de roman-photo traditionnel. *Menelik* publiera des romans-photos érotiques jusqu'en 1973 qui seront ensuite remplacés par des bandes-dessinées.

TOUT PRÈS DE LÀ, HELEN A ASSISTÉ À LA SCÈNE D'UNE FENÊTRE...

Que se passe-t-il? Mon Dieu! Papa est aussi là-bas en ce moment!

Papa, que se passe-t-il? Où es-tu?

J'en sais autant que toi, ma chérie. Je ne suis pas très loin des tours. J'avais dit à Paul de m'attendre, que j'arriverais plus tard et grâce au ciel je ne suis pas au bureau.

Mais alors.. Paul est là-bas! Dans cet enfer!

Pas de coup de tête, Helen! Ne va surtout pas là-bas. Tu verras, cela va s'arranger très vite. Les pompiers vont faire leur boulot, sois tranquille. Ce n'est qu'un simple accident...

Il faut que j'aille là-bas, papa!

Extrait du roman-photo « L'Espoir pour demain », publié dans *I love you, spécial été*, Lancio, 2002.

Chapitre VI – Les années 2000 : *Nous Deux*, un monument de la presse

Chapitre VI

Les années 2000 : *Nous Deux*, un monument de la presse

Couverture de *Nous Deux*, numéro 3381, 17 avril 2012.

Les années 1990 ont vu de nombreux titres de la presse féminine populaire, éditeurs traditionnels de romans-photos, disparaître ou changer de formule. *Femmes d'Aujourd'hui*, qui avait fusionné en 1977 avec *L'Écho de la Mode* et en 1984 avec *Modes de Paris*, cesse de paraître en France en 1991 ; *Intimité*, qui forma longtemps avec *Nous Deux* un tandem inséparable, est revendu en 1992 pour cesser de paraître en 2003 ; *Bonnes Soirées*, racheté en 1986 par les Éditions Mondiales puis revendu en 1990 aux éditions Bayard, sera remplacé en 1999 par *Côté Femme*.

Le 11 septembre 2001 reste aujourd'hui encore gravé dans toutes les mémoires. Diffusées en direct sur les chaînes du monde entier, les images des attentats de New York font l'effet d'une onde de choc planétaire et dépassent de très loin tous les scénarios des meilleurs films catastrophes qu'a produits Hollywood jusqu'alors. À l'été 2002, les éditions Lancio publient dans leur collection « *I Love You* », un roman-photo intitulé « L'Espoir pour demain » dans lequel le scénariste Agrippino Musso se sert des attentats du 11 septembre 2001 comme fil conducteur de son histoire. Et pour donner plus de crédit au roman-photo, les éditions Lancio vont jusqu'à y intégrer les fameuses images des Twin Towers en train de s'effondrer. Dix mois après les attentats, personne n'avait encore osé franchir le pas. Les Italiens, eux, l'on fait. Une première dans l'histoire du genre !

Quand le roman-photo fait de la prévention

Les années 2000 sont aussi tragiquement marquées par le sida. Entre le 19 juillet et le 1er septembre 1999, à l'initiative du secrétariat d'État à la Santé et à l'Action sociale dirigé par Bernard Kouchner, est lancée une grande campagne anti-sida en France. Sur une idée de l'agence de publicité Euro RSCG Corporate, un nouvel outil est choisi pour communiquer : le roman-photo. Deux romans-photos seront tournés, destinés à deux communautés distinctes.

Le premier, « L'Amour en face », est réalisé en Italie par Massimo Tonna. Il s'agit d'un roman-photo « classique » qui raconte l'histoire de plusieurs générations se retrouvant le temps des vacances : amour, drague, préservatif… Diffusé à sept millions d'exemplaires, il s'adresse au grand public. Ce roman-photo est distribué dans les structures médicales, les associations, mais aussi sur les lieux de vacances, dans les discothèques, les auberges de jeunesse, les campings et il est également encarté dans certains magazines. Ce nouveau support, qui remplace la classique affiche, permet d'aborder de façon ludique mais pédagogique des sujets graves comme la transmission du VIH, les situations à risques, le préservatif, la prévention. Quatre pages centrales détachables font le point sur les moyens de se protéger, le dépistage, etc.

Le deuxième roman-photo, « Révélation-Chroniques de Pierre », réalisé par BM Productions, est une version plus crue, destinée aux homosexuels. Publié à 450 000 exemplaires, il est encarté dans la presse gay, diffusé dans les réseaux associatifs, certains lieux de rencontre et distribué lors de la Gay Pride. Il met en scène un jeune provincial découvrant son homosexualité. En 2006, l'Institut national de prévention et d'éducation pour la santé (Inpes) fera de nouveau réaliser un roman-photo de 50 pages, destiné à la population gay : « Nous Tous », clin d'œil évident à *Nous Deux*. Réalisé par Catpeople Production, ce roman-photo qui suit le quotidien et la vie amoureuse d'une bande de jeunes gays vise à sensibiliser la communauté homosexuelle sur les conduites à risques.

En 2007, le ministère de la Santé commande un roman-photo destiné à la population haïtienne qui vit en Guyane : Bruno Gasparini assure la réalisation. Le tournage a lieu en Guyane et le titre est en créole haïtien « *Chagren Lanmou* ». Là encore, le sida fait partie intégrante de l'histoire : l'animateur radio d'une émission d'info santé recueille les confidences des auditeurs, leurs angoisses, leurs expériences face à la maladie. Un cahier pratique incluant des questions et réponses très précises et des adresses d'associations locales complète le fascicule distribué dans les associations de lutte contre le sida, dans les consultations de dépistage anonyme et gratuit, dans les hôpitaux, etc. Pour plus d'efficacité, certains dialogues sont en créole haïtien. Outil militant, le roman-photo permet de combattre les préjugés.

Extrait du roman-photo « L'Amour en face », CFES - Euro RSCG Corporate, réalisé par Massimo Tonna, 1999.

1. Couverture du roman-photo « *Chagren Lanmou* », INPES-Partenaire Production, 2007.
2. Couverture du roman-photo « *Nous Tous - Saison 1* », INPES-Catpeople Production, 2006.
3. Couverture du roman-photo « *L'Amour en face* », CFES-Euro RSCG Corporate, 1999.
4. Couverture du roman-photo « *Révélation - Chroniques de Pierre* », CFES Euro RSCG Corporate-BM Productions, 1999.

Les humoristes s'y mettent aussi !

Entre 1999 et 2001, Kad Merad et Olivier Baroux font le *buzz* à travers un programme télé qui a la cote : *La Grosse Émission* sur la chaîne Comédie ! Le duo d'humoristes, formé sur l'antenne de OÜI FM en 1991, connaît enfin la consécration. En 2001, dans le prolongement des sketchs qu'ils jouent dans *La Grosse Émission*, les deux comparses revisitent, à leur manière, les coulisses du milieu de la télévision dans un roman-photo intitulé « L'Enfer du show-business » que publiera le mensuel *Entrevue* pendant un an, à raison de 12 épisodes. Réalisé par BM Productions, ce roman-photo dépeint à la sauce tragico-comique les déboires d'un certain Patrick Reflux (Olivier Baroux) débarquant à Paris de sa province natale pour y tenter sa chance en tant qu'animateur. À l'issue d'un casting, il est remarqué par Raoul Goldoni, un producteur véreux (Kad Merad). Celui-ci lui fait aussitôt signer un contrat pour tourner le pilote d'une émission au concept de folie qu'il réussit à vendre à une grande chaîne de télévision. Pour Patrick Reflux, c'est le début de la gloire. Mais à l'enthousiasme succède rapidement le temps des désillusions…

Décembre 2004 : *Nous Deux* **compte 3 000 numéros**

Le 28 décembre 2004, *Nous Deux* publie son numéro 3000. Pour faire une surprise aux lectrices, toute l'équipe se prête au jeu d'un tournage de roman-photo réalisé dans les locaux du journal. Les membres de la rédaction jouent leur propre rôle et racontent l'histoire imaginaire de ce numéro anniversaire : pour fêter l'événement, ils ont décidé de publier dans le journal un calendrier illustré par la première couverture de *Nous Deux* en 1947. Et c'est là que la fiction entre en jeu… Il est malheureusement impossible de remettre la main sur ce numéro mythique qui a disparu des archives. Panique à la rédaction ! Mais tout se terminera bien, le fameux n° 1 est finalement retrouvé… et le calendrier est bien présent dans le numéro 3000.

Au début de ce nouveau siècle, *Nous Deux* reste l'unique féminin à publier encore des romans-photos. Côté nouvelles, le journal fait désormais appel à des auteurs français qui, à l'occasion, collaborent aux romans-photos. À *Nous Deux*, la fiction forme un tout. Le roman-photo est indissociable des cinq nouvelles publiées chaque semaine et le choix des thèmes se décide sur l'ensemble. Si la violence conjugale est traitée dans une proposer un « cahier ado » en plus du magazine (et sans augmentation de prix). On y trouvera un roman-photo à suivre en 4 épisodes, de la mode, des tests et des jeux. L'idée est toujours la même : séduire les filles des lectrices habituelles en leur proposant ce qu'elles aiment, c'est-à-dire du roman-photo, mais adapté à leur univers.

D'ailleurs *Miss Nous Deux* n'est pas la première rencontre du roman-photo avec la jeunesse. Ce moyen d'expression est souvent employé à l'école pour sensibiliser, de façon ludique, les élèves à la construction d'un récit. Il est depuis longtemps étudié dans les manuels scolaires, pour la richesse et la complexité de sa structure. Dans le même esprit, *Science & Vie Junior*, le magazine scientifique qui s'adresse aux ados, utilise ce mode d'expression, notamment en février 2010 pour assurer une lecture facile et mettre en scène quelques techniques de manipulation dans son hors-série « Moi et les autres : ce que la psychologie nous apprend ».

1. Extrait du roman-photo « L'Amour ou l'amitié ? », *Miss Nous Deux*, Hors-série, juin 2010.
2. et 3. Couverture de *Miss Nous Deux* et extraits du roman-photo « Un pari stupide », *Miss Nous Deux*, Hors-série, juin 2010.

2011, l'aventure iPhone

Alors démodé le roman-photo ? Que nenni ! Non seulement *Nous Deux* vend encore 340 000 exemplaires chaque semaine en 2012, mais il continue à développer son fonds de commerce, le roman-photo. En 2011, le magazine lance une application iPhone permettant de lire du roman-photo en version digitale. Développée par un prestataire extérieur – la société Mais Alors ! – en partenariat avec la rédaction, elle permet à l'utilisateur d'accéder gratuitement à une bibliothèque *Nous Deux* et à un roman-photo. Puis, pour 0,79 euro, il est possible de télécharger d'autres histoires complètes (environ 20 minutes de lecture pour chacune). Pour lire dans le meilleur confort possible, l'application permet de faire défiler l'histoire en tapotant sur son écran, image par image et dialogue par dialogue. L'idée est venue du Japon où les gens lisent énormément sur leur téléphone mobile. Le roman-photo est par essence une lecture intime, ce qui cadre parfaitement avec l'utilisation d'un téléphone mobile : on est seul face à son écran. Ce qui n'empêche qu'au départ l'opération a été lancée avec un certain scepticisme, sachant que les lecteurs de romans-photos ne sont pas forcément les mieux équipés en matériel mobile. Contre toute attente, et sans aucune publicité, le résultat est probant et les lecteurs au rendez-vous.

Un mode d'expression branché

L'hebdomadaire féminin haut de gamme *Grazia* publie pendant l'été 2012 un photo-roman en 8 épisodes, intitulé « L'amour dure deux mois », référence explicite au film de Frédéric Beigbeder *L'amour dure trois ans*. Réalisé par Frédéric Valion, avec des photos signées Eva Sakellarides, ce photo-roman propose une version « pop-moderne » bourrée de clins d'œil à la mode, au cinéma, à la littérature, à la bande dessinée et aux médias, quelque part entre « la nouvelle vague » et la série *Bref* sur Canal +. Le pitch, comme on dit maintenant, ne diffère guère des synopsis de romans-photos classiques : Olivia, jeune styliste de mode, découvre que son petit ami la trompe au moment où ils s'apprêtent à passer leurs premières vacances en amoureux. Folle de douleur et de rage, elle va imaginer un piège machiavélique pour se venger.

Le premier rôle masculin est tenu par Yaniss Lespert, qui joue dans la série *Fais pas ci, fais pas ça*, sur France 2 et de nombreuses *guest stars* ont répondu présent : Karl Lagerfeld, Elsa Zylberstein, Frédéric Beigbeder, Julie Gayet, Mademoiselle Agnès, Sonia Rolland, Antoine de Caunes et Daphné Roulier, Dani.

2012
La recette de *Nous Deux* demeure… intouchable !

Soixante-cinq ans après sa naissance, *Nous Deux* est toujours bien présent. Diffusé à 340 000 exemplaires chaque semaine, le magazine demeure une référence unique dans la presse nationale. Si l'actualité des people occupe désormais une demi-douzaine de pages, le cœur du magazine bat au rythme de la fiction, comme toujours. Nouvelles sentimentales, policières et historiques ; romans-photos complets (deux par numéro) et romans-photos à suivre : la recette du succès (et du bonheur !) est toujours la même… ou presque. Et ce ne sont pas les lectrices de *Nous Deux* qui s'en plaindront !

Images de l'appli *Nous Deux* pour IPhone disponible sur Apple Store.

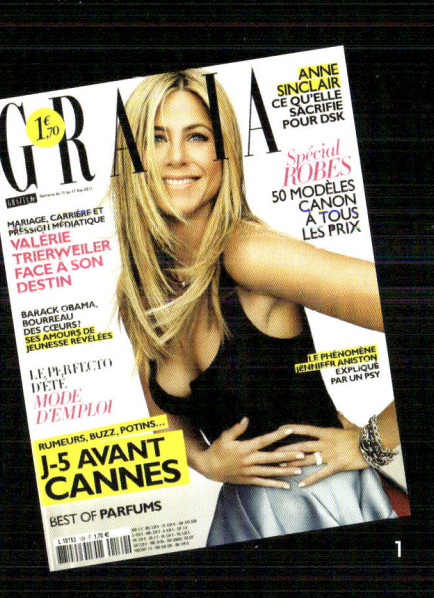

1. et 2. Couverture de *Grazia*, numéro 139, 11 mai 2012 et extrait du roman-photo « L'amour dure cinq ans… », publié dans ce même numéro.

3. Extrait du photo-roman « l'amour dure deux mois », avec Karl Lagerfeld publié dans *Grazia*, numéro 146, 29 juin 2012.

4. Extrait du deuxième épisode du photo-roman « L'amour dure deux mois », avec Frédéric Beigbeder, *Grazia*, numéro 147, 6 juillet 2012.

Chapitre VI – Les années 2000 : *Nous Deux*, un monument de la presse

Et demain ?
Le roman-photo français assure la relève

Aujourd'hui, le roman-photo franco-français a le vent en poupe. Outre Bruno Gasparini, qui collabore avec *Nous Deux* depuis 1998, de nouveaux réalisateurs travaillent fréquemment avec le magazine. Cet engouement témoigne du souci de préserver en France un genre qu'on a cru longtemps voué à disparaître alors qu'il ne cesse de renaître.

1. Couverture et extrait du premier roman-photo « L'Abîme du désespoir » écrit et réalisé par Bruno Gasparini en juillet 1981 à Barneville-Carteret.

2. Ouverture du roman-photo « Une fée dans mon logis », *Nous Deux*, numéro 3331, 3 mai 2011.

3. Extrait du roman-photo « Rebecca aux deux visages », *Nous Deux* numéro 2775, 5 septembre 2000.

4. Extrait du roman-photo « Sacrés mensonges », *Bravo Girl !*, numéro 11, 3 août 1992.

5. Extrait du roman-photo « La Lettre », *Version femina*, 4 octobre 2009, INCA-Agence Y&R-Partenaire Production.

6. Portrait de Bruno Gasparini. (D.R.)

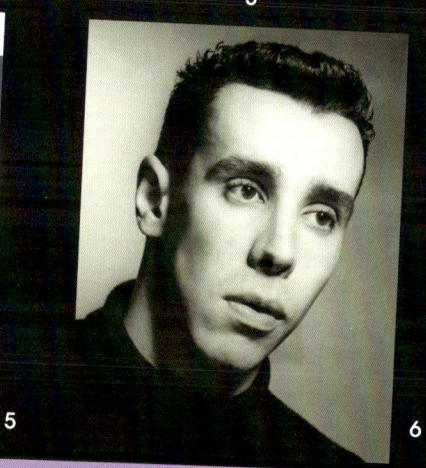

Bruno Gasparini
Le premier à se lancer

Passionné par l'univers du roman-photo depuis qu'il a 8 ans, Bruno Gasparini est aujourd'hui le réalisateur de roman-photo français le plus productif. Son premier roman-photo « L'Abîme du désespoir », il l'a tourné en 1981, à 16 ans, avec ses copains en colonie de vacances. Il a fait quelques figurations dans des romans-photos avant de se lancer dans la réalisation. C'est d'ailleurs ainsi qu'il a connu le studio Del Duca, où Mario Padovan tournait les fameux romans-photos vedettes de *Nous Deux*. Bruno dira plus tard : « J'avais l'impression d'entrer à Cinecittà. »

En 1983, il réalise un nouveau roman-photo, cette fois avec ses camarades de lycée. Il débarque ensuite chez Filipacchi, sur les Champs-Élysées, au siège du journal *Girls*, « l'hebdo des filles en vogue », sa maquette sous le bras. Il est pris au sérieux par la rédactrice en chef Geneviève Rembaux et son roman-photo « Sur un air de guitare » est publié en trois épisodes en juillet de la même année.

Après une brève expérience à *Bravo Girls !*, il prend contact avec *Nous Deux*. L'éditrice Anne-Marie Lesage lui donne sa chance. Depuis, Bruno Gasparini n'a pas arrêté de tourner pour le magazine. Il écrit lui-même les scénarios ou fait appel à des auteurs de nouvelles du magazine. Il a à son actif une centaine de romans-photos, dont certains avec des célébrités comme Kad Merad et Olivier Baroux, Frédérique Bel, Gloria Lasso ou encore Gérard Lenorman. Après avoir écrit et tourné plusieurs romans-photos pour le ministère de la Santé, dans le cadre de la prévention contre le sida, il réalise en 2009, pour l'Institut national du cancer, un roman-photo traitant du dépistage du cancer du sein auprès des femmes de 50 ans qui paraît dans *Version femina*, supplément du *Journal du Dimanche*.

Nicolas de Ferran
Artiste dans l'âme

Né à Fontenay-aux-Roses, en banlieue parisienne, Nicolas de Ferran est ce que l'on appelle un artiste. Scénographe, décorateur de théâtre, créateur de meubles, il passe d'un genre à l'autre avec une facilité déconcertante. Après avoir été professeur d'arts plastiques et s'être essayé au *story collage* poétique et décalé, il a réalisé ses quatre premiers romans-photos « classiques » avec l'équipe de sa petite société Le Tiroir Jaune. C'était en 2011 et les quatre romans-photos ont été publiés dans le magazine *Nous Deux*. Comme d'autres avant lui, il a fait tourner son fils, sa fiancée, ses amis, a utilisé l'appartement de ses proches. Aujourd'hui, après ces premiers essais réussis, il travaille avec agence de casting et *tutti quanti*.

1. Nicolas de Ferran et son fils lors d'un tournage. Photo : Richard Vachet.
2. *Nous Deux*, numéro 3348, 30 août 2011.
3. Portrait de Frédéric Poletti par Dominique Ducollet.
4. *Nous Deux*, numéro 3379, 3 avril 2012.

Frédéric Poletti
Le photographe touche-à-tout

Après des études de cinéma à Paris, Frédéric Poletti entame une carrière de journaliste et iconographe à *Globe*, *Télérama*, *Première* et *Photographe*. En 2010, il se retrouve à *Nous Deux* pour une mission ponctuelle d'iconographe. Il tombe sous le charme du roman-photo et propose à la rédaction d'en réaliser un en guise de test. Après de multiples allers-retours de calage avec le service fiction, ce premier coup d'essai aboutit à la publication de « Besoin de toi », en juillet 2012. Aujourd'hui, à 48 ans, il tourne régulièrement et associe sa femme la scénariste Natacha Defontaine à l'aventure. Il a réalisé récemment, toujours pour *Nous Deux*, un roman-photo ayant pour cadre les puces de Saint-Ouen, porte de Clignancourt à Paris.

Et toujours en Italie…
Anselmo Marcelli

Lorsque, dans les années 1960, Anselmo Marcelli démarre sa vie professionnelle comme assistant photographe aux studios de la Lancio à Rome, les romans-photos sont en plein boom. Il commence dès 1971 une longue collaboration avec *Grand Hôtel* qui durera jusque dans les années 1990. « À l'époque, confie-t-il, on voyageait beaucoup. Les tournages se faisaient à Venise, en Afrique du Nord… »

En 1977, il réalise, avec l'acteur Massimo Ciavarro notamment, des romans-photos destinés aux teen-agers, à paraître dans l'hebdomadaire *Cioé*. En dehors des romans-photos, Anselmo Marcelli photographie des célébrités pour différents titres de la presse italienne et fait de la photo industrielle. Depuis 1997, avec la société AG Studio, il tourne régulièrement à Rome des romans-photos destinés à *Nous Deux*.

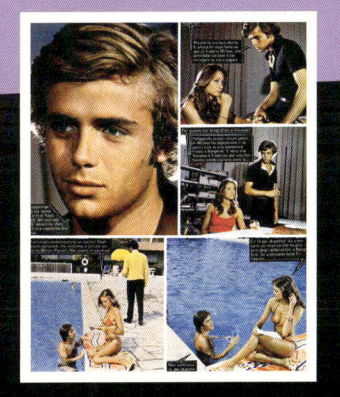

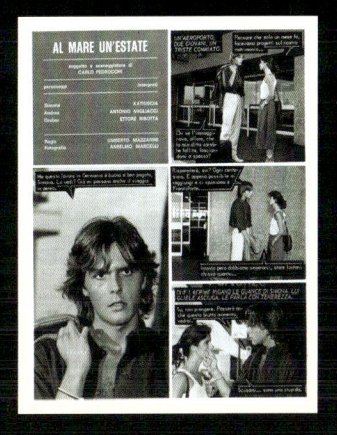

1. Portrait d'Anselmo Marcelli (Collection Marcelli).

2. Couverture de *Ragazza IN*, numéro 25, 31 octobre 1979.

3. Extrait du roman-photo « Chiudi gli occhi e bacciami », photos Anselmo Marcelli, publié dans *Superstar Color*, numéro 11, septembre 1976.

4. Extrait du roman-photo « Al mare un'estate », photos Anselmo Marcelli, publié dans *Ragazza IN*, numéro 25, 31 octobre 1979.

Couverture de *Superstar Color*, numéro 11, septembre 1976.

ZOOM Voyage autour du monde

Angleterre

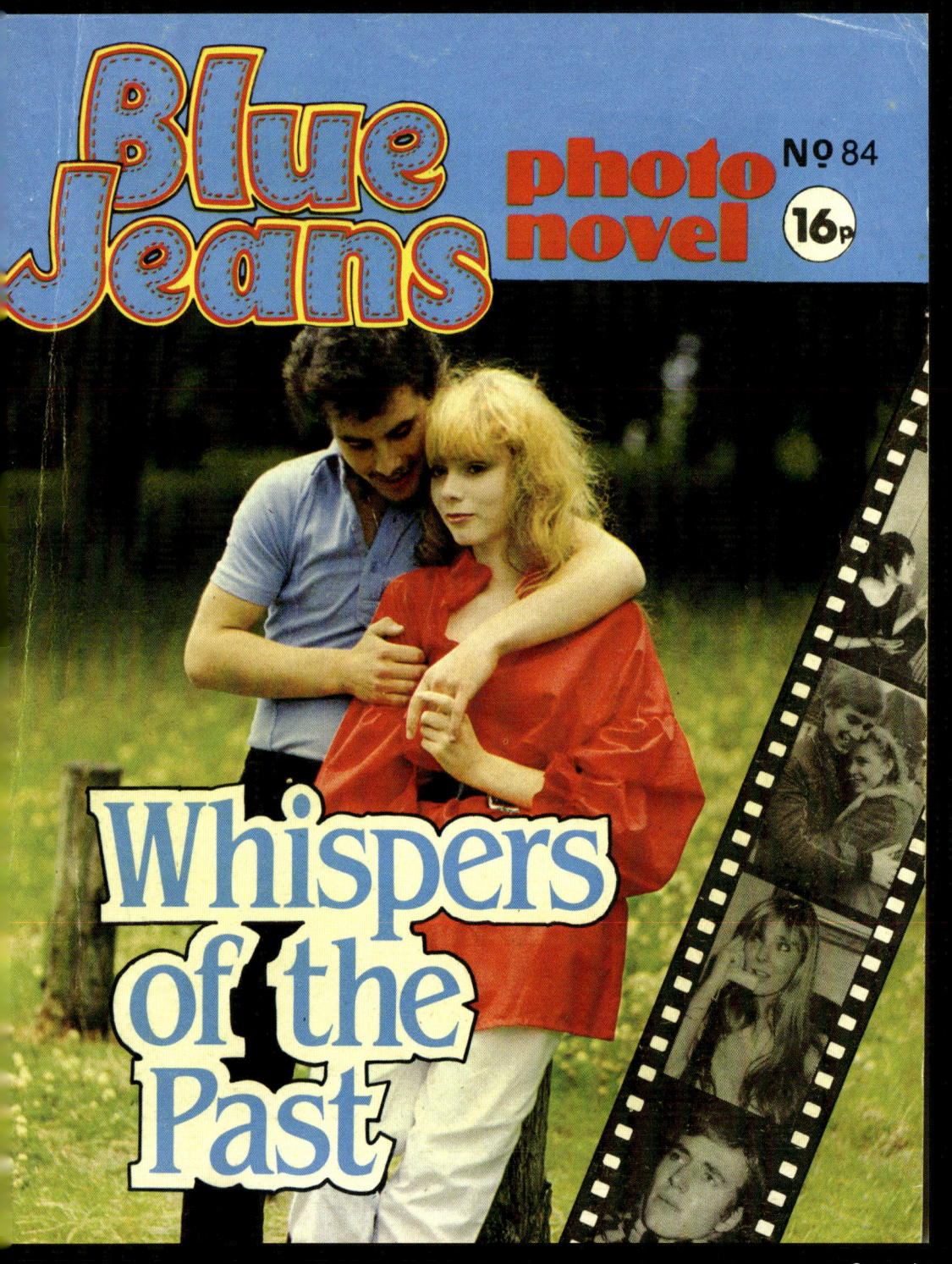

Couverture et extraits de *Blue Jeans photo novel*, numéro 84, 1982

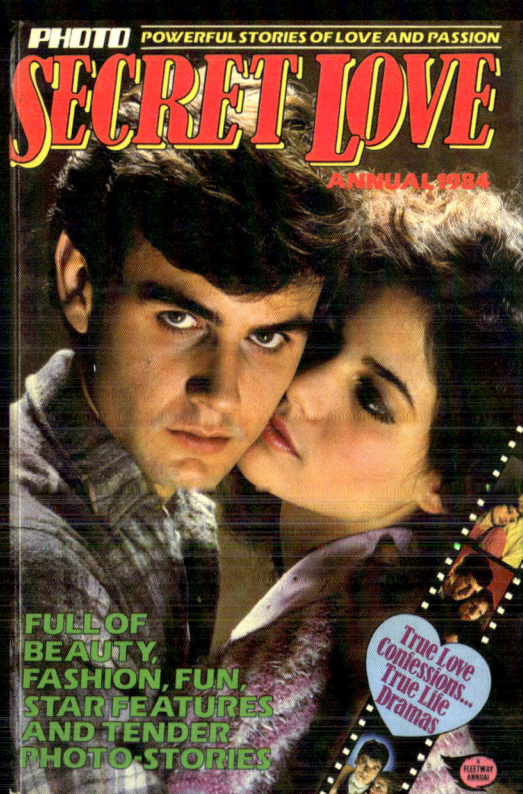

Couverture et extraits de *Secret Love*, 1984.

ZOOM

Voyage autour du monde

Espagne

FOTONOVELAS ROLLAN

kit

Apasionada

Suzanne Burroughs
Jaime Bascu

MIENTRAS DURE EL HECHIZO

50 PTS.
N° 43

224 Chapitre VI – Les années 2000 : *Nous Deux*, un monument de la presse

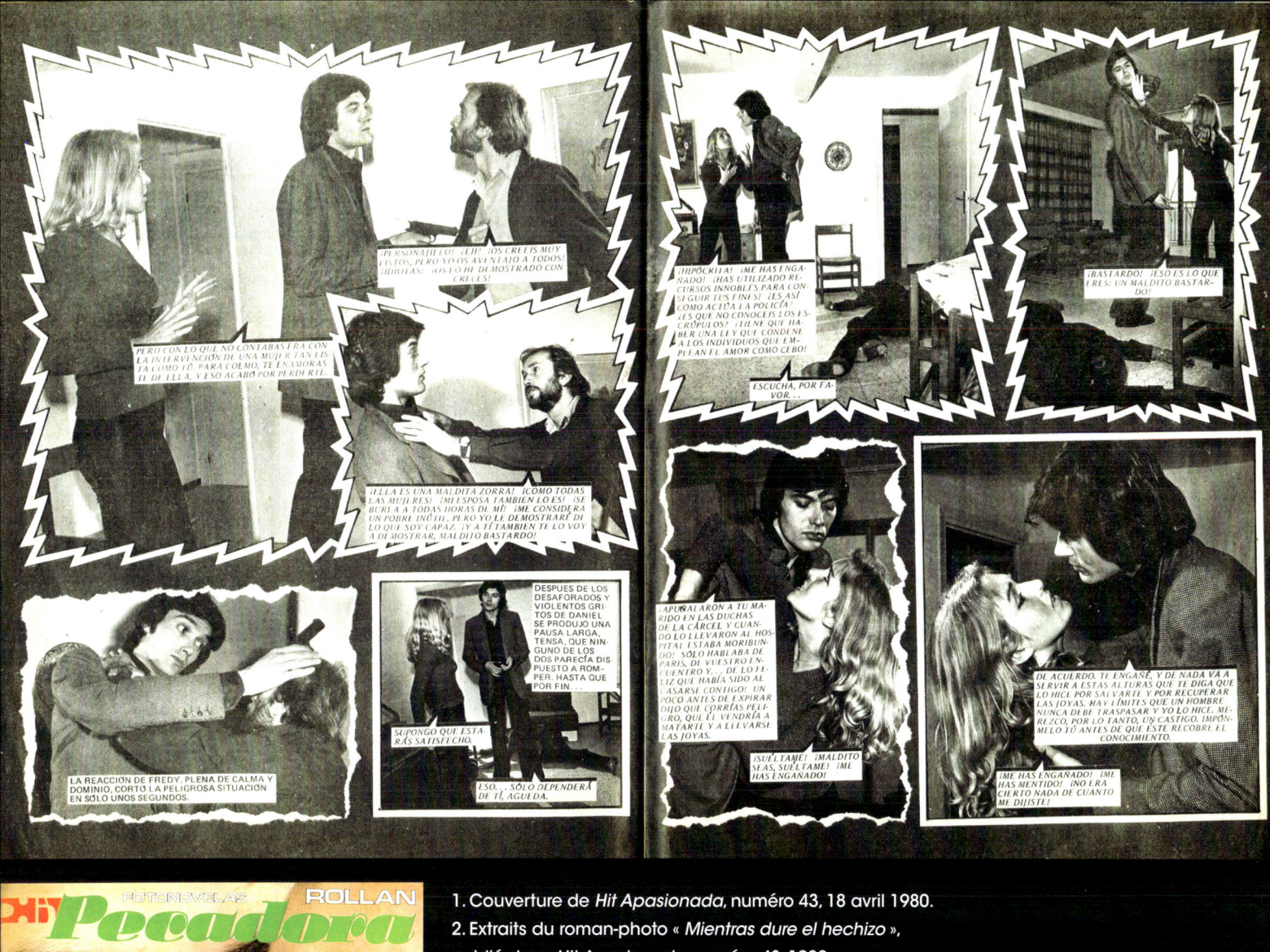

1. Couverture de *Hit Apasionada*, numéro 43, 18 avril 1980.
2. Extraits du roman-photo « *Mientras dure el hechizo* », publié dans *Hit Apasionada*, numéro 43, 1980.
3. Couverture de *Hit Pecadora*, numéro 23, 1980.
4. Extrait du roman-photo « *Tortura* », publié dans *Hit Pecadora*, numéro 23, 1980.

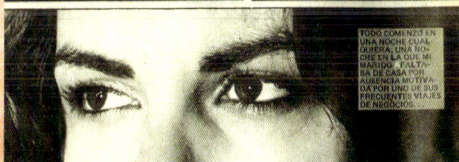

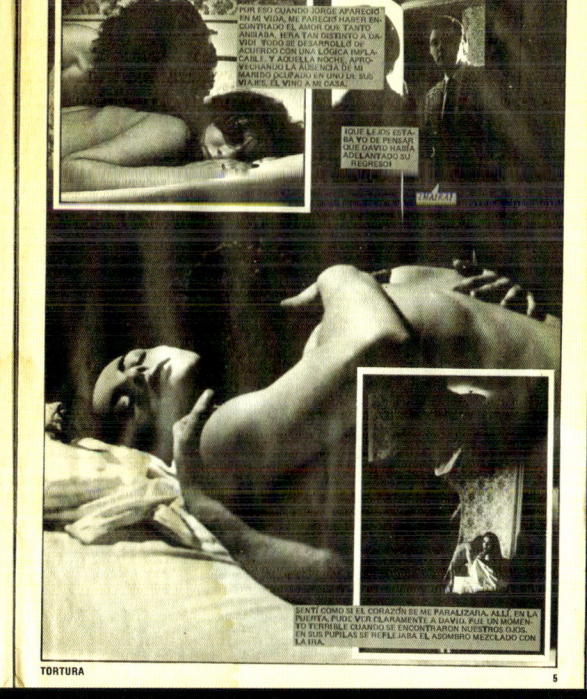

ZOOM — Voyage autour du monde

Mexique

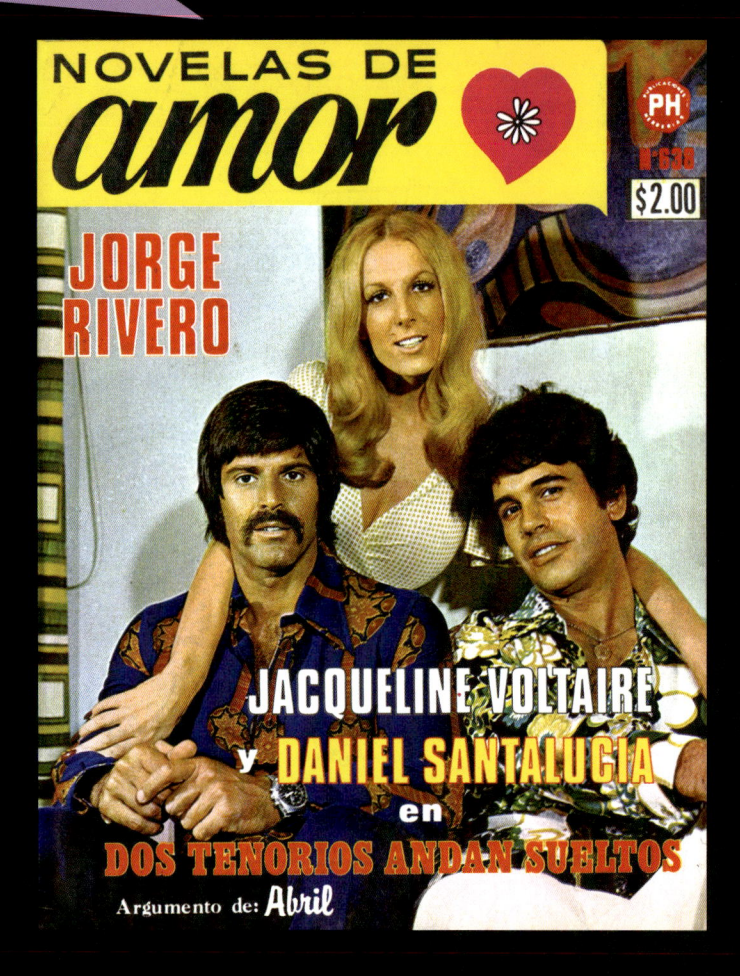

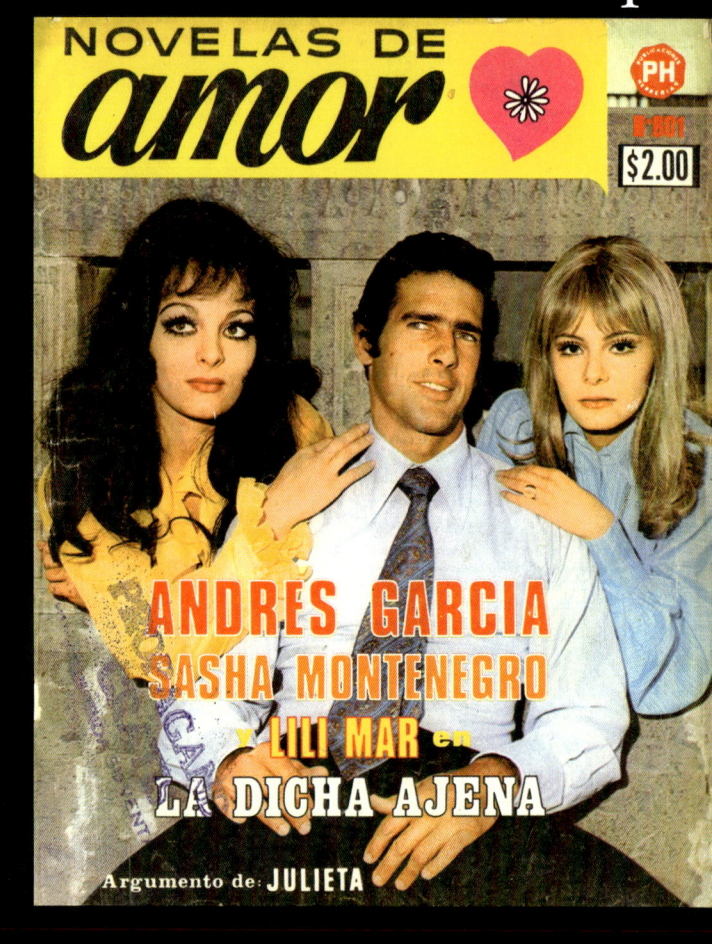

Couvertures de *Novelas de amor*, numéro 638, 1er novembre 1972 ; numéro 601, 16 février 1972 ; numéro 576, 22 août 1971 ; numéro 585 du 27 octobre 1971.

Couverture et extraits du roman-photo « *Papa nos busca marido* », réalisé par Antonio Caballero qui fut considéré comme le plus grand photographe de *fotonovelas* dans les années 1960 et 1970 au Mexique. *Amiga,* numéro 27, 29 janvier 1971.

ZOOM — Voyage autour du monde

Vietnam

Couverture et extrait de *Phu Nu, Diên Dàn*, numéro 576, 1966.

Thaïlande

Couverture et extraits de *Premium*, avril 2010.

Afrique

Couverture et extraits de *Amina*, numéro 506, juin 2012.

Acteurs

Une fois le synopsis validé, souvent après quelques modifications demandées par le service fiction (il s'agit en général de détails concernant la psychologie des personnages), les réalisateurs s'occupent du casting. Ils proposent au journal – sur photographie – deux comédiens par rôle. *Nous Deux* tient scrupuleusement à jour son book d'acteurs pour connaître le nombre de tournages effectués par chacun, suivre leur évolution physique : certaines actrices ont commencé jeune première et jouent aujourd'hui la mère du héros. Le casting est un moment délicat et essentiel. La lectrice aime retrouver les acteurs qu'elle connaît, mais il faut aussi renouveler le panel, histoire de ne pas lasser. Les comédiens ont des profils très divers, certains travaillent comme mannequins ou dans la publicité, d'autres jouent dans des séries télévisées ou au cinéma.

Épilogue
Un roman-photo *Nous Deux* de A à Z

« **Raoul est un brillant ingénieur qui voulait épouser Anna quand Gérald, un Anglais flegmatique, ami de Kathy, fille au pair chez les parents de Paul, où travaille Anna, tombe amoureux de cette dernière, qui lui montre de la réticence quand Raoul survient. Pour lui la situation est claire.** »

Évocation humoristique mais complice de l'essence même du roman-photo par Pierre Desproges, dans *L'Aurore*, 11 décembre 1976.

Nous Deux publie aujourd'hui trois romans-photos par semaine. Comme on dit dans le jargon : le petit, le grand et le « à suivre ». En d'autres termes : un roman-photo publié sur 8 pages, un autre sur 19 pages et le « *à-suivre* » sur 5 pages pendant, en général, 12 semaines.

Le 5 et le 8 pages – on dit « planches » – ont déjà été publiés dans l'hebdomadaire italien *Grand Hôtel*. Ce sont des « seconds droits » achetés à Edizioni Del Duca à Milan. Une collaboratrice qui parle italien (il y a toujours eu à *Nous Deux* des collaborateurs parlant italien !) lit les romans-photos de *Grand Hôtel* et les résume en réunion aux journalistes du service « fiction ». Si le thème est intéressant et transposable, si le décor est agréable, si les acteurs sont crédibles, bref, « si la photo est bonne », cette histoire qui comporte 100 photos et 15 pages en Italie sera traduite et adaptée pour être publiée en France sur 8 pages et en 55 photos environ. Souvent, les prénoms sont francisés pour rendre les acteurs plus proches des lectrices. Mais, quand le décor est très marqué par la végétation du Sud ou lorsque les monuments de Rome sont clairement identifiables, alors les héros s'appelleront Gianni, Francesca ou Valeria. Les décors du Colisée ou du château Sant'Angelo participent alors au rêve. Cependant, même si l'histoire est francisée, les lectrices de *Nous Deux* ne sont pas dupes : elles savent que de nombreux romans-photos sont tournés en Italie. Ce qui n'est pas pour leur déplaire.

Il en est autrement pour le 19 planches. Il s'agit de productions inédites, spécialement tournées pour *Nous Deux*, dont certaines sont directement réalisées en France.

En guise d'épilogue, découvrez les petits et grands secrets d'un roman-photo *Nous Deux* sous la forme d'un abécédaire-photo. De A comme Acteurs à Z comme… Ze End !

Les images des pages suivantes sont issues de romans-photos publiés dans *Nous Deux*, de la collection personnelle de Bruno Gasparini et de la collection Le Tiroir Jaune.

Adaptation

Après le tournage on ne peut plus rien changer aux photos, mais pour les textes la liberté reste entière. Prenons l'exemple d'un dîner aux chandelles dans un restaurant élégant. Le héros raconte à sa partenaire ses difficultés au bureau…

On s'ennuie un peu, mais rien ne nous empêche, si cela reste cohérent avec le synopsis, de mettre dans sa bouche la proposition d'un voyage à Venise.

Le synopsis, un résumé relativement détaillé, permet de se projeter sur le tournage à venir, de le visualiser mentalement. Mais rien n'est figé, jusqu'à la relecture finale par les secrétaires de rédaction…

Amour

Ah, l'amour ! Voilà la grande affaire… Tout tourne autour de lui. Or, un homme et une femme qui se rencontrent, qui se plaisent, cela ne fait pas une histoire. C'est là que le talent du scénariste entre en jeu.

À suivre

> Une autre solution serait que j'arrive à le séduire et que je le rende fou de moi au point qu'il me demande en mariage.

À SUIVRE LA SEMAINE PROCHAINE

> Bonjour, Sara.

À SUIVRE LA SEMAINE PROCHAIN

Même si certaines lectrices préfèrent les histoires complètes parce que leur curiosité est trop forte, d'autres aiment retrouver les mêmes héros pendant plusieurs semaines, avoir le temps de s'y attacher. Quand le journal paraît, le mardi, c'est comme un rendez-vous avec des amis…

Pas de roman-photo sans baiser. On l'attend, on le guette… et le voici, au détour d'une page, de-ci de-là, mais surtout, obligatoire et fidèle au rendez-vous, à la dernière photo, juste avant le mot FIN.

Baiser

Bulle

> Il doit s'être consolé avec une fille de son âge. J'espère pour lui qu'il en est ainsi.

C'est grâce aux bulles que le héros s'exprime. Elles sont toujours de forme rectangulaire et le texte les remplit entièrement. Quand le personnage parle, une petite flèche est dirigée vers lui ; lorsqu'il pense, cette flèche se transforme en petits ronds légers. S'il s'agit d'une voix off ou d'une conversation téléphonique, la flèche devint éclair. Les bulles ne sont jamais au même niveau, celle du premier à parler est en haut et la réponse est dans la bulle du dessous.

Cartouche

JULIEN COMMENCE À S'ÉNERVER ET NE VEUT PAS EN DÉMORDRE : IL FINIRA SON MASTER.

Je compte d'ailleurs partir ce soir à la campagne pour préparer mon examen. Je resterai là-bas deux semaines.

Les cartouches, quelquefois appelés légendes, sont des blocs de texte situés en haut de la photo. Ils servent de liaison entre les scènes, ils marquent le lieu, le temps, comblent des ellipses. Il faut éviter qu'ils soient redondants avec ce que montre la photo. Ainsi lorsque le couple s'embrasse, ne jamais légender : « Pierre et Marie s'embrassent », mais plutôt quelque chose comme : « La passion les emporte… »

Cliché

J'ai eu de la chance de vous avoir comme infirmière. Vous êtes tellement adorable.

Je ne fais que mon métier, vous savez.

L'époque est révolue où l'infirmière tombait systématiquement amoureuse du médecin chef et où la bergère seule savait charmer le prince. Aujourd'hui un jeune infirmier, fraîchement arrivé aux urgences, beau comme un dieu, peut très bien tomber amoureux de la patronne du service, divorcée, avec deux grands ados à sa charge…

Décor

Tu auras une double ration.

Bon… Je vous laisse. Ne faites pas attention, elle traite ses chevaux comme des êtres humains.

Le scénariste ne cherche pas à situer son histoire dans un décor trop marqué. Les indications de lieux sont au contraire plutôt passe-partout : le bord d'un lac, un parc, un café, une rue, une chambre… La lectrice pourra ainsi mieux s'identifier avec le héros et se projeter dans l'histoire. Sans compter que cela réduit considérablement le budget du tournage.

Chapeau

Julien est très amoureux de Sonia, lieutenant de police. Mais quand il lui annonce qu'il décide de reprendre ses études, une dispute éclate.

Appartenant au jargon de la presse, ce mot désigne le court texte d'ouverture du roman-photo. Excepté dans le cas d'un « à suivre », où il s'agit du rappel des épisodes précédents, le chapeau n'est jamais un résumé, mais une mise en bouche.

L'acteur arrive sur le tournage avec ses propres vêtements et des tenues de rechange, car l'histoire se déroule sur plusieurs jours, voire des semaines. La production ne fournit que les vêtements professionnels : policier, cuisinier, pilote de ligne… Le comédien, à l'aise dans ses habits de tous les jours, sera d'autant plus naturel. Bien sûr, la chemise devra être fraîchement repassée, le jean impeccable. Le côté figé de la photo n'admet pas le négligé.

Costume

Découpage

Les romans-photos sont livrés à *Nous Deux* sous forme de photos numériques numérotées, environ 125 photos pour un roman-photo publié sur 19 pages. Ces photos sont accompagnées des dialogues correspondants ; c'est ce qu'on appelle le découpage.

Dans le cas des romans-photos tournés en Italie, les dialogues sont en italien et partent alors à la traduction. Ensuite commence un travail minutieux : le contrôle des normes techniques et la vérification de l'ordre des photos.

Si, par inadvertance, on est passé de la photo 17 à la photo 19, les textes seraient décalés et ne correspondraient plus à l'image. Catastrophe !

Dialogue

J'aimerais cependant vous poser une question. Qu'ai-je fait pour mériter un tel mépris?

Vous êtes stupide ou quoi? J'avais trop bu, cela ne vous a pas empêché de profiter de moi.

Les dialogues du roman-photo ne sont ni du langage parlé ni du langage écrit. Le ton est moins familier que dans la vie. Contrairement au théâtre ou au cinéma, les dialogues de roman-photo ont ceci de particulier qu'ils sont lus à voix basse, dans la tête de la lectrice. Faites le test : un roman-photo lu à voix haute aura toujours quelque chose de ridicule, de faux, alors que lu, il « fonctionne ».

Happy end

Ça alors! Maman embrasse le Père Noël et elle a l'air drôlement contente en plus.

Certes, on aime encore voir à la dernière image un beau baiser bien classique, mais la notion de *happy end* doit être relativisée. Prenons un couple qui se déchire non sans violence devant ses enfants. Si à la fin de l'histoire ce couple éclate, chacun partant de son côté, ce sera un *happy end* des années 2000. Le bien-être des enfants aura été pris en compte, chacun pourra se reconstruire positivement.

Intimité

Nous Deux se lit peu dans les transports en commun. Une bonne raison à cela : ce journal, c'est une affaire privée. Ce qui y est raconté relève de l'intime. Confortablement installée dans un canapé, avec le chat comme seule compagnie, la lectrice entre dans l'intimité des personnages. Chut, pas de bruit, ça ne regarde qu'elle !

Mots d'amour

Une des raisons du succès des romans-photos tient au fait qu'on n'a pas honte d'y parler d'amour, de prononcer les mots qu'on voudrait entendre dans la « vraie vie », ceux dont on ne se lasse pas : « Je te veux à mes côtés, serre-moi dans tes bras, protège-moi… »

Tu m'ôtes les mots de la bouche. Oui, je t'aime.

Naturel

PERDANT LE CONTRÔLE D'ELLE-MÊME, ELLE LE GIFLE AVEC VIOLENCE.

Tu te moques de moi, il y a une femme chez toi, et tu ne la connais pas?

La photo est un instantané, il n'y a pas le mouvement du cinéma qui permet le naturel. La difficulté pour l'acteur de roman-photo, c'est de prendre la pose sans caricaturer son personnage, sans surjouer et surtout… sans bouger. La photo ne pardonne pas, les personnages parlent la bouche fermée, voire semi-ouverte, et c'est bien plus difficile qu'il n'y paraît. Essayez donc pour voir…

Personnages

Tout roman-photo met en scène deux personnages principaux :
la femme et l'homme, le couple. Viennent ensuite les personnages secondaires : l'amant, la maîtresse, les enfants, la belle-mère, les voisins, les collègues de bureau…
Tous contribuent à pimenter l'intrigue et permettent de varier les histoires.
Mais jamais plus de six personnages, sauf dans les romans-photos à épisodes. On s'y perdrait… et ça coûterait bien trop cher.

Photographe

Le photographe est l'œil du réalisateur. Quand il mitraille, il pense déjà à la place que prendra le texte dans la photo. Il évite tout cadrage trop serré et laisse du décor autour des personnages car après, il sera trop tard. Le réalisateur est parfois aussi le photographe, mais il est difficile d'être à la fois au four et au moulin.

Planche

Une planche correspond à une page. Le mot est emprunté au monde de la BD où il désigne le dessin original. Une planche de roman-photo est en général constituée de trois bandes comprenant chacune deux ou trois cases. De grandes photos viennent de temps en temps casser le rythme, marquer une pause.

Réalisateur

Véritable chef d'orchestre, le réalisateur a l'œil sur le moindre détail. Bien avant le tournage il a l'intégralité du roman-photo en tête, il sait où les scènes seront tournées et par quels acteurs. Il ne s'agit pas de perdre de temps le jour J, tout est minuté. Il dirige le photographe – son double –, coache les acteurs, veille aux accessoires, au stylisme… Il donne le rythme, il insuffle une énergie.

Rêve

Le temps de la lecture, la lectrice s'évade. Elle devient monitrice de ski, vétérinaire, directrice d'agence de publicité. Elle voyage, se projette sur d'autres destins, comme une parenthèse dans son quotidien, un moment privilégié, qui se déguste comme un bonbon…

Rome
Pièges et tentations à Rome

> Vous savez que je visite Rome depuis 9 heures ce matin ?
> Vous étiez seule pour la balade ?

> Il a été chargé par sa direction d'une mission un peu délicate auprès de la filiale romaine.
> Je comprends.

Nés en Italie, les romans-photos sont encore souvent tournés à Rome. La lumière, il est vrai, y est éclatante et remplace aisément les réflecteurs des photographes professionnels. Chez les acteurs comme dans les boîtes de production, la tradition est toujours bien vivante. Faire du roman-photo, là-bas, c'est un métier et il peut se faire au rythme des quatre saisons.

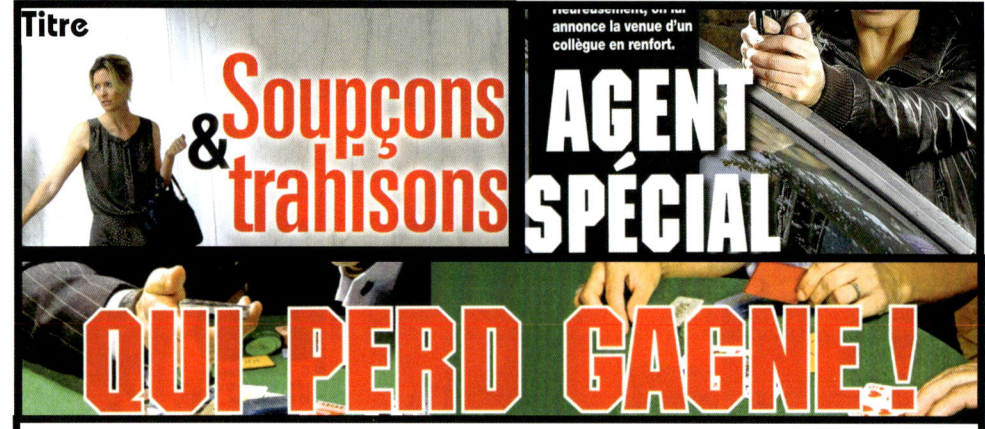

Sexe
MÊME SOIR, ROBIN ET CÉCILE VIENNENT DE FAIRE L'AMOUR.

> Je dois te demander quelque chose, chérie.
> Si tu veux savoir si je t'aime, je pense te le prouver chaque jour.

Titre
Heureusement, on lui annonce la venue d'un collègue en renfort.

Soupçons & trahisons
AGENT SPÉCIAL
QUI PERD GAGNE !

Comme dans toute fiction, le titre se doit d'être accrocheur. Il doit intriguer, annoncer un climat, inviter au rêve. Et s'il est bon, on se souvient de lui bien après avoir terminé la lecture…

Souvent les gens demandent : est-ce qu'on couche dans *Nous Deux* ? Comme si le désir, l'amour physique étaient exclus de la vie des millions de femmes restées fidèles aux histoires sentimentales. Du sexe oui, mais quand on couche, même si on trompe son mari, c'est par amour ! Les scènes de lit sont fréquentes, mais restent chastes ; on voit un torse nu, une bretelle de soutien-gorge, l'éclairage est loin d'être tamisé. Un érotisme *soft* mais bien présent…

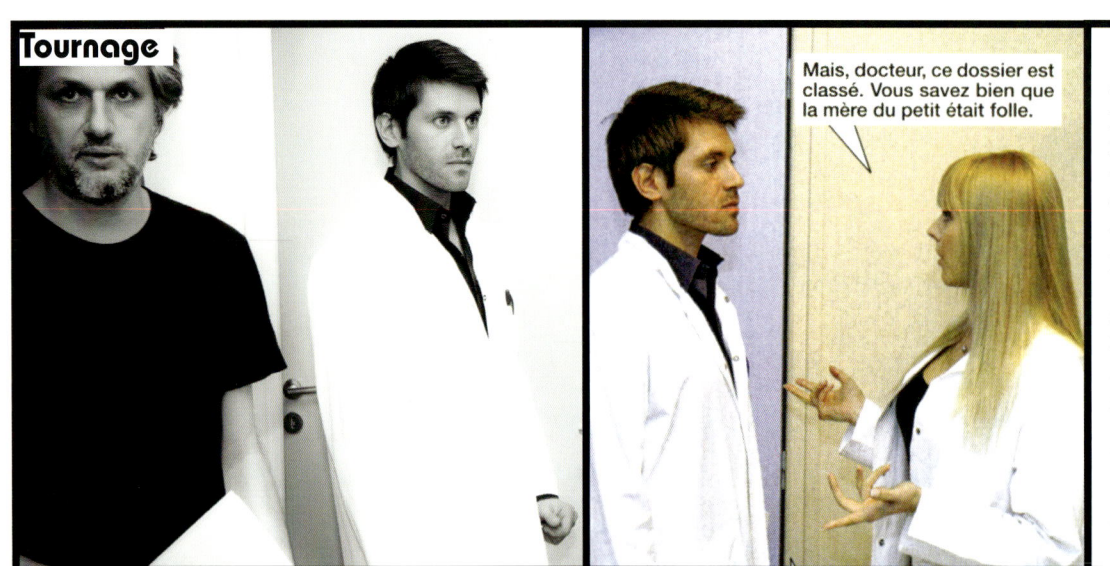

Tournage

> Mais, docteur, ce dossier est classé. Vous savez bien que la mère du petit était folle.

Sur un tournage, outre les acteurs, trois personnes sont présentes : le réalisateur, le photographe et la maquilleuse, qui fait souvent office de coiffeuse. Seul le réalisateur est spécialisé dans le roman-photo.

La maquilleuse travaille aussi bien pour le cinéma ou la télévision et le photographe a bien d'autres objectifs. Un roman-photo de 120 photos se tourne en deux à trois jours. Finalement, par rapport au cinéma, il ne manque que le son…

DEPUIS CE JOUR-LÀ, CHAQUE SOIR AU COUCHER DU SOLEIL, ON APERÇOIT UN HOMME ET UNE FEMME ENLACÉS SE DIRIGER LENTEMENT VERS LE LAC. ON IGNORE QUI ILS SONT ET D'OÙ ILS VIENNENT, MAIS TOUS, MÊME LES MOINS ROMANTIQUES, SENTENT BIEN QU'IL Y A QUELQUE CHOSE DE MAGIQUE EN EUX ET LEUR AMOUR MERVEILLEUX.

Ze end

FIN

On a tourné les pages vite, vite, dévoré l'histoire, vibré et soupiré avec l'héroïne, partagé les craintes et le désir du héros, et voilà déjà le mot « FIN », arrivé trop rapidement, avec cette seule consolation : « À la semaine prochaine ! »

Index

A
Adriaco, Olivia — 187
Agacinski, Sophie — 129
Agacinski, Sylviane — 129
Alamo, Frank — 121
Aldi, Aldo — 143, 146
Alfieri, Luigi — 157
Alpérine, Paul — 194
Alphen, Jean-Paul — 78, 80
Amont, Marcel — 197
Andrei, Franco — 88, 164
Ansaldi, Mario — 86
Anspach, Solveig — 182
Antoine — 111, 197
Antonelli, Laura — 101, 114, 115, 164
Antonioni, Michelangelo — 38, 74, 75, 146, 193
Arundel, Anne — 195
Aslan — 136
Assada, Marie-Louise — 153
Aubry, Cécile — 189
Aufray, Hugues — 132
Avedon, Richard — 193

B
Bailey, David — 193
Bailly, Otthilie — 58
Balavoine, Daniel — 177
Bardot, Brigitte — 140
Baroux, Olivier — 208, 219
Bashung, Alain — 177, 197
Baum, Vicky — 26
Bayle, Guy — 151
Becker, Jean — 38
Bedos, Guy — 185
Beigbeder, Frédéric — 216, 217
Bejo, Bérénice — 212
Bel, Frédérique — 219
Belli, Agostina — 101, 192
Belmondo, Jean-Paul — 106, 107, 109, 121
Benguigui, Jean — 185
Benhalassa, Marie-José — 77, 78, 79
Berger, Anne-Marie — 97
Bernier, Georges — 197, 198
Bernier, Michèle — 198
Berti, Marina — 156
Bertin, Roland — 185
Bertoletti, Giulio — 25, 32, 33
Bertolucci, Bernardo — 193
Berton, Serge — 155
Bertrand, Plastic — 178
Beyler, André — 56, 58, 62
Blanchard, Gilles — 185
Blanche, Roland — 185
Bocuse, Paul — 189
Bodin, Mark — 181
Bohringer, Richard — 185
Bohringer, Romane — 185
Boisivon, Yannick — 56, 150
Bonnet, Manuel — 178, 179
Bos, Roel — 63, 139
Bourdin, Guy — 193
Bourvil — 150
Bouteille, Romain — 197
Bouvard, Philippe — 198
Bozzesi, Franco — 190
Brice, Pierre — 94
Brontë, Charlotte — 153
Brontë, Emily — 153
Brunoy, Blanchette — 86

C
C. Jérôme — 133, 177
Caballero, Antonio — 227
Cabu — 197
Caldwell, Taylor — 155
Callegari, Gianpaolo — 26
Campion, Léo — 173
Camus, Daniel — 153
Cancellieri, Franco — 39
Canus, Giorgio — 39
Caouissin, Henri — 58
Caouissin, Ronan — 58
Capogna, Sergio — 190
Cardinale, Claudia — 96, 106
Cardinali, Nuccia — 165
Carletto, Jean-Mary — 144, 145, 157
Carlos — 197
Carrère, Claude — 151
Carta, Paola — 147
Casella, Paolo — 114, 115
Casta, Laetitia — 185
Castro, Veronica — 176, 192
Cauchetier, Raymond — 109, 153, 154
Cayré, Claude — 155
Cena, Olivier — 185
Chabat, Alain — 198
Chamfort, Alain — 185
Chancel, Jacques — 120
Chapelle, Bruno — 198
Charlier, Jean-Michel — 84
Charlots, les — 110, 111
Charrier, Jacques — 123
Chenz — 196, 197
Chéryl, Karen — 186
Chevallier, Philippe — 198
Chevreul, Michel-Eugène — 10
Choron, Pr — 196, 197, 198
Ciangottini, Valeria — 146, 147
Ciavarro, Massimo — 160, 161, 220
Cipriani, Pina — 168
Claveau, André — 78
Cléry, Corinne — 181
Coffa, Marina — 159
Collins, Wilkie — 194
Colmenares, Grecia — 176, 177, 192
Coluche — 196, 197
Comencini, Luigi — 144
Commoy, Pierre — 185
Cotillard, Marion — 212
Couderc, Roger — 111
Courant, Michel — 153
Coutard, Raoul — 153, 154
Crété, Max — 33
Creuzot, Christian — 181
Christensen, Ditmar — 143, 144
Crible, Robert — 58
Croisille, Nicole — 95
Curtis, Tony — 69
Cusset, René — 33

D
Daho, Etienne — 185
Dalida — 83, 106, 134, 135, 149
Damiani, Damiano — 30, 39, 40
Dani — 216
D'Annunzio, Gabriele — 194
Darc, Mireille — 97
Dard, Frédéric — 189
Darmon, Gérard — 198
Darroussin, Jean-Pierre — 185
Dassin, Joe — 126
Dave — 187
De Caunes, Antoine — 216
Defontaine, Natacha — 220
De Ferran, Nicolas — 220
De Gastyne, Marc — 83
De Greef, Roland — 60
De Marchi, Carlo — 144
De Maupassant, Guy — 18
DeMille, Cecil B. — 154
De Prelle, Marthe — 153
De Rothschild, Nadine — 189
De Sica, Vittorio — 30
De Sotis, Milena — 60
De Trémières, Henry — 194
Decourcelle, Pierre — 12, 17
Del Duca, Alceo — 25, 38, 71
Del Duca, Cino — 7, 25, 27, 33, 34, 38, 39, 40, 53, 54, 56, 58, 71, 106, 111, 148, 149, 177, 189, 213
Del Duca, Domenico — 7, 25, 30, 38, 40, 54
Del Duca, Simone — 189
Delamare, Gil — 56, 57
Delbo, Jean-Jacques — 86
Delon, Alain — 83
Delorme, Guy — 132
Delly — 10, 13
Delpech, Michel — 129
Deneuve, Catherine — 185, 193
Depardieu, Julie — 212
Derec, Jean-François — 198
Desnoyers, Louis — 9
Desproges, Pierre — 231
Dickens, Charles — 194
Distel, Sacha — 120, 123, 136
Douglas, Kirk — 69
Dreyfus, Jean-Claude — 185
Drouot, Jean-Claude — 110, 111
Ducollet, Dominique — 220
Dujardin, Jean — 212
Dukey, M. — 35
Duvivier, Julien — 18
Dylan, Bob — 132

E
Évenou, Danièle — 98, 176

F
Fabiani, Alex — 156
Farinelli, Evi — 191
Farinon, Gabriella — 139, 144, 145, 156
Farrugia, Dominique — 198
Faure, François — 33
Fellini, Federico — 74, 146, 149
Ferrand, Marie-France — 148, 149
Ferrante, José — 142, 143
Ferrari, Rino — 57, 58, 62
Ferrero, Anna-Maria — 60, 61
Feuillade, Louis — 8
Filipacchi, Daniel — 105
Flaubert, Gustave — 153
Fleming, Thea — 114, 115
Flynn, Errol — 132
Ford, John — 18
Forest, Dominique — 86
Forest, Isabelle — 108, 109
Francioli, Luciano — 166, 167
François, Claude — 109, 136
Frank, Tony — 133
Fresson, Bernard — 197
Frison-Roche, Roger — 153, 155
Furne, Charles Paul — 9, 10

G
Gabin, Jean — 150
Gainsbourg, Serge — 185, 197
Gall, France — 110, 111
Gance, Abel — 18
Gardner, Ava — 70
Garth, Jennie — 190
Gasnier, Louis — 12, 18
Gasparini, Bruno — 208, 218, 219, 231
Gasparri, Franco — 62, 158, 159
Gassman, Vittorio — 60, 61, 106
Gasté, Loulou — 131
Gaultier, Jean-Paul — 181, 182, 183
Gautier, Théophile — 154
Gayet, Caroline — 154
Gayet, Julie — 216
Gébé — 197
Gendre, René — 56
Giet, Sylvette — 112, 114, 135
Giono, Jean — 86
Giordana, Andrea — 156
Giraud, Jean — 84
Girotti, Mario — 99
Giusti, Paolo — 147
Godard, Jean-Luc — 109
Gonnella, Magda — 61
Gori, Gianni — 165
Gotainer, Richard — 197
Gotlib — 198, 199
Gourdon, Alain — 136
Gras, Jean — 132
Grant, Hugh — 103
Gray, Daniel — 162
Guarnieri, Fulvio — 146

H
Hagen, Nina — 182
Haller, Bernard — 197, 198
Hallyday, Johnny — 104, 105, 106, 111, 116, 117, 137, 149, 214, 215
Hamelin, Marion — 176
Hanin, Roger — 176
Harding, Ann — 18
Hardy, Françoise — 124, 125
Hardy, Thomas — 60
Hayworth, Rita — 71
Hazanavicius, Michel — 212
Henry, Georges — 12
Hepburn, Audrey — 68
Hill, Terence — 99
Hilton, George — 192
Horner, Yvette — 182
Howatch, Susan — 162
Hugo, Victor — 58, 189
Huston, John — 192

I
Iván — 177

J
Jaeckin, Just — 181
Jamet, Nicole — 178, 179
Jean XXIII, Pape — 112
Jones, Jennifer — 69, 71

K

Kapp, Antoine	33
Kassapian, Charly	148, 149
Kay, Philip	114, 115
Keller, Bernard	78
Klum, Heidi	193
Koblet, Hugo	76, 77, 106
Kouchner, Bernard	208
Kramer, Gert	155
Kubnik, Henri	177

L

Lagerfeld, Karl	216, 217
Lahaye, Jean-Luc	187
Lambours, Xavier	182
Lanvin, Gérard	197
Lanzac, Roger	111
Lanzi, Paola	173
Lapointe, Bobby	197
Lasso, Gloria	219
Lauby, Chantal	198
Lazzaro, Sofia	90, 91
Léandri, Bruno	198
Lear, Amanda	185
Leclerc, Evelyne	178
Le Luron, Thierry	196, 197
Lenorman, Gérard	211, 219
Lesage, Anne-Marie	219
Lespert, Yannis	216
Liala	194
Lio	185
Lisi, Virna	94, 106
Loeb, Caroline	182
Lollobrigida, Gina	26, 27, 29, 68, 71
Lonati, Giuliano	144
Loncar, Beba	160
Lopes Curval, Julie	212
Lonsdale, Michael	185
Loren, Sofia	69, 90, 91
Loris, Giana	26, 27
Lorris, René	18
Lucas, John P.	143
Lumière, Auguste	10
Lumière, Louis	10
Lunardi, Giovanni	193
Lux, Guy	110, 111
Lynn, Teri Ann	176

M

Magni, Raimondo	156
Magni, Sirio	112
Manzoni, Alessandro	60
Marcelli, Anselmo	221
Machuel, Laurent	185
Agnès, Mademoiselle	216
Madonna	185
Mallet-Joris, Françoise	189
Mangano, Silvana	70
Marcellos Ferial, Los	143
Marchesi, Giuny	146, 147
Mariaud, Violette	111, 126
Marlowa, Nadia	98
Martin, Jacques	149
Masina, Giulietta	74
Mathieu, Mireille	106, 111, 126, 185, 189
Maybury, Anne	195
Menez, Bernard	197
Merad, Kad	210, 219
Mercurio, Arturo	62
Merenda, Luc	186
Michelangeli, Marcella	156
Micolano, Carlo	192
Mignot, Edouard	17
Mijic, Darja	176
Mikael, Ludmila	185
Minogue, Kylie	185
Mitchell, Eddy	111, 128, 197
Moebius	84
Molino, Walter	25, 33, 35, 69, 71
Mondiano, Patrick	177
Mondino, Jean-Baptiste	177
Monod, Flavien	86
Monod, Samuel	86
Monod, Théodore	86
Monroe, Marylin	69, 106, 107, 140
Montand, Yves	130
Monteverdi, Elio	146
Morizet, Isabelle	186
Mornay, Lucienne	56
Moss, Ron	176, 192
Mouret, Philippe	162
Mourousi, Yves	111, 149
Mura, Roberto	156
Musso, Agrippino	208
Muti, Ornella	102

N

Nadar	10
Napoléon III	9
Nat, Marie-josé	77, 78, 79, 83
Newton, Helmut	193
Nicolas, Olivier	181
Nihouret, Simone	38
Niven, David	70
Nobel, Chantal	186
Norcross, Clayton	176
Nourissier, François	189
Nuls, Les	198

O

Ohnet, Georges	60
Orsini, Umberto	146, 147

P

Pacelli, Ornella	157
Padovan, Mario	60, 61, 83, 106, 111, 120, 126, 135, 148, 149, 178, 189, 219
Pagès, Evelyne	189
Pascal, Jean-Claude	77, 78, 79
Peck, Gregory	53, 70
Pedrocchi, Luciano	29, 39, 40, 213
Périer, Jean-Marie	116
Pereul, Dino	29
Perret, Pierre	189, 197
Perret, Vivianne	211
Perrini, Marilu	191
Petit, Pascale	130
Peverelli, Luciana	26, 38, 194
Peynet, Raymond	185
Peysson, Anne-Marie	111
Pierre et Gilles	182, 185
Philippe, Gérard	71
Piat, Jean	163
Pinelli, Tullio	74
Pirani, Luciana	164
Pitti, Paola	157
Pivot, Monique	182, 189
Poletti, Frédéric	220
Poli, Maurice	111, 168, 169
Ponti, Carlo	74
Predolin, Marco	177
Prévot, Floriane	83, 120, 126, 131, 135, 149, 150, 151, 178
Priestley, Jason	176, 192
Priollet, Marcel	194

Q

Quéré, Joseph	84

R

Rado, Stefania	160
Raimondi, Sergio	56, 57, 74, 75
Rambaud, Patrick	182, 189
Rame, Adriana	63, 167
Reda, Stefano	26, 39
Reggiani, Serge	177
Régine	185
Rego, Luis	197
Rembaux, Geneviève	219
Renaud	197
Renaud, Line	78, 80, 81, 106, 131, 177
Rénier, Elizabeth	162
Renoir, Jean	80
Reiser	197
Ribowska, Malka	56
Ringo	151, 172, 173
Risso, Roberto	160
Mitsouko, Rita	182
Rivelli, Claudia	159
Rivelli, Francesca	102
Rivers, Dick	197
Rizzo, Stelio	157
Robert, Franck	173
Roberts, Pascale	100
Robin, Joëlle	56, 57
Robins, Denise	194
Roc, Michela	62, 166
Rocher, Michel	147
Rolland, Sonia	216
Romance, Viviane	22
Rome, Olivia	187
Rosi, Stelvio	142, 143
Rota, Nino	74
Rouleau, Raymond	130
Roulier, Daphné	216
Rousseau, Alex	214, 215
Routier, Marcelle	58
Roux, Pierre	33
Royer, Lucienne	194
Russel, Jane	70

S

Sabina	155
Sakellarides, Eva	216
Santell, Alfred	19
Saval, Dany	92, 93, 106
Saxson, Glenn	63, 139
Scacchi, Greta	193
Schneider, Maria	189
Schoendoerffer, Pierre	153
Seberg, Jean	106, 107, 109
Séguéla, Jacques	189
Serra, Adriana	29
Serra, Hubert	39, 132, 149, 153, 154, 155
Shattuck, Shari	176
Sheila	111, 151, 172, 173
Shield, Brooke	193
Signoret, Simone	130
Simart, Hélène	194
Siné	197
Shue, Andrew	176
Sialelli, Catherine	178
Solvang, Christin	147
Sordi, Alberto	74
Souchon, Alain	196
Stevens, Gregory	54
Symes, J.W.	35

T

Tarantini, M.M.	191
Taylor, Liz	69
Ténot, Frank	105
Testi, Fabio	192
Teulé, Jean	182
Theron, Charlize	193
Thibault, Jean-Marc	197
Tierney, Gene	71
Todd, Ann	53
Tolo, Marilu	143
Tonna, Massimo	190, 191, 208
Topping Miller, Helen	155
Tournier, Henri	9, 10
Trapani, Elisa	26
Trevisan, Licia	143, 146
Trevisani, Enzo	54
Tylo, Hunter	176, 177

V

Vachet, Richard	220
Vadim, Roger	144
Valle, Stefano	170
Valion, Frédéric	216
Vartan, Sylvie	106, 111, 118, 119, 136
Varte, Rosy	176
Verny, Françoise	182
Vérone, Malka	56
Verri, Stefano	54
Vianello, Edoardo	124, 125
Vicario, Renato	54
Vidal, Gil	82, 83, 149
Villard, Juliette	154, 155
Vita, Anna	56, 57, 74
Visconti, Luchino	146, 149
Vox, Maximilien	86

W

Wayne, Ethan	176
Werbeeck, Hélène	153
White, Pearl	12
Wolinski, Georges	196, 197
Wurmser, André	112

X

Xénakis, Françoise	189

Y

Young, Robert	18

Z

Zarai, Rika	122
Zavattini, Cesare	30, 39
Zazzali, Marie-Catherine	190
Zylberstein, Elsa	216

Bibliographie

Livres

Jan Baetens, *Du roman-photo*, Médusa-Médias et Les Impressions Nouvelles, 1994
Jan Baetens, *Pour le roman-photo*, Collection Réflexions faites, Les Impressions Nouvelles, 2010
Anna Bravo, *Il fotoromanzo*, Società editrice Il Mulino, L'identità italiana, 2003
Merry Bromberger, *Comment ils ont fait fortune*, Plon, 1954
Antonio Caballero, *Les routes de la passion – Mexico 1960's-1970's*, Toluca Project 2005
Jean-Claude Chirollet, *Esthétique du photoroman*, Collection Médiatèque, Édiling, 1983
Ermanno Detti, *Le carte rosa, Storia del fotoromanzo e della narrativa popolare*, La Nuova Italia Editrice, 1990
Yann-Brice Dherbier, *Sophia Loren – Les images d'une vie*, YB éditions, 2008
Sylvette Giet, *Nous Deux 1947-1997 : Apprendre la langue du cœur*, Peeters Vrin, 1997
Sylvette Giet, *Nous Deux, parangon de la presse du cœur, Transformation des formes, métamorphoses de l'amour et évolution sociale*, doctorat de l'université de Strasbourg – III, Département de recherches juridiques, politiques et sociales, 1997
Françoise Hardy, *Le désespoir des singes … et autres bagatelles*, Robert Laffont, 2008
Georges Klochendler, *Les plus belles cartes postales d'amour*, Flammarion, 2006
Fabien Lecoeuvre, Bruno Takodjerad, *Les années roman-photos*, Veyrier, 1991
Jacqueline Risset, *Fellini, Le cheik blanc l'annonce faite à Federico*, Adam Biro, 1990
Serge Saint-Michel, *Le roman-photo*, Collection Idéologies et Sociétés, Larousse, 1979
Umberto Serra (Hubert Serra), *Voyage au cœur du roman-photo*, à paraître aux éditions Les Indes Savantes
Sam Stourdzé, *Fellini, la grande parade* – Anabet, 2009
Évelyne Sullerot, *La presse féminine*, Armand Colin, 1963
Monica Topilio, *Ai miei tempi… Quando bastava un fotoromanzo per farci sognare…* 2011
Alain et Odette Virmaux, *Un genre nouveau : le ciné-roman*, Collection Médiathèque, Édiling
Wolinski, Chenz, *Les romans-photos du professeur Choron*, Drugstore, éditions Glénat, 2009

Liens internet

www.youtube.com/watch?v=1oMv4uIVNIs
www.fotoromanzi-topilio.it
http://sites.estvideo.net/roman.photos
http://www.ina.fr/art-et-culture/litterature/video/I08017722/marcel-gotlib-bruno-leandri-et-le-roman-photo-en-bd.fr.html
http://www.ina.fr/art-et-culture/litterature/video/I06306208/roman-photo-a-l-hopital.fr.html
http://www.youtube.com/watch?v=RaY-zen33hg

Remerciements

Merci aux Éditions Jean-Claude Gawsewitch, et particulièrement à Gilles Bouley-Franchitti, à l'origine du projet, et à Anne-France Hubeau, directrice générale.
Merci à Mondadori France, et particulièrement à son président Ernesto Mauri, à Carole Fagot, directeur exécutif et à Hélène Bourgeois-Luquin, directrice d'édition de *Nous Deux*.
Merci aussi à Ouarda Akdache, Mario Ansaldi, Espérance Apiou, Jan Baetens, Frédéric Beigbeder, Laurent Chiapello, Michel Courant, Évelyne Dicker, Élena Fèvre, Monique Jaffrelot, Françoise Hardy, Charly Kassapian, Karl Lagerfeld, Paola Lanzi, Pierre Lauroua, Martin Lavergne, Pierre Lefèvre, Anselmo Marcelli, Carlo Micolano, Caroline Padovan, Monique Pivot, Floriane Prévot, Massimo Tonna, Chantal Toutain, Monica Turrini, Silvana Turzio, Marie-Catherine Zazzali, la Bibliothèque Nationale de France (BNF), la Fondation Mondadori (Milan), l'Institut national de prévention et d'éducation pour la santé (INPES), l'Institut national du cancer (INCA) et à Partenaire Production.

Crédits iconographiques

Archives Mondadori
Pour les couvertures et les extraits de *Nous Deux*, *Télé Poche* et *Grazia*.

p.1, p. 32-33, p. 34-35, p. 42-43, p. 44-45, p. 46-47, p. 48-49, p. 50-51, p. 54, p. 56, p. 59, p. 60-61, p. 64-65, p. 66-67, p. 68-69, p. 70-71, p. 72-73, p. 77, p. 82-83, p. 100-101, p. 104-105, p. 116-117, p. 118, p. 120-121, p. 122-123, p. 126-127, p. 129, p. 130-131, p. 133, p. 134-135, p. 136-137, p. 138-139, p. 140-141, p. 142-143, p. 144-145, p. 146-149, p. 151, p. 156, p. 161, p. 162-163, p. 174-175, p. 176-177, p. 178-179, p. 180-181, p. 182, p. 184, p. 186-187, p. 191, p. 192-193, p. 194-195, p. 207, p. 210-211, p. 214-215, p. 216, p. 219, p. 220, p. 232-233, p. 234-235, p. 236 : © Nous Deux/Mondadori France ; p. 38, p. 110-111, p. 126-127, p. 128, p. 151, p. 172-173, p. 186 : © Télé Poche/Mondadori France ; p. 217 : © Grazia/Mondadori France.

Fonds Bruno Takodjerad
Pour les couvertures des autres magazines et journaux, les extraits de ciné-romans, de romans dessinés ou de romans-photos sauf *Nous Deux*, *Télé Poche* et *Grazia*, ainsi que pour les photos de tournage et les portraits.

p. 6, p. 8, p. 10-11, p.14, p. 15-16, p. 17, p. 18-19, p. 22-23, p. 177, p. 191, p. 224-225, p. 226-227, p.228-229 : D.R ; p. 20-21 © Edital (*Cinevita*) ; p. 24, p. 33, p. 40, p. 58, p. 96, p. 99, p. 160-161, p. 176, p. 221 : © Edizioni Universo (*Grand Hôtel, Intrepido, Ragazza In*) ; p. 25, p. 26-27, p. 36-37, p. 75, p. 88-89, p. 91, p. 124-125 : © Edizioni Novissima (*Il Mio Sogno, Cine Illustrato, Luci del Luna Park, Sogno*) ; p. 28-29, p. 30-31, p. 36, p. 41, p. 61, p. 146- 147, p. 168-169, p. 213 : © Mondadori Italie (*Bolero Film, Avventuroso Film, Le Grandi Firme*) ; p. 36, p. 56, p. 75 : © S.E.P.I. (*Tipo*) ; p. 36 : © Milano Nuova (*Taboga*) : p. 13, p. 39, p. 40, p. 52-53, p. 55, p. 83, P.86, 87, 90, 92, 93, 94, 148, 149, 181, 188,189 © Éditions Mondiales (*Hurrah !, Modes de Paris, La vie en fleurs, Paris Jour, Mon caniche, l'Amérique et moi – John Steinbeck, Boléro, Tarzan, Madrigal, Intimité Véronique, Festival, Secrets de Femmes, Intimité*) ; p. 57, p. 58, p. 150 : © Éditions Nuit et Jour (*Rêves*) ; p. 62-63, p. 101, p.102, p. 157-158, p. 159, p. 166-167, p. 206, p. 237 : © Éditions Lancio ; p. 76-77, p. 78-79, p. 80-81, p. 108-109, p. 114, p. 132, p. 152-153, p. 154 : © Éditions du Hennin (*Lectures d'Aujourd'hui, Modes et Lectures d'Aujourd'hui, Femmes d'Aujourd'hui*) ; p. 84 : © Éditions J. Dupuis fils et Cie (*Bonnes Soirées*) ; p. 95, p. 97, p. 107 : © Édipresse (*Bonjour Bonheur*) ; p. 103, p. 223 : © IPC Magazines Ltd. (*Secret Love*) ; p. 112 © : Edizioni Pia Società San Paolo ; p. 115, p. 165 : © Édital (*Les Photoromans Saint-Tropez*) ; p. 119 : © Edizioni Cino Del Duca (*Intimità della famiglia*) ; p. 164 : © Sagedition (*Le Roi du FBI - Jenifer*) ; p. 170-171 : © Éditions Bel-Air (*James Bix, Lucky Rock*) ; p. 183 : © Flammarion ; p. 185 : © Télérama ; p. 190 © Edizioni Condor ; p. 196-197 : © Glénat (*Les Romans Photos du Professeur Choron*) ; p. 198-199 : © Gotlib/Fluide Glacial ; p. 200-201, p. 202-203 : © Éditions Ponzoni (*Satanik*) ; p. 205-206 : © Edizioni Tattilo (*Menelik*) ; p. 208-209 : © CFES/INPES ; p. 212 : © Éditions Télémaque (*OSS 117 : Le Caire, nid d'espions*) ; p. 212 : © Videodis (Dvd *Toi & Moi*), p. 214-215, p. 219 : © TTBM Productions (« Un pari stupide », « Une fée dans mon logis », « Rebecca aux deux visages ») ; p. 219 : © Éditions Bauer ; p. 219 : © INCA ; p. 221 : © Édimondial (*Superstar Color*) ; p. 222 : © D.C. Thomson &Co, Ltd (*Blue Jeans*) ; p. 229 : © Amina.

Fonds Michel Courant
Pour les documents mentionnés ci-dessous.

p. 98 : © Éditions Nouvelles Parisiennes (*Capri*) ; p. 106 : © S.A. Miramax (*Chez Nous Roman Film complet*) ; p. 113 : © *Regards* ; p. 153 (photo de tournage et photo de Hubert Serra/Collection personnelle Michel Courant).

Légendes couverture : Extrait de la couverture de *Nous Deux*, numéro 8, 1947 - Illustration : Sten (Walter Molino). Extrait du roman-photo « *Nel fondo del cuore* », *Il Mio Sogno*, 1947.

Dépôt légal : octobre 2012

Achevé d'imprimer en Allemagne par Himmer en août 2012